Das bietet Ihnen die interaktive CD-ROM!

Videotraining:
Testen Sie Ihre Fähigkeiten in einem virtuellen Vorstellungsgespräch. Ein Experte sagt Ihnen, was Sie richtig, was Sie falsch machen.

Hördialoge:
Von anderen lernen – dank der Audiodateien zum Anhören. Sie sind bei vielen Vorstellungsgesprächen live mit dabei. Der Experte erklärt Ihnen die Fallen und Fehler.

Bewerberquiz:
Das multimediale Bewerberquiz bietet Ihnen ein Komplett-Training für Ihre Bewerbung – von der Bewerbungsmappe bis hin zum Vorstellungsgespräch.

www.haufe.de/bewerbung

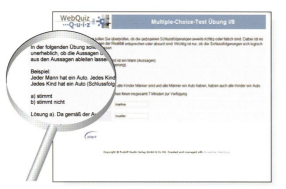

Einstellungstests:
Multiple-Choice-Tests helfen Ihnen, sich schnell auf Einstellungstests vorzubereiten. Einfach die Antworten anklicken, am Ende erfolgt die Auswertung.

Musterbewerbungen:
Wählen Sie auf der CD-ROM das Muster aus, das Ihrem Profil am besten entspricht. Übernehmen Sie es direkt in Ihre Textverarbeitung.

Bewerbungskosten:
Behalten Sie mit der Bewerbungsverwaltung den Überblick über Ihre Bewerbungskosten und nutzen Sie sie für Ihre Steuererklärung.

Checklisten:
Überprüfen Sie anhand detaillierter Checklisten den Stand Ihrer Bewerbungen und ob Sie alles richtig gemacht haben. Suchen Sie über direkte Links gezielt nach offenen Stellen im Internet.

www.haufe.de/bewerbung

Claus Peter Müller-Thurau

Das Testbuch für die Berufswahl

Inhalt

Einführung 7

Teil I: Tests und Erfolgsprofile für die Berufseignung

Meine Persönlichkeit – Wer bin ich und wie wirke ich auf andere? 11

Weshalb es wichtig ist, selbstkritisch zu sein 11
    ➡ Test: Wie selbstkritisch bin ich? 12
Was macht meine Persönlichkeit aus? 13
    ➡ Test: Bin ich extravertiert oder introvertiert? 14
    ➡ Test: Bin ich emotional belastbar? 17
    ➡ Test: Wie gut vertrage ich mich mit anderen? 20
    ➡ Test: Wie gewissenhaft bin ich? 23
    ➡ Test: Bin ich loyal? 26
    ➡ Test: Verfüge ich über soziale Intelligenz? 28
    Auswertung: Mein Persönlichkeitsprofil – stimmen Selbstbild und Fremdbild überein? 29
    Das Vorstellungsgespräch: Wie beantworte ich Fragen zu meiner Persönlichkeit vorteilhaft? 31

Meine Stärken und Talente – Diese Soft Skills qualifizieren mich für meinen Wunschberuf 33

Welche Bedeutung haben Soft Skills und Hard Skills für das Berufsleben? 33
    Wie wichtig sind Hard Skills? 34
    Wie wichtig sind Soft Skills? 35
Welche Fähigkeiten sind gefragt? 36
    ➡ Test: Bin ich teamfähig? 38
    ➡ Test: Wie ausgeprägt ist meine Kommunikationsfähigkeit? 41
    ➡ Test: Kann ich strukturiert arbeiten? 44
    ➡ Test: Kann ich gut analysieren? 47
    ➡ Test: Bin ich kreativ? 50
    ➡ Test: Wie flexibel bin ich? 53
    ➡ Test: Kann ich mich durchsetzen? 56
    ➡ Test: Habe ich ein gutes Zahlenverständnis? 58
    ➡ Test: Arbeite ich prozessorientiert? 61
    ➡ Test: Kann ich gut auf andere Menschen eingehen? 64
    ➡ Test: Verfüge ich über interkulturelle Kompetenz? 66
    ➡ Test: Habe ich Führungsfähigkeiten? 69
    Auswertung: Talent-Check – Diese Stärken sollte ich ausbauen 72
Das Vorstellungsgespräch: Wie positioniere ich mich bei Fragen zu den Soft Skills vorteilhaft? 73

Meine Motivation – Das möchte ich beruflich machen · 75

Welche Berufe kommen für mich infrage? · 75
    ➡ Test: Wie gut weiß ich über berufliche Möglichkeiten Bescheid? · 75
    ➡ Test: Studium oder Berufsausbildung? · 77
    ➡ Test: Kaufmann oder Techniker? · 79
    ➡ Test: Bin ich Generalist oder Spezialist? · 86
    ➡ Test: Liegt mir ein Beruf im Sozialwesen? · 88
    ➡ Test: Wie stehe ich zum Umgang mit Kunden? · 90
    ➡ Test: Geistes- oder Naturwissenschaften? · 96
    ➡ Test: Wäre ein Psychologiestudium das Richtige für mich? · 99
    ➡ Test: Wäre ein Beruf im Consulting etwas für mich? · 102
    ➡ Test: Stab oder Linie? · 104
    ➡ Test: Was weiß ich über die Welt der Medien? · 108
    ➡ Test: Hätte ich das Zeug zum Journalisten? · 110
    ➡ Test: Text oder Gestaltung? · 113
Wie viel möchte ich verdienen? · 117
Auswertung: Mein Motivationsprofil · 118
Das Vorstellungsgespräch: Wie positioniere ich mich bei Fragen zur Motivation vorteilhaft? · 122

Teil II: Karriereplanung für Berufsein- und -umsteiger

Das sollte ich als Berufseinsteiger wissen · 127

Wie wichtig sind Noten und Beurteilungen? · 127
Wie gehe ich mit Hierarchien um? · 128
Wie wichtig ist meine Einstellung zur Arbeit? · 129
    ➡ Test: Erfolgsorientiert oder misserfolgsorientiert? · 130
    ➡ Test: Wie hoch ist mein Angstpegel? · 133
Welche Chancen bietet mir der aktuelle Arbeitsmarkt? · 135
    Zeitarbeit als Chance · 135
    Telearbeit: ein anhaltender Trend · 136
Was bietet mir ein Studium an einer Berufsakademie? · 136
Welche Vorteile haben Bachelor- und Master-Studium? · 137
American Job Titles für Einsteiger · 138
Welche neuen und geänderten Berufe gibt es? · 143
Nützliche Adressen · 145

Inhalt

Karriereplanung: Wohin soll die Reise gehen? — 147

Warum es so wichtig ist, sich Ziele zu setzen — 147
Warum es hilfreich ist, strategisch zu denken — 148
Die richtige Art, Karriere zu machen — 149
Worauf kommt es an, wenn man nach oben will? — 150
→ Test: Wie wichtig ist es für mich, Karriere zu machen? — 151

Tipps und Tests für Umsteiger, Quereinsteiger und Aussteiger — 153

Weshalb es sinnvoll sein kann, umzusteigen — 153
→ Test: Soll ich wechseln oder bleiben? — 154
Kann ich mich gut verkaufen? — 156
→ Test: Wie gut kann ich mich bewerben? — 156
Das Vorstellungsgespräch: Wie positioniere ich mich als
Um- oder Quereinsteiger vorteilhaft? — 159
Ist eine Initiativbewerbung sinnvoll? — 163
Soll ich mich selbstständig machen? — 165
→ Test: Soll ich den Schritt in die Selbstständigkeit wagen? — 168
Was muss ich als selbstständiger Personalberater können? — 169

Anhang — 171

Erläuterungen zum Test „Verfüge ich über soziale Intelligenz?" — 171
Erläuterungen zum Test „Bin ich teamfähig?" — 173
Erläuterungen zum Test „Kann ich gut analysieren?" — 175
Erläuterungen zum Test „Verfüge ich über interkulturelle Kompetenz?" — 177
Erläuterungen zum Test „Wie gut weiß ich über berufliche
Möglichkeiten Bescheid?" — 181
Erläuterungen zum Test „Liegt mir ein Beruf im Sozialwesen?" — 183
Erläuterungen zum Test „Wäre ein Psychologiestudium
das Richtige für mich?" — 185
Erläuterungen zum Test „Was weiß ich über die Welt der Medien?" — 187
Erläuterungen zum Test: „Wie gut kann ich mich bewerben?" — 189

Einführung

Was macht uns glücklich? Man muss keine Philosophen bemühen, um zu der Erkenntnis zu gelangen, dass die Berufswahl in erheblichem Maße bestimmt, wie zufrieden man mit seinem Leben ist. Wer offene Ohren hat, hört ja bisweilen Klagen wie „Ich bekomme kein Gehalt, sondern Schmerzensgeld!" oder „Am liebsten würde ich sofort alles hinschmeißen!" Glücklich schätzen darf sich deshalb jeder, der eine Aufgabe gefunden hat, mit der er in Frieden leben kann. Und wenn mehr dabei herausspringt – umso besser.

Wie aber findet man eine Aufgabe, die zu einem passt? Offenbar geraten viele in ein bestimmtes Berufsfeld, weil es gerade „angesagt" ist oder weil ihnen nichts anderes einfällt. So verteilen sich etwa 60 Prozent aller männlichen und fast 80 Prozent aller weiblichen Azubis auf jeweils 20 von insgesamt beinahe 400 Ausbildungsberufen. Und die über 250 Universitäten, Fachhochschulen und sonstigen Hochschulen mit einer Vielzahl von Studiengängen machen die Entscheidungsfindung auch nicht leichter.

Für berufliche Ein- und Umsteiger ist die Lage also recht unübersichtlich. Kein Wunder, dass viele in ihren Beruf „hineinstolpern". Wer das vermeiden möchte, sollte sich vor dem Start ins Berufsleben zunächst mit drei Fragen befassen. Erstens: „Wer bin ich?" Zweitens: „Was kann ich?" Drittens: „Was will ich?" Und daraus könnte sich dann jener Wunschberuf ergeben, in dem man nicht nur glücklich wird, sondern auch noch gutes Geld und Karriere macht.

Erfahren Sie in diesem Buch etwas über sich selbst und darüber, wer und was Sie werden sollten. So wie man startet, liegt man bekanntlich später im Rennen.

Claus Peter Müller-Thurau

Hamburg, im Frühjahr 2008

Mehr Informationen zu unseren Bewerbungsbüchern finden Sie unter:
www.haufe.de/bewerbung.

Teil I:
Tests und Erfolgsprofile für die Berufseignung

Meine Persönlichkeit – Wer bin ich und wie wirke ich auf andere?

Bücher und Schriften zum Thema „Wer bin ich?" füllen unzählige Bibliotheken, denn die Frage, mit wem man es eigentlich – in eigener Sache – zu tun habe, beschäftigt die Menschen seit Jahrtausenden. „Erkenne dich selbst!" war bereits vor 2.500 Jahren in der Vorhalle des Apollontempels zu Delphi zu lesen. Diese Aufforderung hat es in sich, denn was es zu entdecken gibt, ist bisweilen für Überraschungen gut. Immerhin geht es um die eigene Persönlichkeit, um den Charakter – um das also, was an Eigenschaften in einem steckt oder eben leider auch manchmal nicht.

Die Gesamtheit dieser Eigenschaften, die letztlich das Persönlichkeitsbild eines Menschen ausmachen, muss zum Berufsbild passen, für das man sich entscheidet. Personalberater haben in diesem Sinne den beruflichen Misserfolg auf eine einfache Formel gebracht: „Hired by ability, fired by personality." Aufgrund eines bestimmten Wissens oder erlernter Fertigkeiten werden Menschen eingestellt und aufgrund ihrer Persönlichkeit bzw. Persönlichkeitsdefizite fliegen sie wieder raus. Es ist also ratsam, sich vor der Entscheidung für eine Ausbildung, ein Studium oder ein „Umsatteln" (selbst)kritisch zu fragen,

- welche Eigenschaften für einen selbst typisch sind,
- welche in dem angestrebten Job gebraucht werden und
- ob die beiden Eigenschaftsprofile zueinander passen.

Weshalb es wichtig ist, selbstkritisch zu sein

Da die Fähigkeit zur Selbstkritik unverzichtbar ist, finden Sie im Folgenden einen Test, der Ihnen ein Feedback geben wird. Wenn Sie den Test bestehen, gehören Sie zu jenen Menschen, die wissen, dass Schwächen, derer man sich bewusst ist, einem weniger schaden werden.

Man darf sich nicht unterschätzen, denn wer sich unterschätzt, lotet nie die Grenzen des eigenen Potenzials aus – geschweige denn, dass er über dieses hinauswächst. Wer sich allerdings notorisch überschätzt, wird irgendwann an der eigenen „Überheblichkeit" scheitern.

Selbstkritik ist eine persönliche Stärke

> Grundsatz: Sie müssen nicht alles wissen und können, aber Sie müssen wissen, was Sie nicht wissen und können. Natürlich suchen Firmen Mitarbeiter/-innen, die von sich überzeugt sind. Andererseits hat die Studie „High Potentials 2002" der Kienbaum Executives Consultants GmbH ergeben, dass Unternehmen unter den häufigsten Defiziten bei Nachwuchs(führungs)kräften eine mangelhafte Fähigkeit zur Selbstkritik nennen. Daran dürfte sich bis heute dem Vernehmen nach nichts geändert haben.

Bitte überprüfen Sie einmal ihr Selbstbild und füllen Sie den folgenden Test spontan aus. Sie können ihn anschließend selbst auswerten und interpretieren. Bitte entscheiden Sie sich jeweils für eine Alternative.

Test: Wie selbstkritisch bin ich?

1. Meine Essmanieren sind zu Hause anders als in einem Top-Restaurant.

   ☒ stimmt   ☐ stimmt nicht

2. Ich erreiche immer die Ziele, die ich mir gesetzt habe.

   ☒ stimmt   ☒ stimmt nicht

3. Ich bin am Ende eines langen Arbeitstages manchmal müde.

   ☒ stimmt   ☐ stimmt nicht

4. Ich kann ohne Schwierigkeiten und ohne rückfällig zu werden, alte Gewohnheiten ablegen.

   ☒ stimmt   ☐ stimmt nicht

5. Es gelingt mir immer, meine Gefühle vollkommen zu beherrschen.

   ☐ stimmt   ☒ stimmt nicht

6. Ich sage immer die Wahrheit.

   ☐ stimmt   ☒ stimmt nicht

7. Manchmal klatsche ich ein wenig über andere Leute.

   ☒ stimmt   ☐ stimmt nicht

8. Ich finde es ziemlich schwierig, andere Menschen richtig zu beurteilen.

   ☐ stimmt   ☒ stimmt nicht

Testauswertung

Für jede Übereinstimmung erhalten Sie einen Punkt. Beispiel: Wer bei Aufgabe 1 mit „stimmt" reagiert hat, bekommt einen Punkt für „Selbstkritik" und wer bei Aufgabe 2 mit „stimmt" reagiert hat, bekommt keinen Punkt.

- Aufgabe 1   stimmt
- Aufgabe 2   stimmt nicht
- Aufgabe 3   stimmt
- Aufgabe 4   stimmt nicht
- Aufgabe 5   stimmt nicht
- Aufgabe 6   stimmt nicht
- Aufgabe 7   stimmt
- Aufgabe 8   stimmt

Sie können Ihr Ergebnis jetzt in der folgenden Skala ankreuzen. Später erhalten Sie eine Zusammenschau sämtlicher Testresultate.

wenig Selbstkritik							gesunde Selbstkritik
1	2	3	4	5	6	7	8

Interpretation

0–2 Punkte

Selbstzweifel werden Ihnen auf dem Weg nach oben nicht in die Quere kommen. Dafür aber Konkurrenten, die Ihre Überheblichkeit und mangelnde Selbstkritik auszunutzen wissen.

3–5 Punkte

Das angenehme Gefühl, vieles besser zu wissen und zu können, ist Ihnen nicht ganz fremd. Aber Sie bemühen sich, dies andere nicht ständig merken zu lassen. Natürlich sehen Sie Ihre Mitmenschen kritischer als sich selbst – aber damit befinden Sie sich in bester Gesellschaft.

6–8 Punkte

Sie wissen, dass einen die Kenntnis der eigenen Schwächen langfristig nur stärker machen kann. Sie trauen auch anderen etwas zu, verwechseln Delegation nicht mit dem Abschieben von lästigen Aufgaben und können sich über gute Ideen freuen, auch wenn diese nicht von Ihnen selbst stammen. Und genau das zeichnet eine (potenzielle) Führungskraft aus.

Lassen Sie sich auch von anderen einschätzen

Sie werden in diesem Buch, das ja als Testbuch konzipiert ist, mit diversen Aufgaben bzw. Anforderungen konfrontiert werden. Oft sollen Sie sich selbst einschätzen und jeder weiß, dass derartige Selbstbeschreibungen subjektiv sind. Das macht die Beurteilung in eigener Sache aber nicht wertlos, denn die meisten Qualitätsurteile in Schule, Studium und Berufswelt sind auch mehr oder weniger subjektiv.

Natürlich ist es gar nicht so leicht, sich bezüglich bestimmter Eigenschaften selbst einzuschätzen. Und deshalb ist es empfehlenswert, neben dem Selbstbild auch ein Fremdbild zu ermitteln. In diesem Sinne können Sie die Tests gemeinsam mit einer Ihnen vertrauten Person ausfüllen oder Sie vergleichen die voneinander unabhängig ermittelten Testergebnisse. Die „Wahrheit" dürfte dann meist in der Mitte liegen.

Was macht meine Persönlichkeit aus?

Bei der Frage „Wer bin ich eigentlich?" geht es hier um Eigenschaften, die z. B. für erfolgreiche Bankkaufleute, Marketingexperten oder Juristen typisch sind, und inwiefern man diese für sich selbst beanspruchen kann. Die Einzigartigkeit eines Menschen macht dann die einmalige Kombination von Persönlichkeitseigenschaften aus.

Die älteste Methode, die Persönlichkeit eines Menschen zu erfassen, besteht darin, einer Person Eigenschaftswörter zuzuschreiben. Die jedermann zugängliche Umgangssprache spiegelt nun einmal soziale Realitäten wider und damit auch jene Differenzen zwischen Menschen, die beruflich und gesellschaftlich von Belang sind.

Der Eignungsdiagnostiker Fritz Ostendorf reduzierte eine Gesamtliste von immerhin 5160 personenbeschreibenden Adjektiven auf eine repräsentative Stichprobe von 430 Begriffen. Einige Beispiele sind:

- abwartend
- aggressiv
- agil
- angespannt
- arbeitsfreudig
- argwöhnisch
- aufgeschlossen
- ausgeglichen
- bedrückt
- beharrlich
- belastbar
- deprimiert (etc.)

Wenn uns ein zukünftiger Kollege oder Vorgesetzter beispielsweise als „aggressiv", „eigensinnig" und „ehrgeizig" beschrieben wird, dann wissen wir, dass man sich im Zweifelsfall warm anziehen sollte.

In weiteren Untersuchungen zeigte sich, dass Ostendorfs 430 Adjektive fünf Faktoren abbilden, die entscheidend die Persönlichkeit und damit auch den Lebenserfolg eines Menschen bestimmen. In die Literatur und Praxis sind diese Faktoren auch als die „Big Five" eingegangen, die im Folgenden besprochen werden sollen.

Extraversion und Introversion

Wenn man danach fragt, wie und wo Menschen sich unterscheiden, kommt man zunächst auf das Soziale: Wie verhält sich das Individuum zur Gemeinschaft? Zwei grundsätzliche Eigenschaften lassen sich hier voneinander abgrenzen – nämlich Extraversion und Introversion.

Extraversion heißt, dass ein Mensch dem Kontakt anderen gegenüber aufgeschlossen ist und diesen meist sucht. Ein introvertierter Mensch ist dagegen jemand, der sich eher abwartend verhält und sozialen Kontakten keinen sonderlich hohen Stellenwert einräumt.

Beide Tendenzen lassen sich nicht grundsätzlich als „vorteilhaft" oder „unvorteilhaft" bewerten – was zählt, ist der Beruf, um den es geht. Wer eine Aufgabe anstrebt, die mit einem intensiven Kundenkontakt verbunden ist bzw. häufige und anspruchsvolle Kommunikationsaufgaben beinhaltet, sollte vom Naturell her extravertiert sein. Introvertierte seien stattdessen an den Dichterfürsten Goethe erinnert: „Es bildet ein Talent sich in der Stille." Im Übrigen gibt es diverse Berufe, bei denen die Eigenschaften „Introversion" und „Extraversion" keine Rolle spielen.

Test: Bin ich extravertiert oder introvertiert?

1. Ich mache gewöhnlich den Anfang, wenn es darum geht, neue Bekanntschaften zu schließen.

    ☐ stimmt   ☒ dazwischen   ☐ stimmt nicht

2. Schweigen ist Gold! Es fällt mir gar nicht schwer, diesen Grundsatz zu beherzigen.

    ☒ stimmt   ☒ dazwischen   ☐ stimmt nicht

Was macht meine Persönlichkeit aus?

3. Freunde haben mir schon mal vorgeworfen, dass ich Gespräche gern an mich reiße.

   ☒ stimmt   ☐ dazwischen   ☒ stimmt nicht

4. Ich gehe sehr gern allein spazieren.

   ☒ stimmt   ☒ dazwischen   ☐ stimmt nicht

5. Es gefällt mir, wenn ich die Lacher auf meiner Seite habe.

   ☒ stimmt   ☐ dazwischen   ☐ stimmt nicht

6. Wenn man Probleme hat, sollte man erst einmal versuchen, sie für sich zu klären.

   ☒ stimmt   ☒ dazwischen   ☐ stimmt nicht

7. Meine Devise lautet: Nur sprechenden Menschen kann geholfen werden!

   ☒ stimmt   ☒ dazwischen   ☐ stimmt nicht

8. Ein Abend mit spannender Lektüre ist mir meist lieber als eine gesellige Runde mit Freunden und Bekannten.

   ☐ stimmt   ☒ dazwischen   ☒ stimmt nicht

9. Zu meinen Schwächen zähle ich, anderen manchmal ins Wort zu fallen.

   ☒ stimmt   ☒ dazwischen   ☐ stimmt nicht

10. Sozialkompetenz heißt für mich zuallererst, ein guter Zuhörer zu sein. Und deshalb halte ich mich lieber zurück.

    ☐ stimmt   ☒ dazwischen   ☐ stimmt nicht

11. Ich bin lieber „auf Sendung" als „auf Empfang".

    ☐ stimmt   ☒ dazwischen   ☒ stimmt nicht

12. Im Zweifelsfall warte ich ab, bis andere auf mich zukommen bzw. mich ansprechen.

    ☒ stimmt   ☒ dazwischen   ☐ stimmt nicht

Auswertung

Testitems mit ungeraden Zahlen: „stimmt" = 2 Punkte, „stimmt nicht" = 0 Punkte
Testitems mit geraden Zahlen: „stimmt nicht" = 2 Punkte, „stimmt" = 0 Punkte
Für „dazwischen" gibt es einen Punkt.

Bitte markieren Sie Ihr Ergebnis auf der folgenden Skala.

Introversion												Extraversion
0	2	4	6	8	10	12	14	16	18	20	22	24

Interpretation

24–16 Punkte

Sie beschreiben sich als einen Menschen, der gern auf andere zugeht und mit ihnen kommuniziert. Es kommt vor, dass Sie in Gesprächen den größeren Redeanteil für sich beanspruchen. Ein Beruf mit hohem Kommunikationsaufwand dürfte gut passen.

15–8 Punkte

Ihr Motto könnte „reden und reden lassen" lauten. Sie müssen nicht zu allem und jedem ihren Kommentar abgeben, sorgen aber dafür, dass Sie wahrgenommen werden. Ihnen liegen eher Aufgaben, in denen strategisch-konzeptionelle Leistungen zu erbringen sind, deren Ergebnisse Sie dann allerdings auch gern weitergeben würden.

7–0 Punkte

Ihrem Naturell entspricht eher die Rolle des Zuhörers und Beobachters. Wo andere im Eifer erst reden und dann denken, verfahren Sie umgekehrt. Eher introvertierte Menschen sind gut geeignet für Berufe, in denen in hohem Maße analytisch gearbeitet werden muss. Beispiel: Forschung und Entwicklung, Revision, Controlling oder Unternehmensplanung. Gut passen können Aufgaben im Finanz- und Rechnungswesen (außer ein Job in der Debitorenbuchhaltung, der ja meist die Aufgabe beinhaltet, säumige Kunden per Telefon zur Zahlung von Rückständen zu motivieren).

Natürlich gelten die hier ausgesprochenen Empfehlungen nur, wenn auch andere einschlägige Voraussetzungen gegeben sind. Selbstverständlich gibt es Extravertierte, die viel Unfug reden, und Introvertierte, die keinen klaren Gedanken fassen können.

Belastbarkeit

Stellenanzeige: Sales Consultant (m/w)

„Ihr Profil:
- abgeschlossene kaufmännische Ausbildung mit Schwerpunkt Marketing
- Kontaktfreude
- Kommunikationsstärke
- Belastbarkeit."

Belastbarkeit ist ein Lieblingsbegriff der Texter von Stellenangeboten. Was ist damit konkret gemeint? „Belastbarkeit" heißt, dass

- „nine to five" im Job nicht reicht und man auf überdurchschnittlich hohe physische und psychische Energiereserven zurückgreifen können muss,
- man einen „langen Atem" haben sollte, weil sich in vielen Aufgaben nicht sofort die gewünschten Erfolge einstellen werden,
- Frust bzw. Misserfolge auszuhalten sind und sich nicht gleich negativ auf die Leistungsmoral auswirken dürfen,

- man mit beruflichen Unsicherheiten leben können muss. Dieser Punkt ist sehr wichtig, denn zukünftig werden immer mehr Mitarbeiter in zeitlich begrenzten Projekten arbeiten, ohne zu wissen, wie es danach weiter geht.

Dieser Faktor gibt auch Auskunft über das Verhalten in Stresssituationen. Macht jemand unter Zeitdruck viele Flüchtigkeitsfehler, verliert er den Überblick, behandelt er Kunden unwirsch oder abweisend? Bei dem Merkmal „emotionale Belastbarkeit" geht es letztlich darum, wie jemand reagiert, wenn sich auf dem Weg zum Ziel Hindernisse auftürmen. Im Extremfall gibt es jene, die resignieren und andere, die sich von Hindernissen „provoziert" fühlen und mit einem „Jetzt gerade!" reagieren.

So reagieren Sie am besten auf die Frage „Welche Schwächen haben Sie?"

Auf die Frage nach den persönlichen Schwächen bezichtigen sich viele Bewerber im Vorstellungsgespräch häufig der Ungeduld. Dies ist keine gute Idee, denn ein gewitzter Personaler könnte hier kontern: „Sie sind also wenig belastbar."

Was also wäre eine gute Reaktion? „Wissen Sie – es nervt mich maßlos, wenn Kollegen ihr Wissen nicht weitergeben, sondern für sich behalten." Dies ist eine elastische Antwort, die eine kleine menschliche Schwäche („es nervt mich") einräumt, aus der dann aber eine Stärke wird. Fast alle Unternehmen plagen sich mit dem Problem, dass manche Mitarbeiter die Kollegen von ihren Kenntnissen nicht gern profitieren lassen. Tenor: „Die mache ich doch nicht noch schlau!"

Test: Bin ich emotional belastbar?

1. Stress ist für mich die Würze des Lebens.

   ☒ stimmt   ☐ dazwischen   ☐ stimmt nicht

2. In der Schule hat es mich immer genervt, wenn der Lehrer mir während einer Klassenarbeit auf die Finger schaute.

   ☐ stimmt   ☒ dazwischen   ☒ stimmt nicht

3. Wer Angst vor Zeitverträgen oder projektorientierten Aufgaben hat, ist nicht sonderlich belastbar.

   ☐ stimmt   ☐ dazwischen   ☒ stimmt nicht

4. Die Sicherheit des Arbeitsplatzes ist für mich ein wichtiges Entscheidungskriterium bei der Suche nach einem neuen Job.

   ☒ stimmt   ☐ dazwischen   ☐ stimmt nicht

5. Wenn ich mir einen Zeitplan für zu erledigende Aufgaben mache und es kommt etwas Unvorhergesehenes dazwischen, disponiere ich eben um. Überraschungen gehören doch zum Leben.

   ☒ stimmt   ☒ dazwischen   ☐ stimmt nicht

6. Wir leben in einer Leistungsgesellschaft, die bei sehr vielen Menschen zu inhumanen seelischen Belastungen führt.

    ☒ stimmt   ☒ dazwischen   ☐ stimmt nicht

7. Wenn hin und wieder mal so richtig viel los ist und es leistungsmäßig auch mal ans Limit geht, fühle ich mich besonders wohl.

    ☐ stimmt   ☒ dazwischen   ☐ stimmt nicht

8. Es gibt häufig Tage, da fühle ich mich abends nicht müde, sondern regelrecht ausgebrannt.

    ☐ stimmt   ☐ dazwischen   ☒ stimmt nicht

9. Der Mensch ist von seiner Natur her auf Leistung programmiert.

    ☐ stimmt   ☒ dazwischen   ☐ stimmt nicht

10. Stress ist die Geißel der Menschen im modernen Industriezeitalter.

    ☐ stimmt   ☒ dazwischen   ☐ stimmt nicht

11. Zum Glück kann ich sehr gut „abschalten".

    ☒ stimmt   ☒ dazwischen   ☐ stimmt nicht

12. Am besten erhole ich mich durch Nichtstun.

    ☐ stimmt   ☐ dazwischen   ☒ stimmt nicht

Auswertung

Testitems mit ungeraden Zahlen: „stimmt" = 2 Punkte, „stimmt nicht" = 0 Punkte
Testitems mit geraden Zahlen: „stimmt nicht" = 2 Punkte, „stimmt" = 0 Punkte
Für „dazwischen" gibt es einen Punkt.

wenig belastbar												sehr belastbar
0	2	4	6	8	10	12	14	16	18	20	22	24

Interpretation

24–16 Punkte
Sie schätzen es, wenn der Sturm von vorn kommt – ein Rückzug in den Windschatten kommt für Sie deshalb nicht infrage. Außerdem testen Sie gern auch einmal die Grenzen Ihrer Leistungsfähigkeit aus. Stress empfinden Sie als eher belebend.

15–8 Punkte
Sie müssen manchmal schon mit Ihren Kräften haushalten und es gibt Dinge, die an Ihren Nerven „zerren".

7–0 Punkte
Bisweilen wachsen Ihnen die Dinge über den Kopf. Sie haben entweder die falsche

Einstellung zu manchen Anforderungen oder die Ihnen gestellten Aufgaben passen nicht zu Ihrem Profil.

Der Psychologe Hans Jürgen Eysenck konnte recht gut belegen, dass die Merkmale Extraversion/Introversion (Einstellung des Ichs zur Umwelt) und seelische Belastbarkeit ganz entscheidend die Persönlichkeit und damit das Verhalten eines Menschen bestimmen. Er konnte weiter zeigen, dass diese Eigenschaften unabhängig voneinander sind. In diesem Sinne kann ein Introvertierter sowohl psychisch stabil als auch labil sein und das Gleiche gilt für den Extravertierten.

Bei den meisten Menschen lässt sich ein Trend ausmachen – mal geht es in Richtung Introversion und mal in Richtung Extraversion. Und das gilt auch für die seelische Stabilität. Entscheidend ist, welche „Richtung" zum gewünschten Beruf passt.

Stellenanzeige: Kundenbetreuer/-in

„Wir erwarten:
- Teamfähigkeit
- Kommunikationsstärke
- Stressresistenz
- Freude am Umgang mit Menschen
- Verkaufsorientierung"

In dieser Aufgabe kann nur erfolgreich sein, wer klar extravertiert und überdurchschnittlich belastbar ist. Im Übrigen werden im Anforderungsprofil ausschließlich Soft Skills angeführt.

Stellenanzeige: CAD-Zeichner/-in

„Unsere Anforderungen:
- Ausbildung zum technischen Zeichner
- Erfahrung im Bereich Industrietechnik
- versierter Umgang mit CAD-Zeichenprogrammen Microstation VB
- PC-Kenntnisse"

Hier wird ein Experte gesucht. Introversion oder Extraversion spielen keine Rolle. Diesen Job kann also durchaus jemand machen, der zu Introversion und Sensibilität neigt. In eher künstlerischen Berufen kann eine gewisse Dünnhäutigkeit ja auch von Vorteil sein.

Verträglichkeit

Bei dieser wenig wissenschaftlich anmutenden Eigenschaft geht es um den wahrscheinlichen Platz, den jemand in einer Gruppe findet. Der Philosoph Arthur Schopenhauer hat die anstehende Problematik einmal in ein recht passendes Bild gebracht: Die Menschen, meint er, gleichen Stachelschweinen in einer kalten Winternacht – sie müssen zusammenrücken, um nicht zu erfrieren, aber sobald sie dies tun, stechen sie sich gegenseitig. Dieser Umstand treibt sie erneut auseinander. Bald frieren sie wieder und rücken abermals aneinander. In diesem Sinne sei das menschliche Zusammenleben und -arbeiten ein ständiges Anziehen und Abstoßen.

Es gibt individuelle Unterschiede. Da sind die einen, die den Reflex, der das „Ausfahren der Stacheln" bewirkt, wenig im Griff haben und deshalb bei geringsten Anlässen kratzbürstig reagieren, und da sind andere, die selbst in Konfliktsituationen eher sanftmütig und lösungsorientiert – also verträglich – reagieren. Sicherheitshalber sei hier noch angefügt, dass mit Verträglichkeit nicht Unterwürfigkeit gemeint ist.

 Typisch unverträglich!

Unverträgliche Menschen setzen bei Konflikten andere oft herab und halten wenig von Ideen, die nicht die eigenen sind. Bei Besprechungen stellen sie sich gern in den Mittelpunkt – nach der Devise: „Es ist zwar schon alles gesagt, aber noch nicht von mir." Und wenn ihnen die ganze Richtung nicht passt und sie sich mit ihren Vorstellungen nicht durchsetzen können, ziehen sie sich gern – sozusagen als Strafmaßnahme – in die „Schmollecke" zurück.

Test: Wie gut vertrage ich mich mit anderen?

1. Ich halte mich an den früheren amerikanischen Präsidenten Theodore Roosevelt: „Sprich sanft und nimm einen dicken Stock mit, dann kommst du weit."

   ☒ stimmt ☐ dazwischen ☒ stimmt nicht

2. In Diskussionsrunden erfrage ich gern die Meinung der anderen.

   ☒ stimmt ☐ dazwischen ☐ stimmt nicht

3. Man muss den Mitmenschen seine Meinung sagen – und zwar ohne Einschränkung.

   ☐ stimmt ☒ dazwischen ☐ stimmt nicht

4. Man muss auf andere und deren Ideen zumindest eingehen, sonst erzielt man keine guten Ergebnisse.

   ☒ stimmt ☐ dazwischen ☐ stimmt nicht

5. Konflikte sind überflüssig und kosten nur Zeit und Kraft.

   ☐ stimmt ☒ dazwischen ☐ stimmt nicht

Was macht meine Persönlichkeit aus?

6. Ein vernünftiger Umgangsstil ist sozialer Kitt und deshalb unverzichtbar.

   ☒ stimmt   ☒ dazwischen   ☐ stimmt nicht

7. Alle Menschen sind reine Egoisten – Verbindlichkeit und Rücksichtnahme sind nur Etikette.

   ☒ stimmt   ☐ dazwischen   ☐ stimmt nicht

8. Man kann auch mal die eine oder andere Ungeschicklichkeit im Verhalten anderer ignorieren.

   ☒ stimmt   ☐ dazwischen   ☐ stimmt nicht

9. Wenn jemand nicht zurück grüßt, grüße ich ihn das nächste Mal auch nicht.

   ☐ stimmt   ☒ dazwischen   ☒ stimmt nicht

10. Bei Auseinandersetzungen gibt es oft Gewinner und Verlierer. Das ist wie im Sport und so ist eben das Leben.

    ☒ stimmt   ☒ dazwischen   ☐ stimmt nicht

11. Die Bedeutung der Beziehungen zwischen den Menschen wird überbewertet. Wenn jeder weiß, was er zu tun hat, und sich an die Regeln hält, läuft der Laden auch.

    ☐ stimmt   ☒ dazwischen   ☐ stimmt nicht

12. Ein vernünftiges Miteinander setzt Spielregeln voraus. Und an die haben sich dann auch alle zu halten.

    ☒ stimmt   ☐ dazwischen   ☐ stimmt nicht

Auswertung

Testitems mit ungeraden Zahlen: „stimmt" = 0 Punkte, „stimmt nicht" = 2 Punkte
Testitems mit geraden Zahlen: „stimmt" = 2 Punkte, „stimmt nicht" = 0 Punkte
Für „dazwischen" gibt es einen Punkt.

unverträglich												verträglich
0	2	4	6	8	10	12	14	16	18	20	22	24

Interpretation

24–16 Punkte

Ihr Motto könnte lauten: Gibst du mir, gebe ich dir! Sie sind auf Ausgleich bedacht, aber nicht um jeden Preis. Wenn es möglich ist, streben Sie bei Auseinandersetzungen eine Win-win-Situation an. Sie treten anderen gegenüber lieber verbindlich auf, müssen sich deshalb aber nicht in Ihren als erstrebenswert erkannten Zielen beirren lassen. Bei Konflikten fragen Sie nicht „Wer hat Schuld?", sondern „Was ist Sache?"

15–8 Punkte
Bisweilen haben Sie Angst, dass Ihnen andere die Wurst vom Brot nehmen könnten. Das kann dann Reibereien hervorrufen, die wenig zielführend sind. Bei Konflikten neigen Sie zu einem eher personenorientierten statt sachorientierten Vorgehen.

7–0 Punkte
Dieses Ergebnis könnte auf eine gewisse Seelenverwandtschaft mit Oscar Wilde hinweisen: „Ich bin durchaus nicht zynisch, ich habe nur meine Erfahrungen gemacht, was allerdings ungefähr auf dasselbe herauskommt." Von „Gutmenschen" halten Sie herzlich wenig und die Wege zum Misserfolg sind für Sie mit Kompromissen gepflastert.

Gewissenhaftigkeit

Stellenanzeige: Mediaplaner/-in

„Sie sind äußerst präzise im Detail, um den Ansprüchen unserer Kunden gerecht zu werden. (...)"

Gewissenhaftigkeit gehört zu jenen Soft Skills, die sich bei uns keiner besonderen Reputation erfreuen. Man denkt eher an Buchhalter und Bürokraten, statt an Chirurgen und Piloten. Wir haben es hier also mit einem Missverständnis zu tun. Kein Passagier würde in ein Flugzeug steigen, wenn er wüsste, dass die Wartungstechniker nicht „gewissenhaft" arbeiten.

Bei dieser Eigenschaft geht es um das konkrete Arbeitsverhalten. Kann man der betreffenden Person verantwortungsvolle Aufgaben übertragen, ist sie leistungsbereit, ausdauernd, diszipliniert und zuverlässig? Gewissenhaftigkeit ist – egal, was man tut – unverzichtbar. Das mag das folgende Beispiel noch einmal zeigen.

 Das Vier-Augen-Prinzip

„... meine aquisitorischen Fähigkeiten konnte ich bisher erfolgreich unter Beweis stellen. Außerdem beherrsche ich die gängigen IT-Tools wie Word, Powerpoint und Exel. Auf eine Einladung zum Vorstellungsgespräch freie ich mich. (...)"

Daraus wird vermutlich nichts. Dabei geht es vordergründig gar nicht um die drei Tippfehler im Anschreiben – was hier abgestraft wird, ist der Verstoß gegen das Vier-Augen-Prinzip. Jeder weiß bzw. sollte wissen, dass man gegenüber einem selbst verfassten Test mehr oder weniger „blind" ist. Gewissenhaftigkeit zeigt sich folglich darin, eine Korrekturschleife einzuziehen bzw. den kritischen Blick anderer zu nutzen.

(Anmerkung: „akquisitorische Fähigkeiten", „Excel" und „freue ich mich" muss es natürlich heißen.)

Test: Wie gewissenhaft bin ich?

1. Ich habe alle drei Fehler im obigen Beispiel auf Anhieb gesehen.
   ☐ stimmt ☐ dazwischen ☒ stimmt nicht

2. Gebrauchsanweisungen lese ich erst gar nicht. Ich stelle das neue Gerät an und probiere es aus.
   ☐ stimmt ☒ dazwischen ☐ stimmt nicht

3. Von mir bekäme jeder Bewerber für Tippfehler im Anschreiben einen Minuspunkt.
   ☐ stimmt ☐ dazwischen ☒ stimmt nicht

4. Radarfallen sind nur dafür da, dem Staat Einnahmen zu verschaffen.
   ☐ stimmt ☒ dazwischen ☐ stimmt nicht

5. Wenn ich eine E-Mail schreibe, lese ich diese mehrmals durch, bevor ich sie absende.
   ☐ stimmt ☒ dazwischen ☐ stimmt nicht

6. Ich verschiebe gern mal das eine oder andere auf morgen, obwohl es gleich erledigt werden müsste.
   ☒ stimmt ☒ dazwischen ☐ stimmt nicht

7. Für mich ist eine korrekte Schreibweise wichtig und im Zweifelsfall schaue ich im Duden nach – auch wenn es sich nicht um eine sonderlich wichtige Angelegenheit handelt.
   ☒ stimmt ☐ dazwischen ☒ stimmt nicht

8. Man kann es mit der Ordnung auch übertreiben. Die Zeit, die andere verwenden, um Ordnung zu wahren, verwende ich zum Suchen. Das läuft auf das Gleiche hinaus.
   ☐ stimmt ☒ dazwischen ☐ stimmt nicht

9. Freunde meinen, ich sei perfektionistisch.
   ☐ stimmt ☐ dazwischen ☒ stimmt nicht

10. Mein Prinzip lautet: Die Richtung muss stimmen – sonst verliert man sich im Detail.
    ☒ stimmt ☒ dazwischen ☐ stimmt nicht

11. Kleine Unaufmerksamkeiten oder Fehler können eine große Wirkung haben.
    ☒ stimmt ☐ dazwischen ☐ stimmt nicht

12. Kreativität ist heute wichtiger als Disziplin.
    ☐ stimmt ☒ dazwischen ☐ stimmt nicht

Auswertung

Testitems mit ungeraden Zahlen: „stimmt" = 2 Punkte, „stimmt nicht" = 0 Punkte
Testitems mit geraden Zahlen: „stimmt nicht" = 2 Punkte, „stimmt" = 0 Punkte
Für „dazwischen" gibt es einen Punkt.

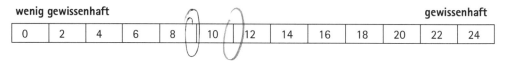

wenig gewissenhaft											gewissenhaft
0	2	4	6	8	10	12	14	16	18	20	22	24

Interpretation

24–16 Punkte
Jemandem mit dieser Haltung kann man verantwortungsvolle Aufgaben übertragen. Sie sind leistungsbereit, diszipliniert und ausdauernd. Wenn Sie dann neben der Liebe zum Detail noch vernetzt denken können – also den Überblick behalten und die Prioritäten richtig setzen –, bringen Sie eine wichtige Voraussetzung für einen guten beruflichen Weg mit.

15–8 Punkte
Sie haben Recht: Ordnung, Gründlichkeit und Disziplin können missbraucht bzw. für falsche Ziele eingesetzt werden. Ihre Skepsis gegenüber solchen Tugenden ist aber vom Grundsatz her nicht gerechtfertigt. Disziplin braucht man z. B. auch, wenn man das Rauchen aufgeben will, und deshalb ist sie nicht an und für sich unanständig.

7–0 Punkte
Für Sie zählt nur der ganz große Plan, sind Konzepte und Strategien wichtiger als deren Umsetzung. Und solche Leute werden gebraucht. Aber um Himmels willen nicht im OP oder im Cockpit.

Soziale Intelligenz

Hier geht es nicht um die Höhe des Intelligenzquotienten, den IQ-Tests ermitteln. Nach dem anerkannten Psychodiagnostiker Fritz Ostendorf geht es bei diesem Merkmal darum, „inwieweit eine Person für eine kompetente Person gehalten wird, bei der es sich lohnt, sie um Rat zu fragen."

Damit hat er auf die Bedeutung der „sozialen" oder „emotionalen" Intelligenz hingewiesen, als es diese Begriffe noch gar nicht gab. In diesem Sinne setzt die viel beschworene „kommunikative Kompetenz" eines Menschen soziale Intelligenz voraus. Wie lautet doch der älteste Grundsatz der Rhetorik? Es ist egal, was du sagst – entscheidend ist, wie es ankommt. Eine nach allen Regeln der Kunst verfasste Rede bleibt wirkungslos, wenn sie über die Köpfe der Hörer hinweggeht. Es bedarf also eines hohen Maßes an sozialer Intelligenz, eine Rede so zu gestalten, dass man die Köpfe und Herzen seines Publikums erreicht.

Die herkömmlichen Intelligenzdefinitionen und -messungen vernachlässigen außerdem eine weitere entscheidende Frage: Wird jemand die ihm bescheinigte Intelligenz auch intelligent anwenden? Leider musste die Menschheit häufig die Erfahrung machen, dass die Mächtigen dieser Welt manchmal recht unintelligent ihre intellektuelle Leistungsfähigkeit genutzt haben – zumindest, wenn man das Endergebnis ihres Wirkens betrachtet. Das gilt auch für Mitarbeiter in Unternehmen und deshalb wird bei Einstellungsgesprächen auf den Faktor „soziale Intelligenz" verstärkt geachtet – zumindest bei Führungspositionen und Aufgaben in Vertrieb und Marketing.

„Sechs minus" in sozialer Intelligenz

Ein Bewerber führt ein Vorstellungsgespräch mit der Personalleiterin, dem Abteilungsleiter Verkauf und dem Personalberater eines Unternehmens. Alles läuft recht gut, bis der Interessent zum Schluss des Gesprächs nach seinen Chancen fragt. Damit hatte sich die Sache für ihn erledigt, denn eine ungeschicktere Frage hätte er nicht stellen können. Was sollen denn seine drei Gesprächspartner sagen? Sie müssen sich doch nach dem Gespräch hinsichtlich der Eignungsbewertung erst noch austauschen und abstimmen. Bei ausreichender sozialer Intelligenz kann einem ein derartiger Fehler eigentlich nicht unterlaufen.

Soziale Intelligenz und Loyalität

Stellenanzeige: Projektmanager Kunden- und Mitarbeiterbetreuung (m/w)

„Ihr Profil:
Neben einer kaufmännischen Ausbildung überzeugen Sie mit einer ausgeprägten kommunikativen Persönlichkeit. (...) Loyalität, Teamfähigkeit sowie die Freude am Umgang mit Menschen runden Ihr Profil ab."

„Ich liebe den Verrat, aber ich hasse den Verräter", soll Julius Caesar gesagt haben. Natürlich möchten die Machthaber dieser Welt rechtzeitig etwas über mögliche Gegner, Intriganten oder Versager in den eigenen Reihen erfahren, aber der Lieferant dieser Informationen disqualifiziert sich aufgrund eines miesen Charakters.

Zwickmühle „doppelte Loyalität"

Die Geschäftsleitung eines mittelständischen Unternehmens beschließt ein neues Vertriebskonzept, das der Vertriebsleiter zunächst ablehnt, später aber doch zähneknirschend akzeptiert.

Dann passiert Folgendes: Anlässlich eines Kundenbesuchs erklärt der Vertriebsleiter seinem langjährigen Gesprächs- und Geschäftspartner im Vertrauen, dass er das neue Konzept für Blödsinn halte, es aber leider umsetzen müsse. Den nächsten Termin bei diesem Kunden nimmt ein Mitarbeiter des genannten Vertriebsleiters wahr. Er wird mit den Worten begrüßt: „Ihr Chef sagte mir neulich, dass er von der neuen strategischen Ausrichtung Ihres Unternehmens gar nichts hält. Ich übrigens auch nicht. Wie ist denn Ihre Meinung?"

Test: Bin ich loyal?

Was würden Sie in der geschilderten Situation tun?

- ☐ a Ich würde mich meinem Chef gegenüber loyal verhalten und dem Kunden sagen, dass ich die negative Meinung meines Vorgesetzten teile.
- ☐ b Ich würde mich meinem Unternehmen gegenüber loyal verhalten und sagen, dass ich die neue strategische Ausrichtung gut fände.
- ☐ c Ich würde dem Kunden generell zustimmen, denn von ihm kommen schließlich die Aufträge.
- ☐ d Ich würde mich heraushalten und sagen, dass ich dazu nichts sagen könne.
- ☒ e Ich würde sagen, dass mein Chef das Recht auf eine private Meinung habe, aber gewiss voll und ganz hinter dem Unternehmen stünde.
- ☐ f Ich würde sagen, dass Strategien kommen und gehen.

Für welche Antwort haben Sie sich entschieden?

Interpretation/Bewertung

- **Sie haben die Alternative a gewählt?**
  Sie schlagen sich auf die Seite Ihres Vorgesetzten und verhalten sich Ihrem Betrieb gegenüber damit illoyal. Natürlich hat Ihr Chef Sie durch sein Fehlverhalten in diese Zwickmühle gebracht, aber ein Fehler wird ja nicht dadurch rückgängig gemacht, dass man einen zweiten hinzufügt. Im Übrigen kommt das Gehalt nicht vom Vorgesetzten, sondern von den durch das Unternehmen erzielten Erlösen.

- **Sie haben die Alternative b gewählt?**
  Bei aller Integrität – aber damit haben Sie sich auf einen Schlag gleich zwei Feinde gemacht. Sie haben dem Kunden klar gesagt, dass Sie dessen Einschätzung nicht teilen und Sie haben sich Ihrem Vorgesetzten nach außen hin illoyal verhalten. Wenn der Kunde ihm dies bei nächster Gelegenheit erzählt, werden Sie ein Problem mehr haben.

- **Sie haben die Alternative c gewählt?**
  Diese „Anbiederei" dürfte die Wertschätzung seitens des Kunden nicht gerade befördern. Wer seinem Arbeitgeber in den Rücken fällt, darf von Kunden und Lieferanten keinen Respekt erwarten. Bestenfalls wird er als „nützlicher Idiot" wahrgenommen.

- **Sie haben die Alternative d gewählt?**
  Mit dieser Aussage entwerten Sie sich in den Augen des Kunden als ernst zu nehmender Gesprächs- und Verhandlungspartner.

- **Sie haben die Alternative e gewählt?**
  Eine goldene Regel im Geschäftsleben lautet: „One face to the customer!" Im Außenverhältnis – vor allem gegenüber Kunden und Lieferanten – ist ein einheitliches und geschlossenes Auftreten im Sinne des Unternehmens unverzichtbar. Mit dieser diplomatischen Antwort hätten Sie sich selbst, Ihren Vorgesetzten und Ihr Unternehmen ganz gut aus der Bredouille gebracht.

- **Sie haben die Alternative f gewählt?**
  Diese Einlassung klingt wie „Mal sehen, wann die nächste Sau durchs Dorf getrieben wird." Das ist die Haltung von Zynikern, die bereits so manche Inkonsequenz erlebt haben und sie ist in deutschen Betrieben gar nicht so selten anzutreffen.

Was tun, wenn man mit einer Entscheidung nicht einverstanden ist?

Loyalität heißt nicht, alles klaglos abzunicken. Wenn eine Führungskraft mit den sie tangierenden konzeptionell-strategischen Überlegungen der nächsten Führungsebene nicht einverstanden ist, darf und sollte sie den eigenen Standpunkt vertreten. Ist aber eine Entscheidung nach dem Muster „Ober sticht Unter" getroffen, gibt es nur zwei Möglichkeiten: die Entscheidung akzeptieren und beherzt im eigenen Verantwortungsbereich umsetzen oder den Job wechseln. Hier einige Regeln:

- Im Außenverhältnis – vor allem gegenüber Kunden und Lieferanten – ist ein einheitlicher und geschlossener Marktauftritt selbstverständlich.

- Wer mit dem Verhalten des direkten Vorgesetzten nicht einverstanden ist, hat für seine Beschwerde zunächst nur einen Gesprächspartner – den direkten Vorgesetzten.

- Bleibt ein solches Gespräch ergebnislos bzw. der eigene Erfolg durch das Vorgesetztenverhalten gefährdet, kann man sich an eine höhere Instanz wenden. Allerdings nicht, ohne den betroffenen Chef darüber vorab in Kenntnis zu setzen.

Mit diesen Erörterungen dürfte auch klar geworden sein, dass Loyalität nicht nur eine Haltung ist, sondern auch eine Fähigkeit. Man muss in der Lage sein, Zielkonflikte zu erkennen, richtig zu analysieren und dann mit diplomatischem Geschick aufzulösen.

Berufsfelder mit einem besonders hohen Loyalitätsanspruch sind unter anderem:

- Sekretär/-in der Geschäftsleitung
- Produktentwicklung
- Controlling
- Assistent/-in der Geschäftsleitung
- Consulting-Berufe
- Revision
- Unternehmensplanung

In diesen Jobs hat man es mit vertraulichen und bisweilen auch brisanten Geschäftsvorgängen zu tun. Missbrauch oder auch nur Indiskretionen können dem Unternehmen schwer schaden.

Test: Verfüge ich über soziale Intelligenz?

1. Ich halte analytischen Sachverstand für unverzichtbar.

   ☒ stimmt ☒ dazwischen ☐ stimmt nicht

2. Wer sich bei Entscheidungen auf seinen „Bauch" bzw. seine Intuition verlässt, wird grundsätzlich scheitern.

   ☐ stimmt ☒ dazwischen ☒ stimmt nicht

3. Als Vorgesetzter würde ich einen Mitarbeiter in der Regel nur „unter vier Augen" loben und nicht vor der „versammelten Mannschaft".

   ☐ stimmt ☒ dazwischen ☒ stimmt nicht

4. Wenn man immer nur daran denkt, wie das ankommt, was man sagt, kommt man zu nichts.

   ☒ stimmt ☐ dazwischen ☐ stimmt nicht

5. Das Harmoniebedürfnis eines Menschen kann für alle Beteiligten von Nachteil sein.

   ☐ stimmt ☒ dazwischen ☐ stimmt nicht

6. Menschen kann man am ehesten mit Logik gewinnen.

   ☒ stimmt ☐ dazwischen ☐ stimmt nicht

7. „Was das Herz nicht akzeptiert, lässt der Kopf meist nicht ein." Was halten Sie von diesem Grundsatz?

   ☒ stimmt ☒ dazwischen ☐ stimmt nicht

8. Wenn ein Mitarbeiter in Gegenwart anderer kritisiert wird, erzielt dies bei ihm die beste Wirkung.

   ☐ stimmt ☐ dazwischen ☒ stimmt nicht

9. Nach meiner Erfahrung folgt jeder Mensch in gewisser Hinsicht seiner eigenen Logik. Ich versuche das in meinem Verhalten gegenüber anderen zu berücksichtigen.

   ☐ stimmt ☒ dazwischen ☐ stimmt nicht

10. „Der Klügere gibt nach." Das ist für mich „soziale Intelligenz" und daran halte ich mich auch.

    ☒ stimmt ☒ dazwischen ☒ stimmt nicht

11. Wenn mir jemand sagt, dass sein Lebensinhalt darin bestünde, anderen selbstlos zu helfen, nehme ich ihm das nicht ab.

    ☒ stimmt ☒ dazwischen ☐ stimmt nicht

12. Als Personalchef würde ich jenen Bewerbern einen Pluspunkt geben, die bei der Frage nach dem Gehalt sagen, dass Geld für sie keine Rolle spiele.

    ☐ stimmt ☐ dazwischen ☒ stimmt nicht

Auswertung

Testitems mit ungeraden Zahlen: „stimmt" = 2 Punkte, „stimmt nicht" = 0 Punkte
Testitems mit geraden Zahlen: „stimmt nicht" = 2 Punkte, „stimmt" = 0 Punkte
Für „dazwischen" gibt es einen Punkt.

hohe soziale Intelligenz

0	2	4	6	8	10	12	(14)	16	18	20	22	24

Interpretation

24–16 Punkte

Intelligenz heißt für Sie, dass neben dem Kopf auch das Herz zu seinem Recht kommt. Oder salopp formuliert: Sie wissen, dass jedes Hirn an einem Darm hängt. In diesem Sinne lassen Sie sich nicht nur vom „kalten" Sachverstand steuern, auch wenn Ihr Intelligenzquotient weit über dem Durchschnitt liegen sollte. Es bedarf schon eines hohen Ausmaßes an spezieller Intelligenz, Gefühle zu „wittern" und dann gegebenenfalls auch zu „steuern"

15–8 Punkte

Im Zweifelsfall ziehen Sie die Analyse der Intuition vor. Meist ist man damit auf der sicheren Seite, aber die ganz großen Ideen waren das Resultat von Intellekt und Eingebung.

7–0 Punkte

Achtung: Intelligenz kann für sich genommen wertlos bis lebensgefährlich sein. Man muss intelligent sein, um die hunderttausendste Stelle der Primzahlen berechnen zu können – man muss aber auch intelligent sein, um eine Atombombe zu bauen.

(Erläuterungen zur Bewertung finden Sie bei Bedarf im Anhang auf Seite 171.)

Auswertung: Mein Persönlichkeitsprofil – stimmen Selbstbild und Fremdbild überein?

Sie haben sich nun hinsichtlich der fünf wichtigsten Persönlichkeitseigenschaften – auch mit Unterstützung anderer – beschrieben und ein Feedback erhalten. Selbstverständlich müssen diese Selbstbeschreibungen nicht in jedem Punkt der Wirklichkeit entsprechen, aber sie markieren Ihr Selbstbild – also die Vorstellung, die Sie von sich haben. Und mit dieser Vorstellung geht man ja durchs Leben.

Glauben Sie an sich selbst

Was wir tun können, wird dadurch beeinflusst, was wir glauben tun zu können. Wer an sich selbst glaubt, hat eine gute Grundlage für zukünftige Erfolge.

Tragen Sie nun Ihre bei den Tests erreichten Punktwerte (0–24) in die folgende Tabelle ein und erstellen Sie Ihr Profil der „Big Five". Verbinden Sie die Punkte untereinander mit einer Linie. Dasselbe können Sie auch mit den Ergebnissen der Testbögen tun, die Ihnen nahestehende Personen für Sie ausgefüllt haben. So sehen Sie auf einen Blick, ob Ihr Selbstbild mit dem Bild, das andere von Ihnen haben – dem Fremdbild – übereinstimmt.

Ihr Persönlichkeitsprofil können Sie später mit den Berufsprofilen vergleichen, die Sie im Kapitel „Meine Motivation – Das möchte ich beruflich machen" finden. In ihnen ist dargestellt, welche Eigenschaften für die entsprechenden Berufsfelder besonders wichtig sind. So erfahren Sie, welcher Beruf am besten zu Ihrer Persönlichkeit passt.

Mein Persönlichkeitsprofil

Extraversion	Verträglichkeit	Gewissenhaftigkeit	Belastbarkeit	Soziale Intelligenz
24	24	24	24	24
23	23	23	23	23
22	22	22	22	22
21	21	21	21	21
20	20	20	20	20
19	19	19	19	19
18	18	18	18	18
17	17	17	17	17
16	16	16	16	16
15	15	15	15	15
14	14	14	14	14
13	13	13	13	13
12	12	12	12	12
11	11	11	11	11
10	10	10	10	10
9	9	9	9	9
8	8	8	8	8
7	7	7	7	7
6	6	6	6	6
5	5	5	5	5
4	4	4	4	4
3	3	3	3	3
2	2	2	2	2
1	1	1	1	1
0	0	0	0	0

Das Vorstellungsgespräch: Wie beantworte ich Fragen zu meiner Persönlichkeit vorteilhaft?

Frage: „Wie richten Sie sich nach einem Misserfolg wieder auf?"

Ein erfülltes und erfolgreiches Leben ist ohne Niederlagen undenkbar. Der Fortschritt ist überwiegend durch das Prinzip „Versuch und Irrtum" zu haben – das mögliche Scheitern gehört dazu.

Viele Menschen haben eine falsche Einstellung zum Misslingen und machen sich damit das Leben schwer. Gesucht werden Mitarbeiter, die einen langen Atem haben, geduldig auf den Erfolg hinarbeiten und Misserfolge wegstecken können. Gehen Sie deshalb freimütig-offensiv mit den kleinen oder größeren Niederlagen in Ihrem Lebenslauf um. Und zeigen Sie auf, wie Sie sich danach wieder aufgerafft haben. Das hat eine Menge mit Ihrer persönlichen Zukunftsfähigkeit zu tun.

Zeigen Sie, dass Sie mit Misserfolgen umzugehen wissen

„Erst einmal mache ich eine Ursachenanalyse: Was ist warum schiefgegangen? Vor allem suche ich dabei nach meinem persönlichen Anteil am Scheitern. Was habe ich falsch eingeschätzt? Habe ich mich nicht ausreichend informiert oder vorbereitet? Und dann suche ich nach dem Guten am Schlechten. Hat mich die Niederlage vor Schlimmerem bewahrt? Was habe ich daraus für die Zukunft gelernt? Wichtig ist für mich auch, die Dinge nicht für mich zu behalten, sondern mit anderen darüber zu sprechen."

Frage: „Wovor haben Sie Angst?"

Der amerikanische Präsident und Gegner von Hitler-Deutschland Franklin D. Roosevelt warnte einst seine Landsleute: „The only thing we have to fear is fear itself." Das beflügelte zweifellos die entschiedene Haltung des amerikanischen Volkes. Und geradezu unwiderstehlich ist der Vorsatz, den der großartige, leider in recht jungen Jahren verstorbene Publizist Johannes Gross einst in sein „Notizbuch" schrieb: „Mit vierzig habe ich beschlossen, keine Angst mehr zu haben. Ich habe es nicht bereut."

Stehen Sie zu Ihren Ängsten

„Ich glaube, dass derjenige, der kein Risiko eingehen will, heute das größte Risiko eingeht. Man muss etwas wagen, wenn man erfolgreich sein will. Aber natürlich habe ich Angst davor, Fehlentscheidungen zu treffen. Zum Beispiel – falls Sie mir ein Angebot machen sollten – muss ich mich ja entscheiden, ob die Aufgabe wirklich zu mir passt. Ich bin ja Ersteinsteiger – was ist, wenn ich mich falsch entscheide und der Start ins Berufsleben missglückt?"

Frage: „Arbeiten Sie lieber allein oder mit anderen zusammen?"

Manche Bewerber scheitern, weil sie den Verdacht erregen, ihren angemessenen Platz in einem vorhandenen Arbeitsteam nicht zu finden. Bei vielen Jobs hängt der Erfolg im Vorstellungsinterview deshalb auch davon ab, ob man sich als Teamplayer glaubwürdig zu profilieren vermag.

 Weisen Sie darauf hin, dass Sie auch selbstständig arbeiten können

„Ich denke, dass ich ein guter Teamplayer bin. Ich habe viel Mannschaftssport betrieben. Da kann man nur erfolgreich sein, wenn man seinen angemessenen Platz im Team findet. Aber man muss auch mit seiner Aufgabe klarkommen, wenn man auf sich allein gestellt ist. Ich arbeite gern mit anderen zusammen, aber wenn es sein muss, beiße ich mich auch allein durch. Im Übrigen muss nicht jede Aufgabe im Team erledigt werden. Das wäre manchmal wenig sinnvoll."

Frage: „Wie gehen Sie mit Stress um?"

Zu den wichtigsten fachübergreifenden Qualifikationen unserer Zeit gehört Stressresistenz. Dies hängt unter anderem mit der zunehmenden Arbeitsverdichtung und der erforderlichen Mobilität und Flexibilität in der Arbeitswelt zusammen. Für viele kommt noch ein Leben in ständiger Unsicherheit hinzu. „Was mache ich morgen?" – „Was wird aus meinem Arbeitsplatz?" – „Wann muss ich wieder aus beruflichen Gründen umziehen?"

 Schildern Sie, wie Sie sich nach einem stressigen Tag entspannen

„Ich liebe es, wenn so richtig viel los ist. Es gibt ja eine Art von Stress, die einen beflügelt. Mir geht es jedenfalls so. Und ich denke, wichtig ist auch, dass man irgendwann abschalten kann. Und das kriege ich gut hin. Nach Feierabend treibe ich oft Sport mit Freunden oder bin sonst unterwegs. Am nächsten Tag ist dann der Kopf wieder frei für den Job."

Bitte dies nicht so „nachbeten"! Aber wer sein Leben so einrichten kann, lebt psychisch gesünder.

„Werde, der du bist!" Dies ist einer der besten Ratschläge, die in der Geistesgeschichte je gegeben wurden. Er zielt auf die Frage ab, welche Potenziale in einem wohl angelegt sein könnten und deshalb im Interesse eines erfüllten Lebens entwickelt werden sollten.

Meine Stärken und Talente – Diese Soft Skills qualifizieren mich für meinen Wunschberuf

Man muss nur wollen, was man kann. Dieses absolut zeitlose Erfolgsrezept gilt für Berufseinsteiger, Berufsumsteiger, Quereinsteiger und Aufsteiger. Aber um welche Fähigkeiten geht es? In der Welt der Tatsachen, in der man sich ja beruflich zu bewähren hat, begegnen uns „harte" und „weiche" Fakten – wer global denkt, spricht vermutlich eher von „hard facts" und von „soft facts".

Das folgende Beispiel mag den Unterschied verdeutlichen. 1897 wurde die Acetylsalicylsäure erstmals in reiner Form hergestellt. Einstweilen kann jedes Labor diesen Stoff produzieren. Man braucht Phenol, Kohlenstoffdioxid und noch ein paar Ingredienzien und schon ist der am häufigsten verwendete Wirkstoff von Arzneimitteln fertig. Zu den „harten" Fakten zählt also nichts weiter als die Kenntnis der entsprechenden chemischen Formel und die Fähigkeit, diese im Labor umzusetzen. Und das kann inzwischen so gut wie jeder.

Nun zu den „weichen" Fakten. Was machte für das Unternehmen Bayer den eigentlichen Erfolg aus? Entscheidend war die Idee, der Acetylsalicylsäure (ASS) eine Identität mit dem Namen „Aspirin" zu geben – diesen Stoff also unverwechselbar zu machen. Noch hundert Jahre später ist Aspirin das weltweit mit Abstand meistverkaufte Acetylsalicylsäure-Produkt.

Da im Alltag harte und weiche Fakten unser Wohl und Weh bestimmen (man kann sich vor tatsächlichen, aber auch vor eingebildeten Gefahren fürchten), braucht man auch „harte" und „weiche" Fähigkeiten, um erstere in den Griff zu bekommen. Im Folgenden soll von „Hard Skills" und von „Soft Skills" die Rede sein.

Welche Bedeutung haben Soft Skills und Hard Skills für das Berufsleben?

Welche Bedeutung haben diese beiden Arten von Befähigungen oder Talenten? Man kann sich die Verhältnisse recht gut am Bild des Buchstabens „T" vergegenwärtigen. Der senkrechte Strich symbolisiert die „Hard Skills", also die Fähigkeit, bei Bedarf aufgrund einer gegebenen Fachkompetenz in die Tiefe eines Sachverhalts einzudringen. Der Querbalken steht für die fachübergreifenden Kompetenzen, also die Soft Skills.

Um auf den Punkt zu kommen: Ohne einschlägiges Fachwissen geht es – zunächst – nicht. Wer erfolgreich in der Buchhaltung arbeiten möchte, muss wissen, wie Buchhaltung funktioniert, und wer lebensrettende chirurgische Eingriffe vornehmen will, sollte sich mit dem menschlichen Körper bestens auskennen und die einschlägigen Techniken beherrschen.

Aber das reicht nicht. Der Göttinger Philosoph und Naturwissenschaftler Georg Christoph Lichtenberg spottete bereits im 18. Jahrhundert: „Wer nur Chemie kann, kann auch die nicht richtig." Einstweilen gilt dies tatsächlich auch für Chemiker, denn die müssen nicht nur brauchbare Forschungsergebnisse liefern, sondern diese unternehmensintern und auf Fachkongressen überzeugend präsentieren können. Außerdem gilt es, mit Arzneimittelbehörden zu verhandeln und durch eine entsprechende Überzeugungsarbeit Forschungsgelder zu erhalten. Wer nicht entsprechend breit aufgestellt ist, wird bei diesen Aufgaben kaum erfolgreich sein. Kurzum: Wer nur etwas über seinen Beruf weiß, weiß wenig über seinen Beruf.

Fachwissen ist also nicht alles. Wer es schafft, als Achtzehnjähriger durch einen Computerwurm weltweit Rechner außer Gefecht zu setzen, verfügt zweifellos über exzellente IT-Kenntnisse. Es kommt aber auch darauf an, was man mit seinem Fachwissen anstellt. Intelligenz hat nur dann einen Wert, wenn sie intelligent im Interesse anstrebenswerter Ziele genutzt wird. Ein Chirurg mag von seinem Wissen und seinem handwerklichen Geschick her begnadet sein – aber davon hat ein Patient nichts, wenn der Experte zerstreut ist und die zu entfernende rechte mit der linken Niere verwechselt.

Wie wichtig sind Hard Skills?

Generalist oder Spezialist? Wie kann man sich beruflich langfristig am besten positionieren? Indem man eine Eigenschaft auf Kosten anderer möglicher Merkmale perfektioniert? Oder ist es besser, über verschiedene – wenn auch nicht immer perfekte – vorteilhafte Eigenschaften zu verfügen? Der amerikanische Motivationsforscher Abraham Maslow würde antworten: „Wer als einziges Werkzeug einen Hammer hat, neigt dazu, alles wie einen Nagel zu behandeln."

Neu ist die hier aufgeworfene Frage auf jeden Fall nicht. „Der Fuchs weiß viele Dinge, aber der Igel weiß eine große Sache." Das Zitat stammt von dem antiken griechischen Dichter Archilochos, der damit wohl bereits vor 1.500 Jahren sagen wollte, dass der schlaue Fuchs vor der einzigen Waffe des Igels kapitulieren muss. Aber die Zeiten und Umstände haben sich geändert. Heute kommt der Igel oft nicht mehr heil über die Straße. Das einst lebensrettende Prinzip – bei Gefahr eine Kugel zu bilden – bringt ihm auf unseren Straßen den Tod. Wer angesichts eines ständigen Wandels beruflich nicht unter die Räder kommen möchte, sollte sich auf das „Fuchssein" verlegen.

Aber keine Regel ohne Ausnahme. Wer der Überzeugung ist, ein überdurchschnittlich talentierter Tennisspieler zu sein, muss alle Energie und Zeit ins Tennisspielen investieren. Für die Entwicklung anderer Qualifikationen bleibt bei solch einem Spezialistentum kein Spielraum mehr. Wer dann aber auf dem Weg nach oben scheitert, endet leider oft als tingelnder Tennislehrer oder muss beruflich von vorn beginnen. Und das gilt für alle, die bei einem Thema bzw. einer Anforderung extrem „in die Tiefe" gehen. In diesem Fall gibt es meist nur ein „ganz oben" oder die schmerzliche

Einsicht, dass es „nicht reicht". Chance und Risiko liegen eben dicht beieinander und kein Ratgeber kann dies aus der Welt schaffen.

Wie wichtig sind Soft Skills?

Eingangs hieß es: Ohne einschlägiges Fachwissen geht es – zunächst – nicht. Wer den Weg in die Personalverantwortung sucht, muss allerdings wissen, dass eine hohe Fachkompetenz oft keine hinreichende Empfehlung für den Aufstieg ist. So manches Unternehmen hat ein hohes Lehrgeld gezahlt, indem es seinen besten Verkäufer zum Vertriebsleiter machte und damit einen schlechten Manager bekam und einen guten Umsatzträger verlor. Je weiter jemand aufsteigt, desto wichtiger werden die Soft Skills, insbesondere natürlich die Führungskompetenz. Wer sich in Detailfragen verliert und meint, er müsse alles besser wissen als die Mitarbeiter, kann nicht erfolgreich sein.

Die folgende Darstellung zeigt, wie sich im Zuge einer beruflichen Laufbahn die Schwerpunkte verschieben. Wer die Schreibtischseite wechselt, darf nicht mehr der beste Sachbearbeiter sein wollen. Diese Haltung führt nur zu der Devise „Alles geht über meinen Tisch!" und nimmt den Mitarbeitern jede Freude am Mitdenkertum.

Oberste Führungsebene

Sachbearbeitung

 Was ist eigentlich ein „High Potential"?

Fachwissen kann man über Schul-, Ausbildungs- und Studienabschlüsse bzw. die Teilnahme an Fort- und Weiterbildungsmaßnahmen erwerben und belegen. Jeder weiß da einigermaßen, was er in die Waagschale zu werfen hat. Bei den Soft Skills ist das schon schwieriger. Vielleicht haben Sie sich schon einmal gefragt, was eigentlich ein „High Potential" ist, um den sich viele Firmen reißen und der meist auch ein höheres Einstiegsgehalt erzielt? Ein „High Potential" ist jemand, der neben guten Fachkenntnissen genau jene fachübergreifenden Qualifikationen (Soft Skills) mitbringt, die bei bestimmten Aufgaben besonders gefragt sind.

Hierzu noch eine kleine Anekdote: Als einmal ein frisch berufener Vorstand gefragt wurde, warum er denn von einem Tabakkonzern in ein Zeitungshaus wechseln wolle, soll er geantwortet haben: „Zigarette kann ich - aber Zeitungmachen wäre eine großartige Herausforderung." Später hieß es, dass er seine Sache sehr gut gemacht habe. Es gibt Unternehmen, die gezielt Führungskräfte aus anderen Branchen rekrutieren, um neue Denkmuster und Ideen ins Haus zu holen.

Welche Fähigkeiten sind gefragt?

Schauen Sie bei Gelegenheit einmal in das Jobportal www.monster.de und geben Sie als Suchbegriff die gängigen Soft Skills ein. Wenn Sie über mehrere Wochen so vorgehen, ergibt sich hinsichtlich der Häufigkeit der Nennungen in Stellenangeboten die folgende Rangordnung:

1. Teamfähigkeit (über 3.000 Nennungen)
2. Kommunikationsfähigkeit (über 2.200 Nennungen)
3. Strukturiertes Arbeiten (über 1.600 Nennungen)
4. Analysefähigkeit (über 1.400 Nennungen)
5. Kreativität (über 1.000 Nennungen)
6. Flexibilität (über 1.000 Nennungen)
7. Durchsetzungsfähigkeit (über 600 Nennungen)
8. Zahlenverständnis (über 500 Nennungen)
9. Prozessorientierung (über 270 Nennungen)
10. Empathie (über 250 Nennungen)
11. Interkulturelle Kompetenz (über 190 Nennungen)
12. Führungsfähigkeit (über 30 Nennungen)

(Anmerkung: In über 1.000 Stellenangeboten wird „Führungserfahrung" erwartet.)

Natürlich gibt es noch mehr Soft Skills. Wo etwa ist die Organisationsfähigkeit? Dieses Talent wird hier der Fähigkeit zum „strukturierten Arbeiten" zugeschlagen. Und das gilt für viele andere Eigenschaften auch, für die es verschiedene Bezeichnungen gibt, die aber meist denselben Sachverhalt meinen.

Näheres über die wichtigsten Soft Skills erfahren Sie in den folgenden Abschnitten. Sie finden auch jeweils einen Test, um Ihre Stärken und Schwächen zu ermitteln. Nehmen Sie die Testresultate nicht als endgültiges „Urteil" über Eignung oder Nicht-Eignung, sondern als Orientierung für Ihre nächsten beruflichen Schritte.

Teamfähigkeit

Anforderungen wie „teamfähig", „Teamfähigkeit" oder „Teamplayer" werden an einem beliebigen Stichtag im Job-Portal www.monster.de in über 3.000 Stellenangeboten erwähnt.

Worauf kommt es eigentlich an?

Welche Fähigkeiten sind gefragt?

Lesen Sie bitte ganz gründlich das folgende Stellenangebot:

> „Assistent/-in
>
> Sie haben Ihr Studium abgeschlossen und idealerweise erste Erfahrungen in Marketing und/oder PR gesammelt, sind fit in Englisch und am Computer, haben Spaß am Schreiben und Organisieren und sind an Sport, Musik und Kultur interessiert. Außerdem sind Sie nicht nur geistig mobil.
>
> Wir führen und koordinieren weltweit alle Kommunikationsaktivitäten. Und da sich unser Produkt einer ständig steigenden Nachfrage erfreut, möchten wir unser kleines Team baldmöglichst verstärken. Frau YZ freut sich auf Ihre Bewerbungsunterlagen und wird (...).“

Soweit der Anzeigentext. Am Anfang eines jeden Problemlösungsprozesses hat die „Definition des wahren Problems" zu stehen. Die Schlüsselfrage lautet: Worauf kommt es eigentlich an? Überprüfen Sie einmal Ihr Urteilsvermögen hinsichtlich des eben gelesenen Stellenangebots. In der folgenden Liste sind alle im Anzeigentext aufgeführten Anforderungen zu finden. Auf welche Qualifikation kommt es ganz besonders an?

Bitte erstellen Sie ein Ranking hinsichtlich des Stellenwerts der einzelnen geforderten Eignungsmerkmale. Setzen Sie die wichtigste Voraussetzung auf Platz 1, die zweitwichtigste auf Platz 2 etc.

Anforderungen	Stellenwert
1. Mobilität	2
2. Computerkenntnisse	3
3. Organisationstalent	4
4. Interesse an Sport, Musik und Kultur	6
5. Spaß am Schreiben	5
6. Englischkenntnisse	8
7. Marketing- bzw. PR-Erfahrung	7
8. Teamfähigkeit	1

Welche Eigenschaft haben Sie auf den ersten Platz gesetzt? Teamfähigkeit? Volltreffer! „... möchten wir unser kleines Team baldmöglichst verstärken." Das ist der entscheidende Satz in der Anzeige. Teamfähigkeit ist das Knock-out-Kriterium, denn niemand will sich sein kleines Team durch jemanden kaputt machen lassen, der nicht hineinpasst. Natürlich sind alle Skills wichtig. Wer aber beispielsweise Excel nicht beherrscht, lernt dies an einem Wochenende. Teamfähigkeit, bestimmte Interessen oder Spaß am Schreiben kann man nicht „mal eben" entwickeln. Deshalb ist Ihr Ranking komplett „richtig", wenn Sie die Reihenfolge der acht Merkmale umgekehrt haben.

„Sorgen machen mir weiche Anforderungen wie Teamfähigkeit", sagte einmal Erwin Staudt in seiner Eigenschaft als IBM-Deutschland-Chef, „die viele unserer hochtalentierten Bewerber (...) nicht mitbringen."

Teamfähigkeit ist nicht alles

Man stellt bei Bewerbungsgesprächen immer wieder fest, dass das Merkmal „Teamfähigkeit" recht unkritisch „abgefeiert" wird. Da wird die Freude an der Arbeit im Team angepriesen und vergessen, dass diverse Aufgaben durchaus selbstständig zu erledigen sind. Manchmal ist auch vorrangig der Einzelkämpfer gefragt, der ohne „Nestwärme" seinen Job machen muss.

Hier einige Tipps, wie man im Vorstellungsgespräch mit der Frage nach der Teamfähigkeit zweckmäßigerweise umgehen sollte.

 So können Sie reagieren, wenn man Sie fragt: „Sind Sie ein Teamplayer?"

- Bekennen Sie sich zum Teamprinzip, wenn es Ihrer Auffassung entspricht. Andernfalls suchen Sie sich lieber eine Aufgabe, die den Einzelkämpfer fordert. Wer gern für sich allein arbeitet, ist nicht automatisch abartig veranlagt. Es gibt allerdings kaum Jobs, in denen nicht ein Mindestmaß an Kooperationsbereitschaft verlangt wird.

- Outen Sie sich nicht als Teamplayer, ohne zu wissen, was dies konkret bedeutet. Hier die amerikanische Übersetzung für das Wort „TEAM": **T**ogether **E**verybody **A**chieves **M**ore.

- Teamwork heißt nicht, Ferien vom Ich zu nehmen. Im Team ist das persönliche Mitdenkertum unverzichtbar. Machen Sie als Bewerber deutlich, dass Kompetenz und Haftung zusammengehören und man sich niemals hinter dem Team „verstecken" darf.

- Machen Sie deutlich, dass Harmonie kein Selbstzweck ist. Durch „groupthink" („Wir sind uns ja alle so einig!") kommt häufig großer Blödsinn zustande.

- Kehren Sie nicht den „Gutmenschen" heraus. Unternehmen müssen Geld verdienen, um ihre Existenz und die damit verbundenen Arbeitsplätze zu sichern. Hier ist Ihr Beitrag als späterer Mitarbeiter gefordert und unter diesem Gesichtspunkt sollten Sie das Qualifikationsmerkmal „Teamfähigkeit" sehen.

Test: Bin ich teamfähig?

1. Teamwork ist nicht alles, aber ohne Teamwork ist alles nichts.

    ☐ stimmt ☐ dazwischen ☒ stimmt nicht

2. Teams können nur funktionieren, wenn die Teammitglieder ihre persönlichen Interessen konsequent zurückstellen.

    ☐ stimmt ☒ dazwischen ☐ stimmt nicht

Welche Fähigkeiten sind gefragt?

3. Man muss bestimmte Aufgaben auch völlig auf sich allein gestellt erledigen können.

   ☒ stimmt ☐ dazwischen ☐ stimmt nicht

4. Am häufigsten scheitern Teams, weil es keinen Teamführer gibt.

   ☐ stimmt ☒ dazwischen ☐ stimmt nicht

5. Die entscheidende Voraussetzung für das Funktionieren von Teams ist das gemeinsame Ziel.

   ☒ stimmt ☐ dazwischen ☐ stimmt nicht

6. Wenn es Konflikte gibt, ist das immer ein schlechtes Zeichen für die Leistungsfähigkeit von Teams.

   ☐ stimmt ☒ dazwischen ☐ stimmt nicht

7. Man muss auch mal die anderen „gegen den Strich bürsten", wenn man gemeinsam Ziele erreichen will.

   ☒ stimmt ☐ dazwischen ☐ stimmt nicht

8. Das Wichtigste in einem Team ist eine gute Atmosphäre.

   ☒ stimmt ☐ dazwischen ☐ stimmt nicht

9. Der Mensch tut in der Regel, was ihm gut tut.

   ☒ stimmt ☐ dazwischen ☐ stimmt nicht

10. Teamwork heißt in der Regel, dass die Leistungstreiber die Leistungsschwachen und -unwilligen mitschleppen müssen.

    ☐ stimmt ☐ dazwischen ☒ stimmt nicht

11. Teams funktionieren auf Dauer nur, wenn sie einen klaren Auftrag haben.

    ☐ stimmt ☒ dazwischen ☐ stimmt nicht

12. Teamwork ist eine Erfindung von „Gutmenschen". Hier wird ein Gemeinsinn beschworen, der der menschlichen Natur überhaupt nicht entspricht.

    ☐ stimmt ☐ dazwischen ☒ stimmt nicht

Auswertung

Testitems mit ungeraden Zahlen: „stimmt" = 2 Punkte, „stimmt nicht" = 0 Punkte
Testitems mit geraden Zahlen: „stimmt nicht" = 2 Punkte, „stimmt" = 0 Punkte
Für „dazwischen" gibt es einen Punkt.

Teamfähigkeit

0	2	4	6	8	10	12	14	16	18	20	22	24

(14 eingekreist)

Interpretation

24–16 Punkte

Ihre Grundüberzeugung lautet: Individualismus und Teamfähigkeit sind keine Gegensätze, sondern können einander ergänzen. Die Amerikaner sind einerseits exzellente Teamplayer, vergessen bei der Teamarbeit aber nicht ihre persönlichen Interessen bzw. ihre Verantwortung.

15–8 Punkte

Nach Ihrer Auffassung muss sich der Teamplayer weitgehend von seinen persönlichen Interessen verabschieden und möglichst „pflegeleicht" sein. Genau unter solchen Bedingungen funktionieren Teams auf Dauer aber nicht.

7–0 Punkte

Bei dieser Einstellung dürfte es Ihnen schwerfallen, in einem Team einen Platz zu finden. Kurzum: Wenn alle so denken und sich entsprechend verhalten, kann ein Team nur scheitern.

(Erläuterungen zur Bewertung finden Sie bei Bedarf im Anhang auf Seite 173.)

Kommunikationsfähigkeit

Eigenschaften wie „Kommunikationsfähigkeit", „Kommunikationsstärke" oder „Kommunikationsvermögen" werden an einem beliebigen Stichtag im Job-Portal www.monster.de in über 2.200 Stellenangeboten ausdrücklich gefordert.

Stellenanzeige: Werbeberater/-in

> „Sie verfügen über ein abgeschlossenes betriebswirtschaftliches Studium oder eine vergleichbare werbefachliche Qualifikation.
>
> Ihr Profil:
>
> - Kommunikationsstarker Kontakter
> - strukturierter Konzeptioner
> - kaufmännisch versiert
> - kreativer Berater mit großem Ideenpotenzial"

Die Frage nach den Hard Skills – also der geforderten Fachkompetenz – kann man als Interessent relativ schnell beantworten. Sie haben ein BWL-Studium oder eine entsprechende werbekaufmännische Ausbildung absolviert? Wenn ja, können Sie sich der Frage zuwenden, wie es um Ihre „Kommunikationsstärke" bestellt ist. Normalerweise weiß jeder von sich, ob er in der Lage ist, halbwegs „unfallfreie" Sätze zu bauen, ob es einem gelingt, andere zum Zuhören zu bringen, und ob man so reden kann, dass es möglichst wenig Missverständnisse gibt. Mancher hält sich aber auch nur für einen großen „Kommunikator", obwohl er sich eigentlich nur selbst gern reden hört und meist sein einziger Zuhörer bleibt. In diesem Sinne mag der folgende Test eine Hilfestellung zur Selbsteinschätzung abgeben.

So werden die Testergebnisse brauchbarer

Jeder Mensch hat eine mehr oder weniger klare Vorstellung von den eigenen Fähigkeiten – sie muss aber nicht immer stimmen. Und deshalb ist man gut beraten – sofern man an einer ehrlichen Diagnose interessiert ist –, auch hier mindestens eine zweite Meinung einzuholen. Führen Sie also die folgenden Tests gemeinsam mit einer Vertrauensperson durch oder bitten Sie diese, die Testfragen zu Ihrer Person allein zu beantworten. Die Realitätsnähe der Ergebnisse erhöht sich dadurch beträchtlich.

Test: Wie ausgeprägt ist meine Kommunikationsfähigkeit?

1. Es fällt mir nicht schwer, als Erster in einer fremden Runde das Wort zu ergreifen.
   ☒ stimmt ☐ dazwischen ☐ stimmt nicht

2. Kommunikationsstark ist jeder, der so redet, dass man das Gesagte sofort drucken könnte.
   ☐ stimmt ☒ dazwischen ☐ stimmt nicht

3. Wenn ich in einer fremden Umgebung die Orientierung verloren habe, suche ich nicht lange herum, sondern frage jemanden nach dem Weg.
   ☒ stimmt ☐ dazwischen ☐ stimmt nicht

4. Wenn in einer Gesprächsrunde eine Weile keiner etwas sagt, fühle ich mich unbehaglich.
   ☐ stimmt ☒ dazwischen ☐ stimmt nicht

5. Ich kann mir gut Namen merken.
   ☐ stimmt ☐ dazwischen ☒ stimmt nicht

6. Bei höherstehenden Personen fühle ich mich manchmal beklommen.
   ☐ stimmt ☐ dazwischen ☒ stimmt nicht

7. Ich denke, dass mir meist zur rechten Zeit die richtigen Worte einfallen.
   ☒ stimmt ☐ dazwischen ☐ stimmt nicht

8. Leider verhaspele ich mich häufig, wenn ich unter Druck bin.
   ☐ stimmt ☒ dazwischen ☐ stimmt nicht

9. Spontaneität ist gut. Aber trotzdem lautet mein Grundsatz: Erst denken, dann reden!

   ☐ stimmt   ☒ dazwischen   ☐ stimmt nicht

10. Wenn ich persönlich angegriffen werde, fühle ich mich meist verletzt.

    ☐ stimmt   ☒ dazwischen   ☐ stimmt nicht

11. Vor Respektspersonen habe ich vielleicht Achtung, aber keine Angst.

    ☒ stimmt   ☐ dazwischen   ☐ stimmt nicht

12. Wenn ich etwas von anderen will, fällt es mir manchmal schwer, das klar auszusprechen.

    ☐ stimmt   ☐ dazwischen   ☒ stimmt nicht

Auswertung

Testitems mit ungeraden Zahlen: „stimmt" = 2 Punkte, „stimmt nicht" = 0 Punkte
Testitems mit geraden Zahlen: „stimmt nicht" = 2 Punkte, „stimmt" = 0 Punkte
Für „dazwischen" gibt es einen Punkt.

												kommunikationsstark
0	2	4	6	8	10	12	14	15	16	18	20	22	24

Interpretation

24–16 Punkte
Sie können auf andere Menschen zugehen und haben keine Angst davor, Ihren Standpunkt beherzt zu vertreten. Sie formulieren „stolperfrei" und lassen sich bei „Gegenwind" nicht gleich verunsichern. Kurzum: Das Prädikat „kommunikationsstark" können Sie für sich beanspruchen – insbesondere, wenn eine andere Meinung in die Beurteilung mit eingeflossen ist. Sie sollten sich Aufgaben suchen, die mit hohen Kommunikationsanforderungen verbunden sind.

15–8 Punkte
Das Ergebnis ist in Ordnung. Möglicherweise fehlte es Ihnen bisher nur an Bewährungs- und Übungsmöglichkeiten in Sachen „kommunikative Kompetenz". Rhetorik als „Königin der Wissenschaften" ist bei uns leider etwas in Vergessenheit geraten. In den USA gehört „public speaking" zu den Lernzielen der Schulen.

7–0 Punkte
Berufe mit einem hohen Kommunikationsbedarf scheinen für Sie nicht zu passen. Möglicherweise liegt es daran, dass Sie vom Naturell her introvertiert und seelisch wenig belastbar sind – es kann aber auch sein, dass Sie in Ihrem bisherigen Leben Ihre Kommunikationsfähigkeit nicht entwickeln konnten.

Strukturiertes Arbeiten

Anforderungen wie „strukturiertes Arbeiten", „Strukturiertheit" oder „Strukturierung" werden an einem beliebigen Stichtag im Job-Portal www.monster.de in über 1.600 Stellenangeboten erwähnt.

Stellenanzeige: Junior Controller (m/w)

> „Voraussetzungen:
> - abgeschlossenes Studium der Wirtschaftswissenschaften oder adäquate Berufsausbildung
> - strukturierte und analytische Arbeits- und Vorgehensweise (...)"

Der zweite Hauptsatz der Thermodynamik sagt bekanntlich aus, dass die Unordnung jedes abgeschlossenen Systems im Lauf der Zeit ansteigt. Die Welt als Ganzes, so der Teilchenphysiker Brian Greene von der New Yorker Columbia University, habe eine Neigung von der Ordnung weg zur Unordnung. Wir haben das längst geahnt und wissen, dass dies nicht nur für Kinderzimmer, Küchen und Keller, sondern auch für Betriebe gilt.

Erfolgreiche Unternehmen wachsen und werden dadurch unübersichtlicher. Und wenn sie nicht aufpassen, bekommen sie die Komplexität nicht in den Griff. Zunächst werden beeindruckende Umsätze generiert und am Schluss steht die Insolvenz, weil die Strukturen nicht rechtzeitig angepasst wurden. Der abschließende Befund lautet: Überblick verloren!

Und deshalb ist die Fähigkeit gefragt, eine Aufgabe, eine Besprechung, eine Verhandlung oder einen Arbeitstag ergebnisorientiert zu strukturieren – also nicht nach Lust und Laune mal dies und mal jenes zu tun.

Gehen Sie nach der Fünf-Punkte-Formel vor

Viele Bewerber liefern bei der Bitte um eine Kurzdarstellung ihres Werdegangs einen Informationsbrei ab. Dieses Urteil gilt auch für viele Präsentationen in deutschen Unternehmen. Hier eine Empfehlung für eine gute Struktur von Präsentationen und Statements:

- Interesse wecken
- sagen, worum es geht (Ziel/Standpunkt/Kerninformation)
- Standpunkt begründen (Argumente)
- Beispiel(e) bringen (Anschauung)
- zum Handeln auffordern (Appell)

Test: Kann ich strukturiert arbeiten?

1. Für mich zählt Spontaneität, und die wird durch eine gründliche Vorbereitung nur behindert.
   - ☐ stimmt ☐ dazwischen ☒ stimmt nicht

2. Zu meinen Stärken zähle ich, dass ich mich grundsätzlich auf wichtige Termine gut vorbereite.
   - ☐ stimmt ☒ dazwischen ☐ stimmt nicht

3. Ich erledige meine Aufgaben immer der Reihe nach, damit nichts vergessen wird.
   - ☐ stimmt ☒ dazwischen ☐ stimmt nicht

4. Unwichtiges werfe ich sofort in den Papierkorb.
   - ☒ stimmt ☐ dazwischen ☐ stimmt nicht

5. Wer alles vorab plant, ist nur risikoscheu.
   - ☐ stimmt ☐ dazwischen ☒ stimmt nicht

6. Ich beurteile Aufgaben immer auch danach, wie eilig und wichtig sie sind, und arbeite sie dann entsprechend ab.
   - ☒ stimmt ☐ dazwischen ☐ stimmt nicht

7. Eigentlich neige ich dazu, zuallererst immer das zu tun, was mir am meisten Spaß macht.
   - ☒ stimmt ☐ dazwischen ☐ stimmt nicht

8. Bei Referaten oder Präsentationen überlege ich mir immer besonders genau, wie ich anfangen und wie ich enden möchte.
   - ☐ stimmt ☒ dazwischen ☐ stimmt nicht

9. Ich lasse mich häufiger von dem, was ich eigentlich tun wollte, ablenken.
   - ☐ stimmt ☒ dazwischen ☐ stimmt nicht

10. Ich versuche möglichst immer vom Ziel her zu denken.
    - ☐ stimmt ☐ dazwischen ☒ stimmt nicht

11. Ein gut strukturiertes Bewerbungsanschreiben erkennt man daran, dass es kurz ist.
    - ☐ stimmt ☐ dazwischen ☒ stimmt nicht

12. Totale Planung ist genauso schlecht, wie gar nichts zu planen.
    - ☐ stimmt ☐ dazwischen ☒ stimmt nicht

Auswertung

Testitems mit ungeraden Zahlen: „stimmt" = 0 Punkte, „stimmt nicht" = 2 Punkte
Testitems mit geraden Zahlen: „stimmt nicht" = 0 Punkte, „stimmt" = 2 Punkte
Für „dazwischen" gibt es einen Punkt.

Strukturierung

0	2	4	6	8	10	12	14	16	18	20	22	24

Interpretation

24–16 Punkte
Bei dieser Einstellung behalten Sie auch bei einem hohen Arbeitsanfall den Überblick und „verzetteln" sich nicht. Sie wissen, dass eine gute Gliederung von Arbeitspaketen die Effizienz und damit auch die eigene Zufriedenheit steigert. Ihr zu erwartendes strukturiertes und zielorientiertes Handeln empfiehlt Sie unter anderem für verantwortliche Aufgaben im Projektmanagement.

16–8 Punkte
Sie haben Angst, dass Struktur und Planung mit mangelnder Flexibilität bezahlt werden müssen, und deshalb ist es Ihnen lieber, sich Spielräume zu erhalten.

7–0 Punkte
Spontaneität und Improvisation haben für Sie einen sehr hohen Wert und deshalb lassen Sie sich durch den Arbeitsalltag lieber „treiben". Strukturen bedeuten für Sie nur die Einengung von Möglichkeiten.

So strukturieren Sie Ihr Bewerbungsanschreiben

- Zum Start muss man das Rad nicht neu erfinden wollen. Am besten bezieht man sich zunächst auf das Stellenangebot bzw. ein geführtes Telefonat und erklärt ohne Umschweife sein Interesse an der Aufgabe. („Vielen Dank für das aufschlussreiche Telefonat, das ich gern zum Anlass nehmen, Ihnen heute ...")

- Jetzt beschreibt man kurz und prägnant den aktuellen beruflichen Status. Etwa: „Vor dem Hintergrund einer Ausbildung zur Bankkauffrau verfüge ich über erste Erfahrungen auf den Gebieten ..."

- Der nächste Absatz enthält Informationen über Kenntnisse (z. B. Thema einer Diplom-Arbeit), Neigungen und Erfahrungen (z. B. Praktika), die einen für die angestrebte Aufgabe empfehlen.

- Jetzt sollte man kurz auf jene Soft Skills eingehen, die für die Aufgabe wichtig sind. Etwa: „Zu meinen besonderen Stärken zähle ich Belastbarkeit, strukturiertes Arbeiten und Flexibilität. Außerdem kann ich sehr gut sowohl im Team als auch selbstständig Ziele erreichen."

- Die Schlussformel sollte schnörkellos sein. Also nicht „Es würde mich sehr freuen, Sie persönlich kennenzulernen und gemeinsam in einem Gespräch ...", sondern „Über eine Einladung zu einem Vorstellungsgespräch würde ich mich freuen." Übrigens: Es lebe der Konjunktiv!

Analysefähigkeit

Eigenschaften wie „analytische Fähigkeiten", „Analysevermögen", „Analysefähigkeit" oder „Abstraktionsfähigkeit" werden an einem beliebigen Stichtag im Job-Portal www.monster.de in über 1.400 Stellenangeboten ausdrücklich gefordert.

Stellenanzeige: Junior Marketing Manager Neue Medien (m/w)

> „Ihr Profil:
> - Studium der BWL, Wirtschafts- oder Kommunikationswissenschaften mit Schwerpunkt Marketing oder vergleichbare Ausbildung
> - ausgeprägte Fähigkeit zur Initiierung und Führung von Projekten
> - ausgeprägte **analytische Fähigkeiten**, selbstständiger, team- und ergebnisorientierter Arbeitsstil (...)"

In der Wirtschaft bezieht sich das Merkmal „Analysevermögen" in der Regel auf die Fähigkeit, Daten professionell auszuwerten und zu interpretieren. Meist geht es bei solchen Analysen um die Feststellung eines Istzustands (Was ist Sache?) oder die Erforschung der Ursachen einer Soll-Ist-Abweichung. Das Ziel von Analysen besteht letztlich darin, bestehende Probleme zu lösen oder eine Situation zu verbessern (Was ist zu tun?). In diesem Sinne werden beispielsweise Finanzanalysen, Materialflussanalysen, Potenzialanalysen und Markt- und Wettbewerbsanalysen durchgeführt.

Natürlich spielen analytische Fähigkeiten auch eine große Rolle, wenn es spontan – also ohne methodischen Aufwand zu betreiben – darum geht, Personen und Situationen und die Zusammenhänge zwischen beiden Faktoren richtig zu beurteilen. Die intellektuelle Leistungsfähigkeit, die hier gefordert ist, hat viel mit Mathematik, Logik und Systematik zu tun. Das ist bekanntlich nicht jedermanns Sache. In diesem Sinne kann eine gute Mathematiknote bereits ein gewisser Indikator für eine höhere Ausprägung des Analysevermögens sein. Umgekehrt spricht einem eine schlechte Zensur in Mathe das analytische Denkvermögen nicht grundsätzlich ab – vielleicht hatte man als pubertierender Jugendlicher damals gerade andere Interessen oder einen weniger geeigneten Mathematiklehrer.

 Grundsätzliche Strategien zur Kommunikation und Problemlösung

> Ein Problem kann nur dann erfasst werden, wenn man es kennt. Der größte Fehler in der üblichen Kommunikation liegt darin, dass man sich mit vordergründigen Beschreibungen des Sachverhalts zufriedengibt. Darüber hinaus ist es wichtig, dass man sich mit dem Umfeld des jeweiligen Themas befasst, um anschließend zu einer rationalen Analyse und Entscheidung zu kommen. Die folgenden drei Strategien haben sich als nützlich erwiesen und sollten als Stufenfolge in der formellen Kommunikation deutlich erkennbar bleiben.

- Beschreibung
  Sammlung aller bedeutsamen Informationen. Dabei ist es wichtig, dass möglichst viele Perspektiven zusammentreffen, damit die Erfassung der Wirklichkeit möglichst breit angelegt werden kann. Kernfrage: „Was ist Sache"?

- Kontextbestimmung
  Ein Sachverhalt begründet sich selten aus sich selbst. Die Bemühung um das Verständnis der Zusammenhänge zwischen dem Thema/Problem und dem Umfeld löst die Perspektive aus der starren Betrachtung des Kernproblems. Kernfrage: „Was hängt womit zusammen?"

- Analyse/Entscheidung
  Rationalität, also vernunftbetontes Handeln, setzt die Kenntnis aller wichtigen Informationen und ihrer Zusammenhänge voraus. Sie mündet im Versuch, eine Erklärung für den gegenwärtigen Zustand zu liefern. Daraus resultieren Maßnahmen/Alternativen für das zukunftsgerichtete Handeln. Kernfrage: „Was sollte sinnvollerweise getan werden?"

Test: Kann ich gut analysieren?

1. Ich befasse mich sehr gern mit Statistiken.

   ☒ stimmt ☐ dazwischen ☐ stimmt nicht

2. Bei Marktforschungsstudien kommt doch sowieso immer nur das heraus, was dem Auftraggeber in den Kram passt.

   ☐ stimmt ☒ dazwischen ☐ stimmt nicht

3. Man muss sich bei der Beurteilung von Sachverhalten vor Gefühlen in Acht nehmen.

   ☒ stimmt ☐ dazwischen ☐ stimmt nicht

4. Der wirkliche Erkenntnisgewinn entspringt der menschlichen Intuition.

   ☐ stimmt ☒ dazwischen ☐ stimmt nicht

5. Ein großer Durchbruch in der Geistesgeschichte gelang René Descartes mit seiner Erklärung „Ich denke, also bin ich".

   ☒ stimmt ☐ dazwischen ☐ stimmt nicht

6. „Kann Gott, der Allmächtige, einen Stein schaffen, der so schwer ist, dass er ihn selbst nicht heben kann?" Viele Menschen sagen, dass sie derartige Spitzfindigkeiten nicht interessierten. Gilt das auch für Sie?

   ☐ stimmt ☒ dazwischen ☐ stimmt nicht

7. Ich stütze mich bei Entscheidungen lieber auf Daten und Zahlen als auf Gefühl und Intuition.

   ☐ stimmt ☒ dazwischen ☐ stimmt nicht

8. Wie geht die folgende Zahlenreihe weiter: 4 6 12 6 8 16 8 10 ? „Solche Aufgaben liegen mir nicht."

   ☐ stimmt   ☐ dazwischen   ☒ stimmt nicht

9. Für mich ist die Erkenntnis des Pythagoras, dass das Quadrat der Hypotenuse eines ebenen rechtwinkligen Dreiecks die Summe der Quadrate der beiden Katheten ist, eine geniale Erkenntnis.

   ☒ stimmt   ☐ dazwischen   ☐ stimmt nicht

10. Ich kommuniziere lieber mit anderen, als mich über Zahlengebilde oder Forschungsstudien zu beugen.

    ☐ stimmt   ☒ dazwischen   ☐ stimmt nicht

11. Für mich ist selbstverständlich, dass im Lotto die Zahlenfolge 1, 2, 3, 4, 5, 6 genauso wahrscheinlich ist wie etwa die Zahlenreihe 5, 12, 27, 34, 41, 47.

    ☒ stimmt   ☐ dazwischen   ☐ stimmt nicht

12. Logik und Hartherzigkeit liegen nahe beieinander.

    ☐ stimmt   ☒ dazwischen   ☒ stimmt nicht

Auswertung

Testitems mit ungeraden Zahlen: „stimmt" = 2 Punkte, „stimmt nicht" = 0 Punkte
Testitems mit geraden Zahlen: „stimmt nicht" = 2 Punkte, „stimmt" = 0 Punkte
Für „dazwischen" gibt es einen Punkt.

Analysefähigkeit

| 0 | 2 | 4 | 6 | 8 | 10 | 12 | 14 | 16 | (18) | 20 | 22 | 24 |

Interpretation

24–16 Punkte
Entscheidungen nach Gefühl und Wellenschlag sind Ihre Sache nicht. Sie orientieren sich in Ihrem Tun und Lassen lieber an Daten und Fakten und versuchen die Beziehungen zwischen beiden zu ergründen. Der Meinung, dass nichts praktischer sei als eine gute Theorie, könnten Sie sich durchaus anschließen. Kurzum: Es liegt Ihnen, aus einer Vielzahl von Daten allgemeine Aussagen oder gar Gesetzmäßigkeiten abzuleiten. Genau das ist ja auch mit der Fähigkeit zur Abstraktion gemeint.

15–8 Punkte
Sie akzeptieren die Bedeutung von Logik und Vernunft, möchten aber beiden in Ihrem Alltag keinen zu hohen Stellenwert einräumen. Sie brauchen Deutungs- und Interpretationsspielräume und die hält das Leben ja in vielen Berufsfeldern bereit.

7–0 Punkte
Abstraktion und Analyse, so könnte Ihre Devise lauten, zieht dem Leben das Mark aus den Knochen. Und von Fall zu Fall stimmt das ja auch. Wenn man ein Gemälde

Welche Fähigkeiten sind gefragt?

unter ein Mikroskop legt, wird sich einem die künstlerische Bedeutung kaum erschließen. Das gilt sinngemäß auch für viele andere Lebensbereiche, in die man durch analytische Fähigkeiten allein keinen Zugang findet.

(Erläuterungen zur Bewertung finden Sie bei Bedarf im Anhang auf Seite 175.)

Kreativität

Die Eigenschaft „Kreativität" wird an einem beliebigen Stichtag im Job-Portal www.monster.de in über 1.000 Stellenangeboten ausdrücklich gefordert.

Stellenanzeige: Online-Konzepter (m/w)

„Unsere Anforderungen:
■ abgeschlossenes Studium im Bereich Kommunikation/Medien oder vergleichbare Ausbildung
■ Fähigkeit, **neuartige Lösungswege** zu entwickeln und sich in die technische Umsetzbarkeit hineinzudenken"

Kreativität ist die Fähigkeit, Erfahrungswissen neu zu kombinieren, bekannte Zusammenhänge auf neue Situationen zu übertragen und neue Beziehungen zwischen Informationen zu entdecken.

Beispiel: Wenn man Gegenstände nicht nur nebeneinanderlegt, sondern stapelt, spart man Platz. Dies ist ein altes Erfahrungswissen. Irgendwann kam jemand auf die Idee, so das Platzproblem von Garagen zu lösen. Einstweilen gibt es immer mehr Stellplätze, in denen die Autos wie in Schubladen übereinander untergebracht sind.

Probieren Sie sich einmal an der folgenden Aufgabe aus:

Auf der Waagerechten liegen vier Geldstücke und auf der Senkrechten drei. Bitte nehmen Sie eine Münze und legen Sie diese so um, dass auf der Waagerechten und auf der Senkrechten jeweils vier Geldstücke platziert sind. Der Vorgang dauert keine zwei Sekunden. Und wenn Sie die Lösung gefunden haben, wissen Sie, was Kreativität ist. (Die Auflösung finden Sie am Ende des Beitrags zum Thema Kreativität.)

Die „Kreativen"

Es gibt eine Berufsgruppe, deren Angehörige als „die Kreativen" bezeichnet werden: Filme- und Modemacher gehören dazu, aber auch Werbefachleute, Designer, Produktentwickler, Schriftsteller, Journalisten, Künstler und Architekten. Manchmal wird auch besonders erfolgreichen Finanzexperten und Steuerberatern Kreativität nachgesagt.

Bin ich ideenreich genug, um mein Glück in einem dieser Berufsfelder zu machen? Die bisweilen zu hörende Antwort, jeder Mensch sei kreativ, hilft nicht weiter und ist außerdem falsch. Wie kann man sich selbst in dieser Frage auf die Spur kommen? Da das Merkmal „Kreativität" äußerst komplex ist, geht es im folgenden Test „nur" um die eigene Vorstellungskraft bzw. Fantasie.

Test: Bin ich kreativ?

1. Wenn ich ein Buch gelesen habe und danach den entsprechenden Film sehe, bin ich fast immer enttäuscht. In meinem Kopf haben sich die Dinge völlig anders zugetragen – und vor allem spannender.

    ☐ stimmt   ☒ dazwischen   ☐ stimmt nicht

2. Die einen müssen Ideen entwickeln und die anderen müssen sie praktisch umsetzen – ich bin für das Umsetzen.

    ☐ stimmt   ☐ dazwischen   ☒ stimmt nicht

3. Man muss auch mal spinnen, denn wer nicht spinnen kann, dem fällt bald nichts mehr ein.

    ☒ stimmt   ☐ dazwischen   ☐ stimmt nicht

4. Kreativität ist doch nur eine Modeerscheinung – dieses Merkmal befähigt einen weder dazu, ein Flugzeug zu fliegen noch einen Blinddarm zu entfernen.

    ☒ stimmt   ☐ dazwischen   ☒ stimmt nicht

5. Wenn ich mit einem Fremden telefoniere, kann ich mir aufgrund seiner Stimme und Sprechweise ein Bild von ihm machen.

    ☐ stimmt   ☒ dazwischen   ☐ stimmt nicht

6. Für mich zählen Zahlen – alles andere ist doch nur wie Stochern im Nebel.

    ☐ stimmt   ☐ dazwischen   ☒ stimmt nicht

7. Wenn ich besonders schöne Naturaufnahmen sehe, glaube ich, Gras und Blumen zu riechen.

    ☐ stimmt   ☐ dazwischen   ☒ stimmt nicht

8. Mit Gedichten kann ich wenig anfangen.

    ☐ stimmt   ☐ dazwischen   ☒ stimmt nicht

9. Bei dem Gedanken an die Unendlichkeit des Weltalls kann ich mich und meine Umgebung völlig vergessen.

    ☐ stimmt   ☒ dazwischen   ☐ stimmt nicht

Welche Fähigkeiten sind gefragt?

10. Bei Gemälden interessiert mich besonders die Technik, mit der der Künstler gearbeitet hat.

    ☐ stimmt   ☒ dazwischen   ☐ stimmt nicht

11. Es kann vorkommen, dass mich eine Aufgabe so fesselt, dass ich Raum und Zeit vergesse.

    ☒ stimmt   ☐ dazwischen   ☐ stimmt nicht

12. Wenn ich einen Widerspruch zwischen meinem Verstand und meinen Gefühlen wahrnehme, entscheide ich mich für den Verstand.

    ☐ stimmt   ☒ dazwischen   ☐ stimmt nicht

Auswertung

Testitems mit ungeraden Zahlen: „stimmt" = 2 Punkte, „stimmt nicht" = 0 Punkte
Testitems mit geraden Zahlen: „stimmt nicht" = 2 Punkte, „stimmt" = 0 Punkte
Für „dazwischen" gibt es einen Punkt.

                                              ausgeprägtes Vorstellungsvermögen

0	2	4	6	8	10	12	14	16	18	20	22	24

Interpretation

24–16 Punkte
Ihre Antworten sprechen für eine überdurchschnittliche Vorstellungskraft, die man als Voraussetzung für kreatives Potenzial ansehen kann. Sie lassen gern einmal Ihrer Fantasie freien Lauf und hören auf Ihren „Bauch". Von der Haltung her ist Denken für Sie „Probehandeln" – und das heißt für Sie, ausgetretene Pfade hin und wieder zu verlassen, um etwas Neues zu entdecken.

15–8 Punkte
Im Zweifelsfall halten Sie sich lieber an das Bewährte und perfektionieren die bekannten Erfolgsrezepte, anstatt neue zu erfinden. Und damit können Sie überaus erfolgreich sein.

7–0 Punkte
Für Sie zählt das nüchterne Kalkül – die Fantasie ist nach Ihrer Meinung eher eine Gauklerin.

Und zum Schluss noch die Auflösung vom Kreativitätstest: Sie legen das Geldstück auf der Waagrechten rechts außen genau auf das Geldstück im Fadenkreuz. Voilà: Vier Münzen liegen auf der Horizontalen und vier auf der Vertikalen.

Flexibilität

„Flexibilität" wird an einem beliebigen Stichtag im Job-Portal www.monster.de in über 1.000 Stellenangeboten ausdrücklich gefordert.

Stellenanzeige: Assistent/-in Event-Marketing

> „Anforderungsprofil:
> - mit gutem Erfolg abgeschlossene kaufmännische Ausbildung oder Studium mit Schwerpunkt Marketing/Kommunikation
> - Eigeninitiative, **Flexibilität** und Belastbarkeit (...)"

Flexibilität ist eines von vielen schönen Wörtern, die schnell gesagt oder aufgeschrieben werden. Was machen Sie aber als Bewerber, wenn gefragt wird, wo Sie bisher Ihre Flexibilität unter Beweis stellen konnten bzw. was Sie darunter überhaupt verstehen?

 Was ist ein flexibler Mensch?

Flexible Menschen

- gewinnen schnell ihr Gleichgewicht wieder, nachdem Erwartungen erschüttert wurden,
- behalten einen hohen Produktivitätsgrad auch in unsicheren Situationen bei,
- bleiben physisch und emotional gesund, wenn sie mit Unsicherheiten zu kämpfen haben,
- gehen aus den durch Veränderungen hervorgerufenen Anforderungen gestärkt hervor.

Es geht letztlich um die Umstellfähigkeit im Kopf. Und da haben Menschen mit geringer Flexibilität ihre Probleme. Weniger flexible Zeitgenossen

- fürchten den Verlust von Besitzständen und Überforderung,
- empfinden Veränderungen als persönliche Zumutung oder als Angriff auf das Selbstwertgefühl („War das denn alles so schlecht, was wir bisher gemacht haben?"),
- ignorieren bzw. bagatellisieren die Veränderungen und ihre Auswirkungen,
- suchen Gründe zur Legitimierung ihrer Abwehrhaltung,
- versuchen, andere für ihren ablehnenden Standpunkt zu gewinnen.

Bei manchen Mitarbeitern bewirken diese Verhaltensmuster eine „mentale Zentralverriegelung", die die Entwicklung eines Unternehmens erheblich blockieren kann.

Welche Fähigkeiten sind gefragt?

Test: Wie flexibel bin ich?

1. Die Zeiten, in denen man einen bestimmten Beruf erlernt und bis zum Renteneintritt ausgeübt hat, sind unwiederbringlich vorbei.

    ☐ stimmt ☐ dazwischen ☒ stimmt nicht

2. Zu einem geglückten Lebensentwurf gehört für mich, dass man die Dinge planen kann und einigermaßen vor Überraschungen geschützt ist.

    ☒ stimmt ☐ dazwischen ☐ stimmt nicht

3. Wer kein Risiko eingehen will, geht oft das größte Risiko ein.

    ☐ stimmt ☒ dazwischen ☐ stimmt nicht

4. Ich muss wissen, woran ich bin und was auf mich zukommt. Alles andere bereitet mir schlaflose Nächte.

    ☐ stimmt ☒ dazwischen ☐ stimmt nicht

5. „Unruhe im Kalender stiften!" Diesem Grundsatz könnte ich mich anschließen.

    ☐ stimmt ☒ dazwischen ☐ stimmt nicht

6. Der permanente Wandel macht die Menschen nur krank.

    ☐ stimmt ☒ dazwischen ☐ stimmt nicht

7. Flexibilität ist für mich eine ganz wichtige Eigenschaft. Man muss hin und wieder den Ausbruch aus der Routine wagen und sich anderen Herausforderungen stellen – übrigens auch, wenn der Ausgang ungewiss ist.

    ☒ stimmt ☐ dazwischen ☐ stimmt nicht

8. Die Forderung nach mehr Flexibilität bedeutet nichts anderes, als dass man zur wehrlosen Manövriermasse der Unternehmen wird. Die Sachzwänge sind doch nur vorgeschoben.

    ☐ stimmt ☐ dazwischen ☒ stimmt nicht

9. Ein Berufsleben, in dem ich mich immer wieder um neue Projekte mit den unterschiedlichsten Anforderungen zu kümmern hätte, fände ich durchaus erstrebenswert.

    ☒ stimmt ☐ dazwischen ☐ stimmt nicht

10. Die meisten Jungakademiker starten heute mit einem Zeitvertrag. Ich empfinde das als eine Zumutung.

    ☐ stimmt ☐ dazwischen ☒ stimmt nicht

11. Ich weiß recht genau, was der österreichische Nationalökonom Alois Schumpeter mit dem Begriff „schöpferische Zerstörung" gemeint hat.

    ☐ stimmt ☒ dazwischen ☐ stimmt nicht

12. Die „Globalisierung" gilt es mit allen legalen Mitteln zu bekämpfen.

    ☐ stimmt ☐ dazwischen ☒ stimmt nicht

Auswertung

Testitems mit ungeraden Zahlen: „stimmt" = 2 Punkte, „stimmt nicht" = 0 Punkte
Testitems mit geraden Zahlen: „stimmt nicht" = 2 Punkte, „stimmt" = 0 Punkte
Für „dazwischen" gibt es einen Punkt.

Flexibilität

0	2	4	6	8	10	12	14	16	18	20	22	24

Interpretation

24–16 Punkte

Wie sagt der Kölner doch so unwiderstehlich zutreffend? „Et kütt, wie et kütt!" Das könnte auch Ihre Haltung sein. In dieser Einstellung zeigt sich keine Resignation gegenüber den sich ändernden Verhältnissen, sondern eine Kraft der Bejahung. Bei den Kölnern drückt sich dies in dem Spruch „Et hät noch immer jot jejange" aus.

15–8 Punkte

Veränderung muss sein – aber bitte nicht zu viel! Die Lust auf Neues, Unbekanntes oder gar Riskantes hält sich bei Ihnen in Grenzen.

7–0 Punkte

Sie lieben es, wenn die Dinge ihren vorausberechneten Weg nehmen. Der Dienstag wird wie der Montag und der Mittwoch wie der Dienstag – wunderbar!

 24–16 Punkte für Flexibilität

Sie sind mental für die Welt des permanenten und schnellen Wandels gut aufgestellt. Ein besonders hohes Maß an Flexibilität ist u. a. erforderlich in den Berufsfeldern

- Projektarbeit (Projektassistent, Projektmanager, Projektleiter),
- Change Management bzw. Restrukturierungsmaßnahmen,
- Assistent Bereichsleitung bzw. Geschäftsleitung,
- Verkaufsaußendienst/Handelsvertreter,
- Consulting und
- telefonische Kundenberatung/Callcenteragent.

Durchsetzungsfähigkeit

Die Anforderung „Durchsetzungsfähigkeit" bzw. „durchsetzungsfähig" wird an einem beliebigen Stichtag im Job-Portal www.monster.de in über 600 Stellenangeboten erwähnt.

Stellenanzeige: Referent (w/m) DV-Technik

> „Ihr Profil:
> - sehr gute Kenntnisse im Bereich Java, UML, OSGi etc.
> - ausgeprägtes wirtschaftliches Denken und Handeln
> - durchsetzungsfähiger, kommunikativer Teamplayer (...)"

Das Wort „Durchsetzungsfähigkeit" hat keinen guten Klang. Manche denken an „Härte", „Kälte", „Rücksichtslosigkeit", „Ellenbogen", „Egoismus", „Kapitalismus", „Kampf", „Aggression" oder „Gewalt". Das Soft Skill (!) „Durchsetzungsfähigkeit" ist meist emotional negativ besetzt und wird von vielen Bewerberinnen und Bewerbern deshalb eher verschämt als persönliche Stärke angeführt. Mit dieser Haltung kommt man in eigener Sache aber nicht weit und wird im Zweifelsfall auch dem Unternehmen – zumindest in bestimmten Positionen – wenig Nutzen bringen.

Durchsetzungsvermögen ist wichtig

Einer der wichtigsten Grundsätze für Erfolg und Zufriedenheit im Beruf lautet: Es reicht nicht aus, das Richtige zu wissen – man muss es auch durchsetzen können.

Viele Menschen haben hervorragende Kenntnisse und die richtigen Erkenntnisse, können diese aber in der Praxis nicht umsetzen – sei es, weil sie sich nicht trauen, sei es, weil sie mit ihren Ideen kein Gehör finden.

Vorsicht: Wenn Sie in Stellenangeboten Formulierungen finden wie „durchsetzungsfähiger, kommunikativer Teamplayer", dürfen Sie ruhig an gebackene Schneebälle denken. In der fraglichen Aufgabe muss man nämlich das Kunststück vollbringen, zwei sich bisweilen ausschließende Soft Skills in sich zu vereinen. Wer den Eindruck erweckt, dass er im Konfliktfall vor lauter Friedfertigkeit sich selbst aufgibt, bekommt den Job wahrscheinlich nicht – wer den Verdacht erweckt, alle „an die Wand zu fahren", hat aber auch keine sonderliche Chance. Hier gilt es also, eine geschickte Gratwanderung zwischen Teamfähigkeit und Durchsetzungsfähigkeit hinzubekommen.

Test: Kann ich mich durchsetzen?

1. Wenn sich jemand in einer Warteschlange vordrängelt, sage ich in der Regel nichts.

   ☐ stimmt   ☒ dazwischen   ☐ stimmt nicht

2. Wenn ich von einer Sache überzeugt bin, versuche ich sie umzusetzen – auch wenn es „Gegenwind" gibt.

   ☒ stimmt   ☐ dazwischen   ☐ stimmt nicht

3. Auf die Standardfrage „Hat es Ihnen geschmeckt?" antworte ich immer mit „Ja" – auch wenn ich mit dem Essen nicht sonderlich zufrieden war.

   ☒ stimmt   ☐ dazwischen   ☐ stimmt nicht

4. Es hat nichts mit Friedfertigkeit zu tun, wenn man sich von anderen übervorteilen lässt.

   ☒ stimmt   ☐ dazwischen   ☐ stimmt nicht

5. Für mich ist es sehr wichtig, von anderen anerkannt und akzeptiert zu werden.

   ☐ stimmt   ☒ dazwischen   ☐ stimmt nicht

6. Man kann auch einmal in Vorleistung gehen und sollte deshalb nicht immer sofort aufrechnen.

   ☒ stimmt   ☐ dazwischen   ☐ stimmt nicht

7. Durchsetzungswille hat viel mit Egoismus zu tun und gefährdet deshalb den Zusammenhalt des Teams.

   ☐ stimmt   ☐ dazwischen   ☒ stimmt nicht

8. Ich bin ein Freund der offenen Aussprache – auch wenn es mal etwas wehtun sollte.

   ☒ stimmt   ☐ dazwischen   ☐ stimmt nicht

9. Man sollte bei der Verfolgung von Zielen immer bedenken, dass man falsch liegen könnte.

   ☐ stimmt   ☒ dazwischen   ☐ stimmt nicht

10. Für mich sind jene Menschen wenig glaubwürdig, die vorgeben, ihre persönlichen Ziele den gemeinsamen Zielen grundsätzlich unterzuordnen.

    ☐ stimmt   ☒ dazwischen   ☐ stimmt nicht

11. Das Wichtigste ist eine gute Atmosphäre im Team.

    ☒ stimmt   ☐ dazwischen   ☐ stimmt nicht

12. Ich äußere meine Meinung auch dann, wenn ich genau weiß, dass ich die Mehrheit gegen mich habe.

    ☒ stimmt   ☐ dazwischen   ☐ stimmt nicht

Auswertung

Testitems mit ungeraden Zahlen: „stimmt" = 0 Punkte, „stimmt nicht" = 2 Punkte
Testitems mit geraden Zahlen: „stimmt nicht" = 0 Punkte, „stimmt" = 2 Punkte
Für „dazwischen" gibt es einen Punkt.

                                                          hohe Durchsetzungsfähigkeit
| 0 | 2 | 4 | 6 | 8 | 10 | 12 | 14 | ⓴16 | 18 | 20 | 22 | 24 |

Interpretation

24–16 Punkte
Sie verfügen über einen ausgeprägten und gesunden Durchsetzungswillen. Dabei geht es Ihnen nicht zwangsläufig darum, als Gewinner vom Feld zu gehen, sondern Dinge anzuschieben. Harmonie im Team ist für Sie kein Selbstzweck – was allein zählt, ist die Performance. Und da kann es durchaus schon mal hart zur Sache gehen. Wenn Sie noch über eine hohe soziale Intelligenz verfügen, wäre ein Job mit Verhandlungsaufgaben passend für Sie.

15–8 Punkte
Durchsetzungswille hat für Sie etwas mit Machtansprüchen zu tun und deshalb ist Ihnen diese Eigenschaft nicht ganz geheuer. Bei Auseinandersetzungen ziehen Sie es deshalb vor, sich selbst etwas zurückzunehmen.

7–0 Punkte
„Bloß nicht anecken!" Mit dieser Haltung gehören Sie zu den eher pflegeleichten Zeitgenossen. Damit können Sie sogar Karriere machen, denn es gibt Vorgesetzte, die vor allem widerspruchslose Anpassungsbereitschaft schätzen und honorieren.

Zahlenverständnis

Die Eigenschaft „Zahlenverständnis" wird an einem beliebigen Stichtag im Job-Portal www.monster.de in über 500 Stellenangeboten ausdrücklich gefordert.

Stellenanzeige: Kreditorenbuchhalter/-in

„Profil:
- kaufmännische Ausbildung
- erste Berufserfahrung im Bereich der Buchhaltung
- gute Excel-Kenntnisse
- **Zahlenverständnis** (...)"

Hat Sie auch schon das Sudoku-Fieber erwischt? Neun Zeilen, neun Spalten, neun Kästchen und die Zahlen von eins bis neun. 5,5 Milliarden Sudoku sollen möglich sein. Es gibt „Killer-Sudoku", „Samurai-Sudoku" und Sudoku-Meisterschaften. Wie ist diese Begeisterung zu erklären? „Von Zahlen geht eine doppelte Faszination aus: Die Sehnsucht nach klaren Strukturen in einer unübersichtlichen Welt bedienen sie ebenso, wie sie zugleich eine der letzten Geheimsphären bilden, in der die Menschheit suchend sich verlieren kann. Nie war das so begehrt wie in den letzten Jahren. Davon zeugen Bestseller wie Daniel Kehlmanns Roman „Die Vermessung der Welt" über das Aufeinandertreffen des Mathematikers Carl Friedrich Gauß mit dem Naturforscher Alexander von Humboldt oder Dan Browns „Sakrileg" mit seinen Verschwörungstheorien." (WELT ONLINE vom 8. November 2007)

Es gibt also die von vielen Mathematiklehrern oft vergeblich erhoffte und in Stellenangeboten geforderte Freude an Zahlen. Gilt das auch für Sie?

Test: Habe ich ein gutes Zahlenverständnis?

1. Ich liebe Zahlenspielereien.

   ☒ stimmt   ☐ dazwischen   ☐ stimmt nicht

2. In keiner Unterrichtsstunde habe ich vermutlich so häufig auf die Uhr geschaut wie im Mathematikunterricht.

   ☐ stimmt   ☐ dazwischen   ☒ stimmt nicht

3. Zahlen können mir manchmal eine „Geschichte" erzählen.

   ☒ stimmt   ☐ dazwischen   ☐ stimmt nicht

4. Ich habe im Grunde ein gutes Gedächtnis – nur Zahlen kann ich mir überhaupt nicht merken.

   ☐ stimmt   ☐ dazwischen   ☒ stimmt nicht

5. Sudoku ist für mich ein bisschen wie Yoga.

   ☐ stimmt   ☐ dazwischen   ☒ stimmt nicht

Welche Fähigkeiten sind gefragt?

6. Die Welt der Zahlen ist für mich eine tote Welt.

   ☐ stimmt ☐ dazwischen ☒ stimmt nicht

7. Ein Greis sagt: „Vorgestern war ich noch 90 Jahre alt und nächstes Jahr werde ich bereits 93." Lösen Sie solche Aufgaben gern?

   ☒ stimmt ☐ dazwischen ☐ stimmt nicht

8. Ein Gemälde hat für mich deutlich mehr Aussagekraft als künstliche Zahlengebilde.

   ☐ stimmt ☒ dazwischen ☒ stimmt nicht

9. Im Zweifelsfall würde ich lieber die Kosten für eine Kfz-Reparatur kalkulieren, anstatt diese durchzuführen.

   ☐ stimmt ☐ dazwischen ☒ stimmt nicht

10. Berechnungen, Buchhaltung, Bilanzen – das sind alles Begriffe, die mir eher Angst machen.

    ☐ stimmt ☐ dazwischen ☒ stimmt nicht

11. Wenn ich eine Mathematikaufgabe gelöst habe, erfüllte mich das immer mit einer Art Genugtuung.

    ☐ stimmt ☐ dazwischen ☒ stimmt nicht

12. Bei den Dingen, auf die es im Leben wirklich ankommt, können wir Menschen gar nicht exakt sein.

    ☐ stimmt ☒ dazwischen ☐ stimmt nicht

Auswertung

Testitems mit ungeraden Zahlen: „stimmt" = 2 Punkte, „stimmt nicht" = 0 Punkte
Testitems mit geraden Zahlen: „stimmt nicht" = 2 Punkte, „stimmt" = 0 Punkte
Für „dazwischen" gibt es einen Punkt.

(Lösung zu Testitem 7: Der Greis hat am 31. Dezember Geburtstag und trifft die Feststellung am 1. Januar.)

gutes Zahlenverständnis

0	2	4	6	8	10	12	14	16	18	20	22	24

Interpretation

24–16 Punkte

Sie dürften ein typischer Zahlenmensch sein, was ja nach der obigen Definition von Zahlenverständnis nicht heißt, dass Sie emotionslos zur Sache gehen. Aber Zahlen und Ziffern sprechen zu Ihnen bzw. Sie können diese zum Sprechen bringen. Damit verfügen Sie über gute Voraussetzungen für sehr viele Berufsfelder - vorrangig natürlich im kaufmännischen oder naturwissenschaftlichen Bereich.

15–8 Punkte
Ihre Liebe gilt nicht der Welt der Zahlen, aber Sie finden sich in ihr einigermaßen zurecht. Zahlen sind für Sie ein Hilfsmittel, dessen Sie sich im Zweifelsfall bedienen können. Beispiel: Eine Aufgabe im Vertrieb oder Personalwesen dürfte Ihnen eher liegen als im Rechnungswesen oder Controlling.

7–0 Punkte
Zahlen sind nicht Ihr Ding und deshalb kommen für Sie nur Aufgaben infrage, die im geisteswissenschaftlichen oder künstlerischen Bereich liegen bzw. bei denen Ihnen Dinge wie Kostenplanung und Kostenrechnung abgenommen werden.

Prozessorientierung

Eigenschaften wie „Prozessorientierung" bzw. „prozessorientiert" werden an einem beliebigen Stichtag im Job-Portal www.monster.de in über 270 Stellenangeboten gefordert.

Stellenanzeige: Projektmitarbeiter/-in

> „Was sollten Sie mitbringen? (...) Prozessorientiertes sowie strukturiertes Arbeiten gehören genauso zu Ihrem Profil wie Teamgeist, Leistungsbereitschaft und Motivation."

Was ist „Prozessorientierung"? Machen Sie ein Gedankenexperiment: Sie sitzen mit Freunden auf der Terrasse eines Restaurants beim Frühstück. Der gemeinsame Blick auf den Park und seine 300-jährigen Bäume hebt die Stimmung. Erfreulich ist auch, dass das Buffet keine Wünsche offen lässt und der Service zuvorkommend ist. Und da erscheint der Gärtner mit seinem Rasenmäher, der eher einem Traktor ähnelt. Seine Aufgabe besteht darin, für einen makellosen englischen Rasen zu sorgen. Und während er mit Vollgas sein Bestes gibt, führen die Gäste Dialoge wie unter Schwerhörigen oder ergreifen die Flucht. Alles klar: Alle Mitarbeiterinnen und Mitarbeiter haben aufgabenorientiert gedacht und gehandelt – und nicht prozessorientiert. Keiner kam auf die Idee, den Gärtner zu verscheuchen.

Ob im Stellenangebot nun vom „fach- und abteilungsübergreifenden Arbeiten" oder von einer „interdisziplinären und generalistischen Denkweise" die Rede ist – es geht um die Bereitschaft, „über den Tellerrand" zu schauen. Heute spricht man vom Denken in Prozessen, was in der Praxis bedeutet, dass man möglichst die gesamte Handlungskette im Blick behält, an deren Ende ein marktfähiges Produkt bzw. ein zufriedener Kunde steht.

Das Gegenteil einer prozessorientierten Denkweise ist die aufgabenorientierte Haltung. Sie führt zur Einengung des Blickwinkels und der „gefühlten" Verantwortung. Typische Reaktionen: „Das ist nicht meine Aufgabe!" oder „Dafür bin ich nicht zuständig!" In manchen großen Unternehmen spricht man deshalb einstweilen von „Process Ownern", um das Denken und Handeln schon sprachlich in die entsprechende Richtung zu bringen.

Welche Fähigkeiten sind gefragt?

So können Sie Prozessorientierung im Vorstellungsgespräch zeigen

In jedem Vorstellungsgespräch gibt es eine Phase, in der man als Bewerber Fragen stellen kann und sollte. Das Denken im Gesamtzusammenhang – also in Prozessen – kann man zumindest andeuten, indem man sich nicht nur für den eigenen zukünftigen Aufgabenbereich interessiert, sondern auch für das, was in angrenzenden Abteilungen passiert. Beispiel: „Meine eventuelle zukünftige Aufgabe im technischen Vertrieb ist mir nun einigermaßen klar. Mich würde aber einmal interessieren, wie die Qualitätssicherung in Ihrem Hause arbeitet. Der Verkauf hängt ja sehr von der Zuverlässigkeit der Produkte ab."

Test: Arbeite ich prozessorientiert?

1. Man kann sich zur falschen Zeit für eine richtige Sache engagieren.

   ☒ stimmt   ☐ dazwischen   ☐ stimmt nicht

2. Wenn jeder sich um seine Aufgabe kümmert, ist allen geholfen.

   ☒ stimmt   ☐ dazwischen   ☐ stimmt nicht

3. Man sollte immer die Neben- und Fernwirkungen des eigenen Handelns bedenken.

   ☐ stimmt   ☒ dazwischen   ☐ stimmt nicht

4. Die meisten unproduktiven Konflikte entstehen, weil sich Mitarbeiter in die Aufgaben anderer einmischen, und deshalb sollte man das lieber lassen.

   ☒ stimmt   ☐ dazwischen   ☐ stimmt nicht

5. Man kann selten nur eine Sache machen. Meist passiert als Nebeneffekt an anderer Stelle etwas, das man möglichst berücksichtigen sollte.

   ☒ stimmt   ☐ dazwischen   ☐ stimmt nicht

6. Man muss den Mitarbeitern nur eine eindeutige Aufgabenbeschreibung im Arbeitsvertrag vorlegen und dann funktioniert das schon.

   ☐ stimmt   ☒ dazwischen   ☐ stimmt nicht

7. Dem Kunden ist es völlig egal, wie sich ein Betrieb organisiert hat – der will ein Produkt, das seinen Vorstellungen entspricht.

   ☒ stimmt   ☐ dazwischen   ☐ stimmt nicht

8. Unternehmerisch denken? Das ist doch nur eine Idee des Neoliberalismus, um die Profite zu steigern.

   ☐ stimmt   ☐ dazwischen   ☒ stimmt nicht

9. Ich habe immer Wert darauf gelegt, nicht nur Fachliteratur zu lesen.

    ☒ stimmt   ☐ dazwischen   ☐ stimmt nicht

10. Man muss von seinem Job etwas verstehen – alles andere ist total nachrangig.

    ☐ stimmt   ☐ dazwischen   ☒ stimmt nicht

11. Das Denken in „Kästchen" ist für manche Unternehmen ein existenzgefährdendes Problem.

    ☐ stimmt   ☒ dazwischen   ☐ stimmt nicht

12. Ich möchte wissen, was ich zu tun habe. Was die anderen zu tun haben, geht mich im Grunde nichts an.

    ☐ stimmt   ☒ dazwischen   ☐ stimmt nicht

Auswertung

Testitems mit ungeraden Zahlen: „stimmt" = 2 Punkte, „stimmt nicht" = 0 Punkte
Testitems mit geraden Zahlen: „stimmt nicht" = 2 Punkte, „stimmt" = 0 Punkte
Für „dazwischen" gibt es einen Punkt.

									hohe Prozessorientierung		
0	2	4	6	8	10	12	14	16	18	20	22	24

Interpretation

24–16 Punkte

Das Ergebnis spricht dafür, dass Sie im Gesamtzusammenhang denken und handeln können. Für Sie steht am Anfang aller Überlegungen nicht die Struktur des Unternehmens, sondern die Kundenorientierung, der sich die Struktur anzupassen hat. Bei Ihren Entscheidungen beachten Sie nicht nur den unmittelbaren Effekt, sondern auch die Neben- und Fernwirkungen. Dies ist eine gute Voraussetzung für Aufgaben, bei denen man strategisch denken muss – insbesondere natürlich für Führungsverantwortung.

15–8 Punkte

Sie sind ein Anhänger des klaren Reglements. Das kann bisweilen sehr wichtig sein, schränkt aber die Handlungsmöglichkeiten und vor allem das Mitdenken der Mitarbeiter ein. Wer auf seine Aufgabe „festgenagelt" ist, hat im Kopf wenig Spielraum für Handlungen, die zwar nicht als zum Aufgabenkatalog zugehörig definiert wurden, aber für das Endergebnis bedeutsam sein können.

7–0 Punkte

Sie sind der ideale „Checklisten-Vollstrecker". Ihre Arbeitswelt ist in Ordnung, wenn alles festgezurrt ist und nicht einmal gedanklich eine Abweichung vom Pfad der Tugend zulässig ist.

Empathie

Eigenschaften wie „Empathie" oder „Einfühlungsvermögen" werden an einem beliebigen Stichtag im Job-Portal www.monster.de in über 250 Stellenangeboten ausdrücklich gefordert.

Stellenanzeige: Sachbearbeiter (m/w) Human Resources

„Ihre Qualifikationen:

- abgeschlossenes Studium an der Berufsakademie, FH o. Ä.
- Freude am Arbeiten im Team
- gutes Gespür für Menschen sowie gute kommunikative Fähigkeiten (…)"

Die einschlägigen Forderungen in vielen Berufsfeldern lauten: Mit dem Kopf des anderen denken! Sich in die Gefühlswelt von Gesprächspartnern hineinversetzen! Kunden und Mitarbeiter dort abholen, wo sie stehen!

Einfühlungsvermögen heißt im „globalen Dorf" heute „Empathie". Im Grunde geht es um Marketing, das zuallererst darin besteht, vom Markt bzw. von den relevanten Marktteilnehmern her zu denken. Wer über Empathie verfügt, verfertigt zum Beispiel adressatengerechte Bewerbungsunterlagen und stellt den eigenen Geschmack im Zweifelsfall zurück. Grundsatz: Das Bewerbungsanschreiben muss nicht dem Jobsuchenden gefallen, sondern dem Personaler. Letztlich geht es um die Fähigkeit der Perspektivenübernahme – man versetzt sich in die Rolle eines anderen und versucht, die Welt aus dessen Sicht zu sehen.

Empathie und Fettnäpfchen

Manchen Menschen wird nachgesagt, dass sie ein Talent hätten, kein Fettnäpfchen auszulassen. Prinz Philipp beispielsweise wird von den Briten als „König der Fettnäpfchen" tituliert. Den ersten Ausrutscher erlaubte er sich bereits 1947 kurz nach der Verlobung mit der damaligen Thronfolgerin Prinzessin Elisabeth. Als der Herzog einen Bahnarbeiter nach dessen Aufstiegsmöglichkeiten befragte, antwortete dieser: „Da müsste schon mein Boss sterben." Darauf Philipp: „Genau wie bei mir." Und da Farbige rein assoziativ oft aus fernen Ländern stammen, erkundigte er sich auf einer Party bei einem Gast dunkler Hautfarbe: „Und aus welchem exotischen Teil der Welt kommen Sie, mein Freund?" Der so Angesprochene erwiderte: „Aus Birmingham, Sir, der zweitgrößten Stadt Englands."

Der Tritt ins Fettnäpfchen ist meist die Folge mangelnden Einfühlungsvermögens – also die Unfähigkeit, das eigene Tun vorausschauend aus der Perspektive eines anderen zu beurteilen.

Meine Stärken und Talente – Diese Soft Skills qualifizieren mich für meinen Wunschberuf

> **!** **Empathie ist ein wichtiger Erfolgsfaktor**
>
> Hier ein guter Rat von dem Philosophen Arthur Schopenhauer: „Wer klug ist, wird im Gespräch weniger an das denken, worüber er spricht, als an den, mit dem er spricht." Empathie gehört sowohl beruflich als auch privat zu den wichtigsten Erfolgsfaktoren.

Test: Kann ich gut auf andere Menschen eingehen?

1. Es gibt nach meiner Erfahrung Menschen, die sich in sozialen Situationen meist beobachtet fühlen, und andere, die eher die Rolle des Beobachters übernehmen. Ich bin ein Beobachter.

   ☐ stimmt   ☒ dazwischen   ☐ stimmt nicht

2. Wenn ich in Schule, Studium oder Beruf etwas präsentieren oder über ein Thema referieren musste, habe ich möglichst viel vorher auswendig gelernt.

   ☐ stimmt   ☒ dazwischen   ☐ stimmt nicht

3. Ich achte in Gesprächen darauf, immer wieder den Blickkontakt zu wahren.

   ☒ stimmt   ☐ dazwischen   ☐ stimmt nicht

4. Meine größte Angst beim Small Talk ist, dass mir nichts Gescheites einfällt.

   ☐ stimmt   ☐ dazwischen   ☒ stimmt nicht

5. Nach der Begegnung mit einem anderen Menschen kann ich mich normalerweise noch recht gut an dessen Kleidung erinnern.

   ☒ stimmt   ☐ dazwischen   ☐ stimmt nicht

6. Gefühle und Stimmungen haben im Geschäftsleben keine Rolle zu spielen.

   ☐ stimmt   ☐ dazwischen   ☒ stimmt nicht

7. Ich achte auf körpersprachliche Signale wie Gestik, Mimik und die Körperhaltung meiner Gesprächspartner.

   ☒ stimmt   ☐ dazwischen   ☐ stimmt nicht

8. Wenn man sich zu sehr mit anderen befasst, kommt man am Ende selbst zu kurz.

   ☒ stimmt   ☐ dazwischen   ☐ stimmt nicht

9. Das Wichtigste bei Präsentationen oder Referaten war für mich immer, vorab möglichst viel über mein Publikum zu wissen.

   ☒ stimmt   ☐ dazwischen   ☐ stimmt nicht

10. Einfühlungsvermögen heißt für mich vor allem Rücksichtnahme auf andere.

    ☐ stimmt   ☒ dazwischen   ☐ stimmt nicht

Welche Fähigkeiten sind gefragt?

11. Es reicht nicht aus, gute Ideen zu haben – man muss andere bei der Umsetzung gedanklich und gefühlsmäßig auch „mitnehmen".

    ☐ stimmt   ☒ dazwischen   ☐ stimmt nicht

12. Wenn alle Mitarbeiter wissen, was sie zu tun haben, muss man ihnen gegenüber nicht auch noch einfühlsam sein.

    ☐ stimmt   ☐ dazwischen   ☒ stimmt nicht

Auswertung

Testitems mit ungeraden Zahlen: „stimmt" = 2 Punkte, „stimmt nicht" = 0 Punkte
Testitems mit geraden Zahlen: „stimmt nicht" = 2 Punkte, „stimmt" = 0 Punkte
Für „dazwischen" gibt es einen Punkt.

                                                                  hohe Empathie

0	2	4	6	8	10	12	14	16	18	20	22	24

Interpretation

24–16 Punkte
Sie wissen, dass Gefühle härter als Stahl sein können und dass es deshalb gut ist, wenn man Menschen rational und emotional gewinnen kann. Deshalb achten Sie im Gespräch mindestens genauso gut auf andere wie auf sich selbst. Aufgrund Ihrer Empathie dürfte es Ihnen gelingen, mit anderen in Augenhöhe zu kommunizieren. Ein ausgeprägtes Maß an Empathie braucht man bei Aufgaben mit Kundenkontakt und sollte man als Führungskraft zu den eigenen Stärken zählen können.

15–8 Punkte
Sie verfügen über ein gewisses Maß an Einfühlungsvermögen, kommen aber nicht immer dazu, dies in die Praxis umzusetzen. Vermutlich sind Sie doch meist etwas zu sehr mit sich selbst befasst. Bei wachsender kommunikativer Kompetenz wird es Ihnen gelingen, noch mehr „vom anderen her zu denken".

7–0 Punkte
Sie kreisen sehr um sich selbst und deshalb dürfte es Ihnen schwerfallen, sich auf unterschiedliche Adressaten einzustellen und ihnen damit gerecht zu werden.

Interkulturelle Kompetenz

„Interkulturelle Kompetenz" wird an einem beliebigen Stichtag im Job-Portal www.monster.de in 190 Stellenangeboten ausdrücklich gefordert. Hinzu kommen noch Formulierungen wie „Kenntnis fremder Kulturen", „Erfahrungen in fremden Kulturen" etc.

Stellenanzeige: Verkaufsleiter m/w (Maschinen)

„Ein wirtschaftliches/technisches Studium bringen Sie mit. (...) Konzeptionelles Denken und verkäuferische Fähigkeiten für den Vertrieb technischer Produkte setzen wir voraus, ebenso sicheres Auftreten und **effizientes Arbeiten in fremden Kulturen**. (...)"

Die Welt rückt zusammen – zumindest was den Austausch von Gütern und Dienstleistungen betrifft. Dieses Zusammenrücken setzt aber ein hohes Maß an interkulturellem Verständnis voraus. Wir kennen aus der jüngeren Geschichte genug Beispiele dafür, wie durch einen Mangel an Gespür für die Werte und Befindlichkeiten der Angehörigen fremder Kulturen Konflikte hervorgerufen werden. Man denke nur daran, welches Unbehagen Ex-Bundeskanzler Gerhard Schröder mit seinem Wort vom „deutschen Weg" bewirkte. Da hörten manche unserer europäischen Nachbarn Marschmusik. Und George W. Bush war verständlicherweise auch nicht gut beraten, seinen Kampf gegen den islamistischen Terrorismus als „crusade" (Kreuzzug) zu bezeichnen.

Test: Verfüge ich über interkulturelle Kompetenz?

1. Wann fand der Warschauer Aufstand statt?

    ☒ a 1934   ☐ b 1944

2. In Barcelona spricht man

    ☒ a spanisch.   ☐ b katalanisch.

3. Wer viele Sprachen spricht, verfügt über hohe interkulturelle Kompetenz.

    ☒ a stimmt   ☐ b möglicherweise

4. Wie sich Individuen unterscheiden, so unterscheiden sich auch Völker.

    ☐ a reines Vorurteil   ☒ b in gewisser Hinsicht ja

5. Man sollte mit Angehörigen anderer Kulturkreise alles kontrovers diskutieren können.

    ☒ a stimmt   ☐ b Es kann Tabus geben.

6. Interkulturelle Kompetenz zeigt sich darin, dass man die Werte und Überzeugungen anderer Völker kennt und vorbehaltlos akzeptiert.

    ☒ a stimmt völlig   ☒ b stimmt nicht

7. In den USA sollte man sich als Fremder bei Gesprächen über Religion zunächst lieber heraushalten.

    ☒ a Dafür gibt es keinen Grund.   ☐ b stimmt

Welche Fähigkeiten sind gefragt?

8. In der arabischen Welt kann es einem Deutschen am ehesten passieren, dass ...

　　☒ a Karl Marx gelobt wird.　　　　☒ b Adolf Hitler gelobt wird.

9. Die Französische Revolution fand statt im Jahre

　　☒ a 1689.　　　　☐ b 1789.

10. Lord Nelson war 1805 der Sieger in der Schlacht von

　　☐ a Alexandria.　　　　☒ b Trafalgar.

11. Die Schlacht auf dem Amselfeld im Jahre 1389 gegen die Türken spielt eine große Rolle im Selbstverständnis der Serben. Die Serben

　　☐ a gewannen die Schlacht.　　　　☒ b verloren die Schlacht.

12. Sollte man sich als Gast bei Einheimischen den Essgewohnheiten anderer Ländern und Kulturen anpassen?

　　☐ a Ich esse nur, was mir schmeckt.　　☒ b selbstverständlich

13. Ich habe bereits diverse fremde Länder bereist.

　　☒ a stimmt　　　　☐ b stimmt nicht

14. Ich habe im Ausland studiert.

　　☐ a stimmt　　　　☒ b stimmt nicht

15. Ich war Austauschschüler/-in.

　　☒ a stimmt　　　　☐ b stimmt nicht

16. Schengen steht für

　　☒ a Einreise ohne Passkontrolle.　　　　☐ b Zollfreiheit.

17. Welche Reihenfolge von Norden Richtung Süden ist richtig?

　　☒ a Estland, Lettland, Litauen　　　　☐ b Litauen, Estland, Lettland

18. Was war 1776?

　　☒ a Unabhängigkeitserklärung der USA　　☐ b Bürgerkrieg in den USA

19. Im Spiegelsaal von Versailles wurde

　　☒ a 1871 das Deutsche Reich gegründet.　　☒ b die Fünfte Republik ausgerufen.

20. Der Spanische Bürgerkrieg spielt im Bewusstsein der Spanier

　　☒ a eine große Rolle.　　　　☐ b keine Rolle mehr.

21. Wenn ich ein fremdes Land bereise, informiere ich mich zuerst über die

　　☒ a Geschichte.　　　　☐ b Sehenswürdigkeiten.

22. Völker unterscheiden sich mehr oder weniger in ihrer Mentalität.

　　☒ a stimmt　　　　☐ b Das ist ein Vorurteil.

23. Interkulturelle Kompetenz entwickelt man vor Ort am besten durch

☒ a gute Fragen. ☐ b gutes Zuhören.

24. Die Globalisierung „produziert" überwiegend Gewinner.

☐ a stimmt ☒ b stimmt nicht

Auswertung

Bei den Testitems 1–12 gibt es für jedes (b) einen Punkt und bei den Testitems 13–24 für jedes (a) einen Punkt.

                                                                  hohe interkulturelle Kompetenz

0	2	4	6	8	10	12	14	16	18	20	22	24

Interpretation

24–16 Punkte

Interesse an anderen Menschen zeigt sich darin, dass man etwas über sie weiß bzw. sich etwas aus früheren Kontakten gemerkt hat. Und das gilt auch für Völker und Kulturen. Die Gretchenfrage lautet: Hat sich jemand die Mühe gemacht, unser Denken und Fühlen zu verstehen? Sie gehören zu jenen, die sich mit dieser Frage ernsthaft befassen. Und deshalb werden sich Ihnen in fremder Umgebung auch die Türen öffnen. Das Merkmal „interkulturelle Kompetenz" wird mit Sicherheit an Bedeutung gewinnen und da erschließen sich Ihnen interessante berufliche Perspektiven.

15–8 Punkte

Hier gibt es noch Nachholbedarf, aber gute erste Ansätze. Natürlich ist dies alles ja auch eine Frage des Alters und der bisherigen Erfahrungen.

7–0 Punkte

Bei einem Auftritt auf internationalem Parkett laufen Sie Gefahr, Schiffbruch zu erleiden.

(Erläuterungen zur Bewertung finden Sie bei Bedarf im Anhang auf Seite 177.)

 24–16 Punkte für interkulturelle Kompetenz

Vom Ansatz her könnten Sie Ihre berufliche Heimat in einem global aufgestellten Konzern finden. Konzentrieren Sie sich auf Anzeigen, deren Headline aus American Job Titles besteht. Beispiele:

- International Business Controller
- Legal Assistant
- Financial Analyst
- Researcher
- Human Resources etc.

Führungsfähigkeit

„Führungsfähigkeit" wird an einem beliebigen Stichtag im Job-Portal www.monster.de in ca. 30 Stellenangeboten gefordert. „Führungserfahrung" wird in über 1.000 Positionen erwartet. Die Erklärung: Man greift bei einer Neubesetzung lieber auf jemanden zurück, der bereits in der Personalverantwortung steht.

Stellenanzeige: Leiter/-in Produktionssteuerung

„Ihr Profil:
- Ingenieur/-in oder Techniker/-in
- Führungspersönlichkeit (...)"

„Ziehen ist besser als schieben" – dieser Grundsatz der Mechanik gilt auch für Manager. Wer es schafft, Mitarbeiterinnen und Mitarbeiter für sich und die Unternehmensziele zu gewinnen, hat die besten Voraussetzungen dafür, als Führungskraft erfolgreich zu sein.

Im Grunde besteht Führungskompetenz in der Verdichtung der bisher erörterten Soft Skills. Hinzu kommt dann vor allem die Fähigkeit, eine glückliche Hand bei der Personalauswahl und keine Angst vor unangenehmen Gesprächen und Entscheidungen zu haben. Und was häufig insbesondere von Führungsnachwuchskräften vergessen wird: Führungsfähigkeit setzt zunächst einmal den Willen zur Führung voraus. Wer es als „unanständig" empfindet, Macht über andere zu haben und diese im Zweifelsfall auch in Konsequenzen umzusetzen, sollte die Personalverantwortung meiden.

Der folgende Selbsttest ist für Young Professionals gedacht, die einmal eine Linienfunktion übernehmen möchten.

Test: Habe ich Führungsfähigkeiten?

1. Menschen sind grundsätzlich auf Leistung angelegt.

    ☐ stimmt ☐ dazwischen ☒ stimmt nicht

2. Man muss Mitarbeitern immer klar vorschreiben, was sie zu tun haben, sonst stimmen die Ergebnisse nicht.

    ☒ stimmt ☒ dazwischen ☐ stimmt nicht

3. Ein guter Vorgesetzter achtet erst einmal darauf, seine Mitarbeiter nicht unnötig zu demotivieren.

    ☒ stimmt ☐ dazwischen ☐ stimmt nicht

4. Wenn man als Vorgesetzter eine Aufgabe delegiert, liegt die Verantwortung für das Resultat selbstverständlich bei dem entsprechenden Mitarbeiter.

    ☐ stimmt ☒ dazwischen ☐ stimmt nicht

5. Ein guter Vorgesetzter ist für seine Mitarbeiter berechenbar.

    ☐ stimmt ☒ dazwischen ☐ stimmt nicht

6. Ich bin dagegen, dass Menschen über Menschen Macht haben.

    ☐ stimmt ☒ dazwischen ☐ stimmt nicht

7. Als Vorgesetzter muss man die klar erkannten Schwächen und Defizite von Mitarbeitern ansprechen und auch auf mögliche Konsequenzen hinweisen, wenn sich nichts ändert.

    ☒ stimmt ☐ dazwischen ☐ stimmt nicht

8. Wenn ein Unternehmen Personalabbau verkündet, steigen sofort die Aktienkurse.

    ☐ stimmt ☒ dazwischen ☐ stimmt nicht

9. Einer alleinerziehenden Mutter mit einem kranken Kind würde ich selbstverständlich frei geben bzw. ein Auge zudrücken, wenn sie nicht die volle Leistung im Job bringt.

    ☐ stimmt ☒ dazwischen ☐ stimmt nicht

10. Als Führungskraft würde ich alles lassen, was das Betriebsklima gefährden könnte.

    ☐ stimmt ☒ dazwischen ☐ stimmt nicht

11. Menschen dürfen auch im Job ruhig manchmal Angst vor den Folgen ihres Handelns bzw. ihrer Unterlassungen haben.

    ☒ stimmt ☐ dazwischen ☐ stimmt nicht

12. Ich bin dafür, sämtliche Hierarchien abzuschaffen, und denke, dass dies auch möglich ist.

    ☐ stimmt ☒ dazwischen ☐ stimmt nicht

Auswertung

Testitems mit ungeraden Zahlen: „stimmt" = 2 Punkte, „stimmt nicht" = 0 Punkte
Testitems mit geraden Zahlen: „stimmt nicht" = 2 Punkte, „stimmt" = 0 Punkte
Für „dazwischen" gibt es einen Punkt.

								ausgeprägte Führungsfähigkeit				
0	2	4	6	8	10	12	14	16	18	20	22	24

Interpretation

24–16 Punkte

Die Gretchenfrage für jede Führungskraft lautet: „Von welchem Menschenbild gehst du aus?" Margaret Thatcher, die legendäre „Eiserne Lady", sagte einst: „Man kann nicht von einem falschen Menschenbild ausgehen und auch noch erfolgreich sein wollen." Die Lady war überaus erfolgreich und in diesem Sinne könnten Sie auch erfolgreich sein.

15–8 Punkte

Sie könnten in eine Führungsaufgabe hineinwachsen – würden aber zunächst einmal Lehrgeld bezahlen bzw. Enttäuschungen kassieren. Die Menschen sind eben nicht immer so, wie sie sein sollten und wie Sie sich das vorstellen – dies jedenfalls mutmaßen die Anthropologen, und die sollten es ja wissen.

7–0 Punkte

Personalführung wäre für Sie wie Flöhe hüten. Also lieber nicht bzw. noch nicht!

In einem Unternehmen muss auf jeden Fall Klarheit darüber herrschen, wer wofür verantwortlich ist und gegebenenfalls für sein Tun Lob oder Tadel zu kassieren hat. Zwistigkeiten entstehen, wenn Personen unberechtigterweise Erfolge für sich reklamieren bzw. wenn Misserfolge anderen in die Schuhe geschoben werden. Testen Sie Ihre Grundeinstellung zu dieser Frage doch einmal an dem folgenden Fallbeispiel.

Kleine Testaufgabe: Verantwortung

„Wenn ich Verantwortung nach unten delegiere, dann deshalb, weil ich dem da unten zutraue, dass er das kann. Das heißt dann aber auch, dass die Alte da oben nicht zurücktritt, wenn der da unten Mist gebaut hat." Diese Einlassung zum Thema stammt von Heide Simonis, der ehemaligen Ministerpräsidentin von Schleswig-Holstein.

Wie bewerten Sie diese Aussage von Frau Simonis?

- a ☐ Ich stimme Frau Simonis zu, denn man kann nicht immer seinen Kopf für die Fehler seiner Mitarbeiter hinhalten.
- b ☐ Wo kämen wir hin, wenn Mitarbeiter ihr Fehlverhalten immer ihren Vorgesetzten in die Schuhe schieben könnten? Deshalb stimme ich bedingt zu.
- c ☐ Wer delegiert, kann bei einem Fehler den entsprechenden Mitarbeiter zur Rechenschaft ziehen, bleibt aber „nach oben" für diesen Fehler selbst verantwortlich. Deshalb stimme ich Frau Simonis nicht zu.

Auswertung: Es kann keine zwei Meinungen geben – der Vorgesetzte ist während der Arbeitszeit für das Tun und Lassen seiner Mitarbeiter verantwortlich. Und wenn eine Führungskraft Aufgaben delegiert und sich darauf beruft, sie hätte der fraglichen Person dies eben zugetraut, dann besteht der Fehler in der falschen Einschätzung der Leistungsfähigkeit dieser Person. Und das wäre dann ein eindeutiger Führungsfehler. Es kommt als Antwort folglich nur die Alternative c infrage.

Auswertung: Talent-Check – Diese Stärken sollte ich ausbauen

In der folgenden Tabelle können Sie in jede Spalte unter dem jeweiligen Soft Skill nun Ihren erzielten Punktwert eintragen und so Ihr persönliches Profil zu den zwölf Soft Skills „Kommunikationsstärke" (1), „Teamfähigkeit" (2), „Durchsetzungsfähigkeit" (3), „Prozessorientierung" (4), „Kreativität" (5), „Zahlenverständnis" (6), „Interkulturelle Kompetenz" (7), „Flexibilität" (8), „Loyalität" (9), „Analysefähigkeit" (10), „Strukturierung" (11) und „Führungsfähigkeit" (12) erstellen.

Persönliches Profil der zwölf Soft Skills

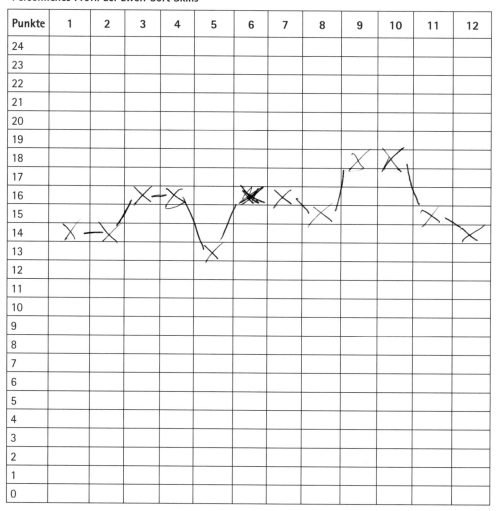

Nehmen Sie dieses Profil als Navigator durch das Datenmeer. Es gibt ja keinen Mangel an Informationen über berufliche Möglichkeiten, aber es fehlen meist die Orientierungshilfen. Sie haben sich jetzt eine erarbeitet.

Das Vorstellungsgespräch: Wie positioniere ich mich bei Fragen zu den Soft Skills vorteilhaft?

Frage: „Welche Schlüsselqualifikationen werden in Zukunft am wichtigsten sein?"

Bei der Frage nach den Schlüsselqualifikationen der Zukunft wird erwartet, dass der Bewerber eher jene benennt, die er für sich beanspruchen kann, und alle anderen weglässt, die er als Schwachstelle in eigener Sache empfindet. Also Vorsicht!

Begründen Sie Ihre Aussagen

„Flexibilität! Denn man muss sich immer schneller auf neue Anforderungen einstellen können. Dann Mobilität – im zukünftigen globalen Dorf kann man nicht auf der Scholle kleben bleiben. Und Belastbarkeit – denn der Wettbewerbsdruck wird mit Sicherheit steigen. Nun – und wenn ich an die hier besprochene Aufgabe denke – Kommunikationsfähigkeit ist und bleibt unverzichtbar."

Frage: „Wo konnten Sie Ihre Kreativität bisher unter Beweis stellen?"

Es ist immer gut, Beispiele parat zu haben. Antworten wie die folgende kommen gut an – natürlich nur, wenn sie auch wirklich passen.

Beschreiben Sie konkrete Situationen

„Ich war bei unserer Schülerzeitung drei Jahre für die Gestaltung der Titelseite verantwortlich. Und während meiner Ausbildung habe ich zwei Veranstaltungen mit konzipiert, in denen wir unsere Leistungen – also die der Azubis – sozusagen der innerbetrieblichen Öffentlichkeit präsentiert haben – mit Rahmenprogramm und was so alles dazugehört. Wir haben uns da schon so einiges einfallen lassen und das ist auch gut angekommen."

Frage: „Was verstehen Sie unter Flexibilität?"

So mancher Bewerber rühmt sich seiner Flexibilität, kann aber nicht erläutern, worin sich diese Flexibilität in seinem Alltag widerspiegelt. Man sollte eine Eigenschaft nur dann für sich beanspruchen, wenn man eine Vorstellung davon hat, was sie konkret bedeutet.

Illustrieren Sie Ihre Antwort mit Beispielen

„Ein flexibler Mensch ist nach meiner Auffassung jemand, der auf Veränderungen schnell und angemessen reagiert. Dabei kann es um neue Aufgaben gehen, die man kurzfristig übernehmen muss – es kann sich aber auch um so banale Dinge wie einen ausgefallenen Beamer während einer Kundenpräsentation handeln. Wie gehe ich mit der neuen und überraschenden Situation um? Wer flexibel ist, verliert nicht sein seelisches Gleichgewicht, sondern reagiert ideenreich und souverän. Aber das ist sicher immer auch eine Frage der Erfahrung."

Frage: „Können Sie sich durchsetzen?"

In Fernsehinterviews werden Menschen manchmal Begriffe mit der Bitte vorgegeben, spontan zu äußern, was ihnen dazu einfällt. Das Wort „Durchsetzungsfähigkeit" kommt bei solchen Assoziationsspielen schlecht weg. Aber was halten Sie von der folgenden Antwort?

 Stellen Sie sich nicht nur als Kämpfer dar

„Das kommt drauf an, worum es geht. Es gibt Situationen, da gebe ich nach, weil die Sache mir nicht wichtig ist oder ich es anderen gönne zu punkten. Aber wenn mir etwas wichtig ist, kann ich durchaus kämpfen."

Frage: „Sind Sie konfliktfähig?"

Wenn Konflikte von vornherein unterbunden werden, gibt es keinen Wettbewerb der Ideen. Unter solchen Verhältnissen ist auch selten eine rechtzeitige Anpassung an ein sich wandelndes Umfeld möglich. Ein Bewerber ist deshalb gut beraten, zu den Persönlichkeitsmerkmalen „Konfliktbereitschaft" und „Konfliktfähigkeit" einen angemessenen Standpunkt zu haben.

 Beschreiben Sie die Vor- und Nachteile, die Sie in Konfliktsituationen sehen

„Ich versuche bei Konflikten zunächst einmal das Gute am Schlechten zu finden. Zu einem Konflikt kommt es häufig, wenn Menschen offen ihre Wünsche und Interessen formulieren und diese dann mit denen der anderen kollidieren. Aber das hat einen Vorteil – man weiß, woran man ist. Nach meiner Überzeugung haben Konflikte die Menschheit oft nach vorn gebracht. Destruktiv werden Konflikte immer dann, wenn sie nicht rechtzeitig angesprochen werden."

Meine Motivation – Das möchte ich beruflich machen

Der große dänische Philosoph Sören Kierkegaard hielt den Menschen zuallererst für ein wollendes, nicht für ein erkennendes Wesen. Wir wollen, dass etwas so und nicht anders ist oder sein wird. Und der zumindest mit viel Erfahrung gesegnete Volksmund spricht, dass der Wunsch der Vater des Gedankens sei.

Können wir werden, was wir wollen? Das kommt drauf an. Ein Berufswunsch kann völlig an den eigenen Möglichkeiten vorbeigehen, sodass der Misserfolg programmiert ist – er kann aber auch so beflügeln, dass man eines guten Tages etwas schafft, was niemand für möglich gehalten hätte. Wer sich mit seinen beruflichen Perspektiven befasst, sollte beide Möglichkeiten bedenken.

Das Handicap als Ansporn

Demosthenes hatte einen Sprachfehler und fühlte sich von dieser Schwäche so „provoziert", dass er zum größten Redner der Antike wurde. Noch heute spricht man von einer demosthenischen Beredsamkeit. Und Wilma Rudolph, Leichtathletin und Olympiasiegerin (die „schwarze Gazelle"), lief nach einer Kinderlähmung zunächst mehrere Jahre an Krücken.

Bei manchen Menschen wirken Defizite wie ein Stachel im Fleisch. Sie nehmen die Herausforderung an und wachsen über sich hinaus.

Welche Berufe kommen für mich infrage?

Die Welt der beruflichen Möglichkeiten ist einstweilen unglaublich komplex und damit unüberschaubar geworden. Wer die Angebotspalette gar nicht kennt, kann sie auch nicht nutzen und „verpasst" damit vielleicht die Chance seines Lebens. Prüfen Sie doch einmal, wie es um Ihren Durch- und Überblick hinsichtlich der Welt der Berufe bestellt ist.

Test: Wie gut weiß ich über berufliche Möglichkeiten Bescheid?

1. Wie viele anerkannte Ausbildungsberufe gibt es in Deutschland?

   ☒ a rund 400 ☐ b fast 300
2. Ein Mechatroniker lernt u. a.

   ☐ a die Programmierung mechatronischer Systeme. ☐ b SAP R3.

3. Ein Key Account Manager

   ☐ a betreut besonders wichtige Umsatzträger.   ☐ b steht am Counter.

4. Ein Event Manager ist unter anderem verantwortlich für

   ☐ a das Einladungswesen/Gästemanagement.   ☐ b Kundenakquisition.

5. Bei welchem Studium wird am meisten auf die Abschlussnote geachtet?

   ☐ a Jura   ☐ b Journalismus

6. Bei einem Ranking nach Beliebtheit liegt der Beruf der Friseurin gemeinsam mit der Kauffrau im Groß- und Außenhandel prozentual auf Platz 3 von allen Ausbildungsberufen. Stimmt das?

   ☐ a kann durchaus sein   ☐ b reines Vorurteil

7. Die Schulnoten sind ein sehr guter Ratgeber für die Wahl der Ausbildung bzw. eines Studienfachs.

   ☐ a stimmt   ☐ b stimmt nicht

8. Für das Studium an einer Berufsakademie (BA) mit Abschluss „Bachelor" braucht man keinen Ausbildungsbetrieb.

   ☐ a stimmt   ☐ b stimmt nicht

9. Man muss generell herausfinden, was einen interessiert. Interessen verändern sich nämlich im Leben nicht.

   ☐ a stimmt   ☐ b stimmt nicht

10. Call Center Agents arbeiten „inbound" und „outbound". „Outbound" heißt, dass

    ☐ a man von Kunden angerufen wird.   ☐ b man Kunden anruft.

11. Es gibt den Ausbildungsberuf „Verlagskaufmann/-frau".

    ☐ a stimmt   ☐ b stimmt nicht

12. Das Studium an einer Berufsakademie (BA) dauert

    ☐ a vier Semester.   ☐ b sechs Semester.

Auswertung

Bei den Testitems 1–6 bekommen Sie für jedes angekreuzte a einen Punkt und bei den Items 7–12 für jedes b.

nicht ausreichend informiert											gut informiert	
0	1	2	3	4	5	6	7	8	9	10	11	12

Interpretation

12–9 Punkte

Sie gehören zu den sprichwörtlich gut informierten Kreisen. Sicher sind Sie sich hinsichtlich Ihrer beruflichen Entscheidung allerdings noch lange nicht, denn sonst hätten Sie dieses Buch gar nicht zur Hand genommen.

8–5 Punkte

Befassen Sie sich gründlich mit diesem Kapitel und nutzen Sie die im Anhang aufgeführten Informationsquellen.

4–0 Punkte

Früher haben die Eltern den Beruf für die Sprösslinge ausgesucht. Jetzt muss man sich mit der Frage „Was soll ich werden?" selbst herumquälen. Wenn man es richtig anstellt, eröffnen sich einem gute Chancen. Allerdings nur jenen, die Informationen nicht nur als eine Bringschuld begreifen, sondern auch als eine Holschuld.

(Erläuterungen zur Bewertung finden Sie bei Bedarf im Anhang auf Seite 181.)

Was liegt mir mehr: Studium oder Berufsausbildung?

Für viele läuft diese Frage ja nicht auf ein Entweder-oder, sondern auf ein – zumindest offen gehaltenes – Sowohl-als-auch hinaus: Soll ich mich als Abiturient sofort für ein Studienfach entscheiden oder erst einmal eine Ausbildung absolvieren und danach weitersehen? Wer hier unsicher ist, kann in einem ersten Schritt das Für und Wider dieser Varianten gedanklich durchspielen.

Test: Studium oder Berufsausbildung?

1. Ich finde, dass ein Studium einfach zu lange dauert.

    ☐ stimmt ☐ dazwischen ☒ stimmt nicht

2. Ich würde mich in einer Ausbildung unterfordert fühlen.

    ☐ stimmt ☒ dazwischen ☒ stimmt nicht

3. Im Studium wird zu viel Theorie vermittelt und das verringert die Berufschancen.

    ☐ stimmt ☐ dazwischen ☒ stimmt nicht

4. Wer heute nach ganz oben kommen will, muss studiert haben.

    ☐ stimmt ☒ dazwischen ☒ stimmt nicht

5. Akademiker verkomplizieren nur alles.

    ☐ stimmt ☐ dazwischen ☒ stimmt nicht

6. Eine Ausbildung hätte für mich den Nachteil, dass man sich mit den Dingen zu oberflächlich befasst.

    ☐ stimmt ☐ dazwischen ☒ stimmt nicht

7. Wir haben zu wenig Praktiker und deshalb läuft so manches schief.

   ☐ stimmt ☐ dazwischen ☒ stimmt nicht

8. In vielen Betrieben ist man als Auszubildender doch nur eine billige Arbeitskraft.

   ☐ stimmt ☒ dazwischen ☒ stimmt nicht

9. Ich muss das Ergebnis meiner Arbeit am besten anfassen können.

   ☐ stimmt ☒ dazwischen ☒ stimmt nicht

10. Ich übernehme sehr gern Aufgaben, die mein analytisches Denkvermögen auf die Probe stellen.

    ☒ stimmt ☐ dazwischen ☐ stimmt nicht

11. Man muss zuallererst einmal sein „Handwerk" beherrschen und weiter perfektionieren, ehe man sich dem Neuen zuwendet.

    ☒ stimmt ☐ dazwischen ☒ stimmt nicht

12. Am liebsten entwickle ich Konzepte und Strategien.

    ☒ stimmt ☒ dazwischen ☐ stimmt nicht

Auswertung

Testitems mit ungeraden Zahlen: „stimmt" = 2 Punkte, „stimmt nicht" = 0 Punkte
Testitems mit geraden Zahlen: „stimmt nicht" = 2 Punkte, „stimmt" = 0 Punkte
Für „dazwischen" gibt es einen Punkt.

Studium												Berufsausbildung
0	2	4	6	8	10	12	14	16	18	20	22	24

Interpretation

24–16 Punkte

Vom Sinn und Wert einer akademischen Ausbildung haben Sie Ihren Angaben zufolge keine besonders hohe Meinung. Zwar wird immer wieder beklagt, dass Deutschland zuwenig Hochschulabsolventen habe, aber man muss sich für jenen Berufszugang entscheiden, der zu einem passt. Da Sie in ein Studium eher mit wenig Elan starten würden, wäre für Sie eine Berufsausbildung zunächst besser.

15–8 Punkte

Für Sie könnte ein Studium an einer Berufsakademie das Richtige sein (siehe auch Seite 136), denn die starke Praxisorientierung käme Ihnen entgegen. Neben einem theoretischen Fachstudium an einer Berufsakademie findet ein Teil der Ausbildung in einem Unternehmen statt (duales System), mit dem die Studierenden einen dreijährigen Ausbildungsvertrag abschließen. Interessant ist sicher noch, dass die Abschlussarbeit an der Berufsakademie in Abstimmung mit dem Unternehmen erstellt wird. Die erfolgreichen Kandidaten erhalten den Abschluss „Bachelor of Arts" (BA).

7–0 Punkte
Auf Sie wartet die Universität oder Fachhochschule.

Was verdienen Auszubildende?

Nach einer Untersuchung des Bundesinstituts für Berufsbildung erhöhte sich der Durchschnittsverdienst der Auszubildenden in Westdeutschland um 2,4 Prozent auf 644 Euro und in Ostdeutschland um 2,8 Prozent auf 551 Euro im Monat.

Die Unterschiede zwischen den einzelnen Ausbildungsberufen sind allerdings erheblich. Industrie, Handel und öffentlicher Dienst zahlen besonders gut – etwas magerer fällt die Vergütung im Handwerk, bei den freien Berufen und in der Landwirtschaft aus. Und wo verdient bereits der Auszubildende am meisten? In einem Beruf, auf den man gar nicht so schnell kommt, nämlich als Lehrling in der Binnenschifffahrt: 925 Euro im Monat. Und dabei hat man vermutlich gar keine Möglichkeit, das Geld auszugeben.

Liegt mir eher ein kaufmännischer oder ein technischer Beruf?

Die Zweiteilung zwischen der Herstellung von Waren und dem Handel mit diesen Waren ist wohl so alt wie die Menschheit: Die einen waren voll und ganz damit beschäftigt, Güter zu produzieren, und die anderen hatten sich für die Aufgabe entschieden, diese zu verbreiten und zu verkaufen. Hier die Handwerker, Bergarbeiter und Manufakturen – dort die Salz-, Silber- und Seidenstraßen mit ihren Händlern. Wer heute ins Berufsleben eintritt, muss sich grundsätzlich fragen, ob er lieber Güter herstellen oder lieber mit Gütern handeln möchte.

Test: Kaufmann oder Techniker?

1. Laufende Maschinen sind für mich wie Musik.
    ☐ stimmt   ☐ dazwischen   ☒ stimmt nicht
2. Entscheidend für den Erfolg ist nicht die Produktion, sondern Marketing und Vertrieb.
    ☐ stimmt   ☒ dazwischen   ☐ stimmt nicht
3. Im Zweifelsfall würde ich lieber Geräte reparieren, anstatt die Reparaturkosten dafür zu kalkulieren.
    ☐ stimmt   ☒ dazwischen   ☐ stimmt nicht
4. Wenn ich an Maschinen denke, denke ich an Lärm und Umweltverschmutzung.
    ☐ stimmt   ☐ dazwischen   ☒ stimmt nicht

5. Was technisch machbar ist, sollte man auch tun, denn sonst tun es andere.
   ☒ stimmt   ☐ dazwischen   ☐ stimmt nicht

6. Die Technisierung der Welt hat diese nicht lebenswerter gemacht.
   ☐ stimmt   ☒ dazwischen   ☐ stimmt nicht

7. Die Kaufleute verdienen im Vergleich zu dem, was sie leisten, viel zu viel Geld.
   ☐ stimmt   ☐ dazwischen   ☒ stimmt nicht

8. Der technische Fortschritt war und ist meist menschenfeindlich – von der mechanisierten Zerteilung des Menschen durch die Guillotine bis zur Erfindung der Atombombe.
   ☐ stimmt   ☒ dazwischen   ☐ stimmt nicht

9. Kaufleute sind für mich in erster Linie „Erbsenzähler".
   ☐ stimmt   ☐ dazwischen   ☒ stimmt nicht

10. Der technische Fortschritt muss reglementiert werden, sonst werden weiter Arbeitsplätze vernichtet.
    ☐ stimmt   ☐ dazwischen   ☒ stimmt nicht

11. Die Technik ist entscheidend. Gute Produkte verkaufen sich von selbst.
    ☒ stimmt   ☐ dazwischen   ☐ stimmt nicht

12. Die Technik wird mittelfristig bei uns keine sonderliche Rolle mehr spielen, denn wir entwickeln uns eindeutig in Richtung Dienstleistungsgesellschaft.
    ☐ stimmt   ☐ dazwischen   ☒ stimmt nicht

Auswertung

Testitems mit ungeraden Zahlen: „stimmt" = 2 Punkte, „stimmt nicht" = 0 Punkte
Testitems mit geraden Zahlen: „stimmt nicht" = 2 Punkte, „stimmt" = 0 Punkte
Für „dazwischen" gibt es einen Punkt.

Kaufmann												Techniker
0	2	4	6	8	10	12	14	16	18	20	22	24

(14 eingekreist)

Interpretation

24–16 Punkte
Ihre berufliche Welt muss eine Welt zum „Anfassen" sein. Ob es um exzellentes handwerkliches Können oder Hightech geht – Sie wollen sehen, ob und wie etwas „funktioniert". In der Technik werden Inkompetenz und Irrtümer sofort „bestraft", indem beispielsweise eine gerade fertiggestellte Brücke einstürzt. Andererseits bescheren einem gute Leistungen sofort ein Erfolgserlebnis. Das ist es, was sie reizt.

15–8 Punkte

Von der Neigung her sind Sie eher ein „Wanderer zwischen den Welten". Es gibt viele Aufgaben, die an der Schnittstelle zwischen technischen und kaufmännischen Bereichen liegen, und genau dort könnte Ihre berufliche Zukunft liegen. Beispiel: Der Vertrieb erklärungsbedürftiger technischer Produkte oder das Berufsbild des Wirtschaftsingenieurs oder Medieninformatikers könnten zu Ihnen passen.

7–0 Punkte

Ihr Credo könnte lauten: Die besten Produkte sind wertlos, wenn es nicht gelingt, diese zu wettbewerbsfähigen Preisen herzustellen und gewinnbringend zu vermarkten. Sie interessieren sich weniger für technische Problemlösungen, sondern eher für Kostenkontrolle, betriebliche Einsparpotenziale, Marketing- und Verkaufsstrategien bzw. die konkrete Arbeit im Markt und mit Kunden. Eine gute Maschine ist für Sie eine mit Gewinn verkaufte Maschine.

Was sagt mein Persönlichkeitsprofil?

Sie haben sich ja im ersten Teil des Buches mit jenen Persönlichkeitsfaktoren befasst, die am Anfang des beruflichen Erfolgs stehen. Gleichen Sie Ihr Persönlichkeitsprofil einmal mit den im Folgenden dargestellten Eignungsprofilen ab und sehen Sie, ob Sie eher Kaufmann oder Techniker oder eine Mischung aus beidem sind.

Würde mir ein technischer Beruf gefallen?

Wer zu Ungefährlösungen neigt – „Pi mal Daumen und das passt schon" –, ist in diesem Berufsfeld fehl am Platz. Das gilt auch für jene, die sich gern im Team sportlich an anderen „reiben" und den sozialen Austausch brauchen. Der „Homo technicus" sagt: „Wahr ist, was funktioniert" und der „Homo communicatus" meint: „Wahr könnte sein, was hinreichend diskutiert wurde". Natürlich ist die Konstruktion eines Bauwerks das Ergebnis eines Teams, aber der Fokus der Aufmerksamkeit liegt auf Ingenieursplänen, Berechnungen, Materialien und Werkstücken. Ein wortkarger und verschlossener Mensch kann als Techniker brillante Erfolge feiern, was ihm im Verkauf allerdings kaum gelingen dürfte.

Erfolgsprofil: Technische Berufe

Extraversion	Verträglichkeit	Gewissenhaftigkeit	Belastbarkeit	Soziale Intelligenz
24	24	24	24	24
23	23	23	23	23
22	22	22	22	22
21	21	21	21	21
20	20	20	20	20
19	19	19	19	19
18	18	18	18	18
17	17	17	17	17
16	16	16	16	16
15	15	15	15	15
14	14	14	14	14
13	13	13	13	13
12	12	12	12	12
11	11	11	11	11
10	10	10	10	10
9	9	9	9	9
8	8	8	8	8
7	7	7	7	7
6	6	6	6	6
5	5	5	5	5
4	4	4	4	4
3	3	3	3	3
2	2	2	2	2
1	1	1	1	1
0	0	0	0	0

Passt ein technischer Beruf mit Vertrieb zu mir?

Häufig verlaufen Dialoge zwischen Technikern und Laien bzw. Kaufleuten wie unter Schwerhörigen. Keiner versteht den anderen und dann kommt es am Ende oft zu Lösungen, die keiner gewollt haben kann.

Wer als Ingenieur im Vertrieb erfolgreich sein will, darf bei aller Neigung zur Perfektion nicht so technikverliebt sein, dass er kein Ohr mehr für Kundenwünsche hat. Vielen von Technikern verfassten Gebrauchsanweisungen sieht man an, dass die Autoren und die Nutzer eines Geräts in verschiedenen Welten leben. Wer also „umsatteln" möchte – etwa von der Konstruktion in den Verkauf –, sollte sich Klarheit darüber verschaffen, ob er Freude daran haben könnte, technische Produkte so überzeugend zu erklären, dass daraus ein Verkaufsabschluss wird.

Welche Berufe kommen für mich infrage?

Erfolgsprofil: Technische Berufe mit Vertriebstätigkeit

Extraversion	Verträglichkeit	Gewissenhaftigkeit	Belastbarkeit	Soziale Intelligenz
24	24	24	24	24
23	23	23	23	23
22	22	22	22	22
21	21	21	21	21
20	20	20	20	20
19	19	19	19	19
18	18	18	18	18
17	17	17	17	17
16	16	16	16	16
15	15	15	15	15
14	14	14	14	14
13	13	13	13	13
12	12	12	12	12
11	11	11	11	11
10	10	10	10	10
9	9	9	9	9
8	8	8	8	8
7	7	7	7	7
6	6	6	6	6
5	5	5	5	5
4	4	4	4	4
3	3	3	3	3
2	2	2	2	2
1	1	1	1	1
0	0	0	0	0

Würde mir ein kaufmännischer Beruf liegen?

Neben einem guten Zahlenverständnis und der Fähigkeit, in betriebswirtschaftlichen Zusammenhängen zu denken und zu handeln, spielt hier die Liebe zum Detail eine wichtige Rolle. Wer lieber konzeptionell-strategisch arbeitet und keinen Hang zur korrekten Abwicklung von Geschäftsprozessen hat, wird in diesem Berufsfeld auf Dauer nicht zufrieden sein. Andererseits kann man sich hier im Interesse einer langfristigen Karriereplanung eine gute Basis für den weiteren Aufstieg schaffen. Im Übrigen ist es immer vorteilhaft, „unten", wo sich das Leben abspielt, seine Erfahrungen gesammelt zu haben.

Erfolgsprofil: Sachbearbeitung kaufmännische Berufe

Extraversion	Verträglichkeit	Gewissenhaftigkeit	Belastbarkeit	Soziale Intelligenz
24	24	24	24	24
23	23	23	23	23
22	22	22	22	22
21	21	21	21	21
20	20	20	20	20
19	19	19	19	19
18	18	18	18	18
17	17	17	17	17
16	16	16	16	16
15	15	15	15	15
14	14	14	14	14
13	13	13	13	13
12	12	12	12	12
11	11	11	11	11
10	10	10	10	10
9	9	9	9	9
8	8	8	8	8
7	7	7	7	7
6	6	6	6	6
5	5	5	5	5
4	4	4	4	4
3	3	3	3	3
2	2	2	2	2
1	1	1	1	1
0	0	0	0	0

Generalist oder Spezialist?

Ein Spezialist, so wird ihm nachgesagt, ist jemand, der alles über nichts weiß, und ein Generalist ist jemand, der nichts über alles weiß. Wer in das eine oder andere Extrem geht, empfiehlt sich für bestimmte Aufgaben bzw. schließt sich von anderen aus.

Wer sich eine berufliche Zukunft als Kapitän, Herzchirurg oder Pharmaforscher vorstellen kann, muss sich für die Rolle des Spezialisten entscheiden. Bevor man ein Schiff, einen Patienten oder ein kostspieligen Labor anvertraut bekommt, sind viele und vor allem anspruchsvolle formelle Qualifikationsnachweise zu erbringen. Und wenn man alle Hürden genommen und die richtige Berufswahl getroffen hat, darf man mit einem erfüllten Berufsleben und einer guten Entlohnung rechnen. Letzteres auch zu Recht, denn jede Gesellschaft braucht Spezialisten. Unternehmen, die heute technologisch zu den Innovationstreibern gehören, konkurrieren längst um zu wenige qualifizierte Experten bzw. Fachkräfte.

Ungemütlich wird es freilich, wenn jemand den Gipfel seines Spezialistentums erklommen hat und dann merkt, dass ihm die Aufgabe keinen Spaß mehr macht. Spezialisierung heißt nun einmal Einengung – man begibt sich auf Schienen, die nach einer gewissen Strecke keine Weichen mehr haben. Der Ausbruch aus dem eingeschlagenen Weg wird immer schwieriger.

Erfolgreicher Spezialist = Talent + Leidenschaft

In Daniel Kehlmanns vergnüglichem Roman „Die Vermessung der Welt" wird die Geschichte von einem Mathematiklehrer erzählt, der sich im Unterricht gern mal etwas Ruhe gönnte und deshalb seinen Schülern Aufgaben stellte, die diese eine Weile beschäftigten. Eine Aufgabe bestand einmal darin, alle Zahlen von eins bis hundert zusammenzuzählen. Der Lehrer hatte sich kaum mit seiner Zeitung beschäftigt, als sich einer der jungen Schüler mit der Lösung meldete: „Fünftausendfünfzig. – Hundert und eins ergebe hunderteins. Neunundneunzig und zwei ergebe hundertundeins. Achtundneunzig und drei ergebe hundertundeins. Immer hunderteins. Das könne man fünfzig Mal machen. Also fünfzig Mal hunderteins." Der Schüler hieß Carl Friedrich Gauß.

Ob man Spezialist oder Generalist ist, ist eine Frage der Persönlichkeit bzw. der persönlichen Interessenlage.

Stellenanzeige: Leitung Öffentlichkeitsarbeit/Marketing (m/w)

> „Wenn Sie
> - schnell und präzise in Wort und Schrift,
> - sicher und gewandt in Gestaltung und Ansprache sind,
> - zügig und verlässlich Ihre Aufgaben erledigen
> - und sich für Menschen mit Behinderung engagieren wollen,
>
> sollten Sie uns Ihre Bewerbungsunterlagen zukommen lassen (...)."

Hier wird von einer Nonprofit-Organisation eine Fachfrau bzw. ein Fachmann gesucht, der generalistisch angelegt ist. Gefragt sind fachübergreifende Qualifikationen („Wort", „Schrift", „Gestaltung", „Ansprache", „verlässlich") und die richtige Einstellung zu „Menschen mit Behinderung". Was hier vom Profil her vielleicht oberflächlich oder als leicht einzulösen klingt, hat es in Wirklichkeit in sich. Wer je versucht hat, Kunden, Spender und Sponsoren selbst für den besten Zweck der Welt zu gewinnen, dürfte eine Ahnung davon haben, dass es hier um einen harten Job geht. Der Kampf um Aufmerksamkeit und Geld ist ein harter Kampf. An diesem Beispiel soll nur aufgezeigt werden, dass es der Generalist nicht unbedingt besser hat. Im Zweifelsfall ist er allerdings flexibler hinsichtlich seiner Einsatzmöglichkeiten. In diesem Sinne ist es beispielsweise dem guten Verkäufer meist gleichgültig, um welches Produkt es geht, und der erfolgreichen Führungskraft ist es bisweilen egal, aus welcher Branche sie ein attraktives Angebot erhält.

Test: Bin ich Generalist oder Spezialist?

1. Ich bin eher ein Perfektionist.
   ☐ stimmt   ☒ dazwischen   ☐ stimmt nicht

2. Entscheidungen sind für mich immer auch Bauchentscheidungen.
   ☒ stimmt   ☐ dazwischen   ☐ stimmt nicht

3. Wenn ich ein Buch angefangen habe, lese ich es fast immer auch zu Ende.
   ☒ stimmt   ☐ dazwischen   ☐ stimmt nicht

4. Hundert-Prozent-Lösungen strebe ich normalerweise nicht an.
   ☐ stimmt   ☐ dazwischen   ☒ stimmt nicht

5. Wenn ich mich mit einer Aufgabe befasse, vergesse ich alles andere um mich herum.
   ☐ stimmt   ☐ dazwischen   ☒ stimmt nicht

6. Wenn mir bei einem Problem der Aufwand zu groß wird, wende ich mich anderen Aufgaben zu.
   ☐ stimmt   ☒ dazwischen   ☐ stimmt nicht

7. Je mehr ich über eine Sache erfahre, desto mehr will ich wissen.
   ☒ stimmt   ☐ dazwischen   ☐ stimmt nicht

8. Ich bin von meinen Interessen her breit angelegt und möchte deshalb über viele Dinge etwas wissen.
   ☒ stimmt   ☐ dazwischen   ☐ stimmt nicht

9. Je mehr Widerstände sich bei der Lösung einer Aufgabe zeigen, desto mehr provoziert mich das. Ich gebe dann erst recht nicht auf.
   ☐ stimmt   ☒ dazwischen   ☐ stimmt nicht

10. Ich habe festgestellt, dass sich meine Interessen immer wieder ändern.
    ☐ stimmt   ☒ dazwischen   ☐ stimmt nicht

11. Für mich ist eine gründliche Analyse bei Problemlösungen wichtig – mit Intuition kann ich wenig anfangen.
    ☐ stimmt   ☐ dazwischen   ☒ stimmt nicht

12. Wenn ich nach meinen Hobbys gefragt werde, fällt mir nichts Konkretes ein. Ich interessiere mich einfach für viele Dinge.
    ☐ stimmt   ☐ dazwischen   ☒ stimmt nicht

Auswertung

Testitems mit ungeraden Zahlen: „stimmt" = 2 Punkte, „stimmt nicht" = 0 Punkte
Testitems mit geraden Zahlen: „stimmt nicht" = 2 Punkte, „stimmt" = 0 Punkte
Für „dazwischen" gibt es einen Punkt.

Generalist .... **Spezialist**

0	2	4	6	8	10	12	14	16	18	20	22	24

Interpretation

24–16 Punkte

Ohne die Einstellung, die Sie hier gezeigt haben, wären keine Erfindung und kein wissenschaftlicher Fortschritt möglich. Sie machen lieber eine Sache perfekt, anstatt viele Dinge mit bescheidenerem Anspruch. Wenn Sie Ihr Fachgebiet finden und entsprechend talentiert sind, können Sie überdurchschnittliche Ergebnisse erzielen.

15–8 Punkte

Sie haben nicht den Anspruch, über eine Sache möglichst alles zu wissen, können aber bei Bedarf durchaus analytisch „in die Tiefe" gehen. Diese Fähigkeit ist typisch für eine erfolgreiche Führungskraft. Man muss eben nicht alles wissen und können, sondern vorrangig das Wissen und Können der Mitarbeiter mobilisieren und entwickeln. Man darf aber auch nicht so kenntnisfrei sein, dass einen alle „um die Linde führen" können.

7–0 Punkte

„Mut zur Lücke!" – dieser Leitsatz müsste gut zu Ihnen passen. Und damit könnten Sie sogar recht erfolgreich sein, wenn Sie beispielsweise über ausgeprägte Schlüsselqualifikationen wie kommunikative Kompetenz, Durchsetzungsvermögen, Kreativität oder Verkaufstalent verfügen. Für derartige Soft Skills hält unsere Gesellschaft interessante Geschäfts- und Betätigungsfelder bereit.

Passt ein sozialer Beruf zu mir?

Die persönliche Entscheidung für den beruflichen Einstieg ins Sozialwesen sollte man sich besonders gut überlegen, weil man bei mangelnder Eignung nicht nur sich selbst, sondern auch noch andere Menschen unglücklich macht. Wer als Altenpfleger „nur seinen Job macht", ist vermutlich kein guter Altenpfleger.

Die Aufgaben im Sozialwesen sind vielfältig. Hier ein Überblick über die wichtigsten Tätigkeitsfelder:

- Arbeit mit behinderten Menschen
- Arbeit mit psychisch Kranken und Suchtkranken
- Arbeit mit alten Menschen
- Soziale Arbeit in der Jugend-, Familien- und Sozialhilfe

- Heimerziehung
- Soziale Arbeit im Gesundheitswesen
- Arbeit mit Straffälligen
- Soziale Arbeit in der Verwaltung
- Soziale Dienste
- Sozialwirtschaft
- Sozialmanagement

Aber prüfen Sie doch einmal, ob Sie von der Einstellung her einen guten beruflichen Weg im Sozialwesen vor sich haben könnten.

Test: Liegt mir ein Beruf im Sozialwesen?

1. Es gehört zu meinen Grundüberzeugungen, dass der Starke dem Schwachen ohne Ansehen der Person helfen sollte.

    ☐ stimmt   ☒ dazwischen   ☐ stimmt nicht

2. Das Gerede, dass soziale Berufe etwas Besonderes seien, dient nur dem Zweck, die Einkommen der Beschäftigten zu drücken.

    ☐ stimmt   ☒ dazwischen   ☐ stimmt nicht

3. Ich habe bereits ein Praktikum bzw. meinen Zivildienst (oder Ähnliches) im sozialen Bereich absolviert und empfand dies als sehr befriedigend.

    ☒ stimmt   ☐ dazwischen   ☐ stimmt nicht

4. Geduld gehört nicht gerade zu meinen Stärken. Bei mir muss alles schnell gehen.

    ☐ stimmt   ☒ dazwischen   ☐ stimmt nicht

5. Ich bin ein eher selbstbewusster Mensch und eigentlich mit mir und meinem bisherigen Leben ganz zufrieden.

    ☒ stimmt   ☒ dazwischen   ☐ stimmt nicht

6. Alle Menschen sind gleich liebenswert.

    ☒ stimmt   ☒ dazwischen   ☐ stimmt nicht

7. Ich glaube, dass ich einige sehr gute Freunde bzw. Freundinnen habe, die mich bei persönlichen Schwierigkeiten immer unterstützen würden.

    ☒ stimmt   ☐ dazwischen   ☐ stimmt nicht

8. Eine Aufgabe im sozialen Bereich ist für mich vor allem auch deshalb interessant, weil es gute Zukunftsperspektiven gibt.

    ☐ stimmt   ☐ dazwischen   ☒ stimmt nicht

Welche Berufe kommen für mich infrage?

9. In sozialen Berufen muss man oft auch nachts und am Wochenende arbeiten. Das ist zweifellos eine zusätzliche Belastung, die man bedenken sollte.

   ☒ stimmt   ☐ dazwischen   ☐ stimmt nicht

10. Die Zufriedenheit in sozialen Berufen hat viel mit der religiösen Einstellung zu tun.

    ☐ stimmt   ☒ dazwischen   ☐ stimmt nicht

11. Wenn man sich für einen sozialen Beruf entscheidet, hat man es manchmal gewiss auch mit Menschen zu tun, die man gar nicht mag.

    ☒ stimmt   ☐ dazwischen   ☐ stimmt nicht

12. Die sozialen Probleme in diesem Land ließen sich alle gut lösen, wenn der Staat sich stärker engagieren würde.

    ☒ stimmt   ☐ dazwischen   ☐ stimmt nicht

Auswertung

Testitems mit ungeraden Zahlen: „stimmt" = 2 Punkte, „stimmt nicht" = 0 Punkte
Testitems mit geraden Zahlen: „stimmt nicht" = 2 Punkte, „stimmt" = 0 Punkte
Für „dazwischen" gibt es einen Punkt.

sozialer Beruf

0	2	4	6	8	10	12	14	16	17	18	20	22	24

Interpretation

24–16 Punkte
Insbesondere Mitarbeiterinnen und Mitarbeiter in sozialen Berufen sind vom Burn-out-Syndrom bedroht – sie sind psychisch und körperlich aufgrund der großen Belastungen am Ende ihrer Kräfte. Man muss deshalb seelisch stabil sein, die richtige Einstellung zur Tätigkeit und vor allem zu den einem anvertrauen Menschen mitbringen und man braucht einen guten sozialen Rückhalt durch Freunde oder die Familie. Dies scheint bei Ihnen gegeben zu sein. Dabei haben Sie bei allem sozialen Engagement eine realistische Auffassung von den Anforderungen in diesem Berufsfeld.

15–8 Punkte
Schauen Sie sich im Zweifelsfall noch einmal an, bei welchen Fragen Sie keine Punkte erhalten haben, und setzen Sie sich damit kritisch auseinander.

7–0 Punkte
Eine Tätigkeit im Sozialbereich dürfte für Sie – noch – nicht das Richtige sein.

(Erläuterungen zur Bewertung finden Sie bei Bedarf im Anhang auf Seite 183.)

Könnte mir ein Beruf mit Kundenkontakt gefallen?

„Ich habe keine Lust, mein Bestes zu geben und mich dann vom Kunden auch noch anpöbeln zu lassen." – „Ich habe fünf Jahre in einer Firma ausschließlich Reklamationen bearbeitet – heute bin ich ein Menschenfeind." – „Ich habe immer versucht, freundlich zu den Kunden zu sein, aber am Ende kam ich mir vor wie einer, der nur noch Theater spielt."

„Der Kunde ist König" – dieser Spruch, der den meisten Zeitgenossen bedenkenlos über die Lippen geht, kann in den Niederungen des Verkäuferalltags die reine Tortur bedeuten. Aber nicht für alle. Wer konsequent lösungsorientiert arbeiten und kommunizieren kann und obendrein flexibel und belastbar ist, dürfte seinen Weg in den meist gut bezahlten marktnahen Bereichen machen.

Stellenanzeige: Kundenbetreuer/-in

> „Das erwarten wir:
> - abgeschlossene kaufmännische Ausbildung
> - Zuverlässigkeit und Organisationstalent
> - gute Kommunikationsfähigkeit
> - Freude am Umgang mit Menschen (...)"

Für die berufliche Entwicklung ist es immer gut, zumindest eine Station mit Kundenkontakt absolviert zu haben – vor allem dann, wenn man nach oben möchte. Wer seine Zukunft in einem markt- bzw. kundennahen Bereich sucht, muss allerdings wissen, ob er von der Mentalität her passen könnte. „Freude am Umgang mit Menschen" reicht jedenfalls nicht aus, um im Markt erfolgreich zu sein.

Test: Wie stehe ich zum Umgang mit Kunden?

1. Ich glaube, dass ich sehr auf Anerkennung angewiesen bin.

    ☐ stimmt ☒ dazwischen ☐ stimmt nicht

2. Wenn ich mir von jemandem etwas wünsche und ein Nein kassiere, gräme ich mich nicht lange.

    ☐ stimmt ☒ dazwischen ☐ stimmt nicht

3. Wenn ein Kunde falsch informiert ist, zeige ich ihm klipp und klar, wer über die entsprechende Fachkompetenz verfügt.

    ☒ stimmt ☒ dazwischen ☐ stimmt nicht

4. Im Umgang mit Kunden zählt für mich zuerst das Ergebnis für die Firma, denn dafür werde ich bezahlt.

    ☐ stimmt ☒ dazwischen ☐ stimmt nicht

Welche Berufe kommen für mich infrage?

5. Ich befasse mich lieber mit Sachaufgaben statt mit Menschen.

   ☐ stimmt   ☐ dazwischen   ☒ stimmt nicht

6. Mit Kritik bzw. Reklamationen kann ich gut leben. Im Grunde geht es doch um Anregungen für Verbesserungsmöglichkeiten.

   ☒ stimmt   ☐ dazwischen   ☐ stimmt nicht

7. Verkäufer sind für mich „Klinkenputzer". Sie drängen sich mit Produkten auf, die keiner haben will oder braucht.

   ☐ stimmt   ☐ dazwischen   ☒ stimmt nicht

8. Es fällt mir nicht schwer, Menschen wegen eines persönlichen Anliegens anzurufen.

   ☒ stimmt   ☐ dazwischen   ☐ stimmt nicht

9. Ich erarbeite lieber Konzepte, anstatt Dinge operativ umzusetzen.

   ☐ stimmt   ☒ dazwischen   ☐ stimmt nicht

10. Ich kann gut auf Menschen zugehen und diese im Zweifelsfall auch für mich gewinnen.

    ☒ stimmt   ☐ dazwischen   ☐ stimmt nicht

11. Für mich ist bzw. wäre es interessanter, im Hintergrund die strategischen Voraussetzungen für den erfolgreichen Verkauf zu schaffen.

    ☐ stimmt   ☒ dazwischen   ☐ stimmt nicht

12. Wenn andere meine Ideen oder Vorschläge ablehnen, will ich es erst recht wissen und beginne zu „kämpfen".

    ☐ stimmt   ☒ dazwischen   ☐ stimmt nicht

Auswertung

Testitems mit ungeraden Zahlen: „stimmt" = 0 Punkte, „stimmt nicht" = 2 Punkte
Testitems mit geraden Zahlen: „stimmt nicht" = 0 Punkte, „stimmt" = 2 Punkte
Für „dazwischen" gibt es einen Punkt.

Kundenferne												Kundennähe
0	2	4	6	8	10	12	14	16	17	18	20	22	24

Interpretation

24–16 Punkte
Sie lieben den Wettbewerb, solange es einigermaßen fair zugeht. Und der fairste Schiedsrichter ist für Sie der Markt bzw. die Kundschaft. Deshalb setzen Sie sich lieber dem Urteil von Kunden aus – das sich zum Beispiel in der Provision zeigt –

als dem Urteil eines Chefs. Dass Kunden launisch sein können, bekümmert Sie nicht sonderlich. Sie sind flexibel genug, den Kunden zu nehmen, wie er nun einmal ist.

15-8 Punkte
Kundennähe ist für jeden Betrieb ein unverzichtbarer Wettbewerbsvorteil und deshalb halten Sie es für sehr wichtig, die Tuchfühlung zu jenen zu finden bzw. zu erhalten, denen man ja letztlich seine betriebliche und persönliche Existenz verdankt. Andererseits sind Sie nicht der Typ, der sich ständig im Interesse der betrieblichen Ergebnisse mit den individuellen Befindlichkeiten und bisweilen ja schrägen Eigenarten von Kunden herumschlagen möchte.

7-0 Punkte
Sie interessiert nicht die Verwertungsmöglichkeit einer Problemlösung, sondern die Problemlösung selbst. Um den Verkauf können sich andere kümmern. Am Anfang steht für Sie das marktfähige Produkt. Und die Marktfähigkeit wird für Sie zuallererst in der Kostenrechnung, im Controlling, in der Fertigung und natürlich in der Forschung und Entwicklung gewährleistet.

Passt der Verkaufsaußendienst zu meinem Persönlichkeitsprofil?

„Vertreter": Es gibt Wörter, die in den Ohren vieler Menschen nicht gerade emotional positiv besetzt sind. Manche denken an „Klinken putzen", viele meinen, es gehe doch nur darum, andere zu übervorteilen. Dabei gehört der Beruf des Verkäufers oder Beraters im Außendienst zu den besonders anspruchsvollen und wichtigen Aufgaben eines Unternehmens. Anspruchsvoll, weil man sich als Außendienstmitarbeiter gegenüber den Mitbewerbern durchsetzen muss – wichtig, weil ein Unternehmen nicht von der Herstellung von Produkten lebt, sondern von deren Verkauf.

In kaum einem Beruf ist die Persönlichkeit so entscheidend für den Erfolg. Wer nicht auf Menschen zugehen kann, wer Misserfolge nicht mit einem „Jetzt gerade!" beantwortet und wem es schwerfällt, „mit dem Kopf des anderen zu denken", wird im Außendienst nicht glücklich. So mancher fühlt sich durch die große Freiheit angelockt, ohne ausreichend geprüft zu haben, ob die Anforderungen zu ihm passen. Und das ist der ausschlaggebende Punkt: Produktkenntnisse kann man sich aneignen. Wer aber seinen Kunden die Hand wie einen nassen Lappen reicht und keinen geraden Satz hinbekommt, kann für viel Jobs gut sein – nur nicht im Außendienst. Gleichen Sie das folgende Profil doch einmal mit Ihrem Persönlichkeitsprofil ab. Eignen Sie sich vielleicht für den Verkaufsaußendienst?

Welche Berufe kommen für mich infrage?

Erfolgsprofil: Mitarbeiter im Verkaufsaußendienst

Extraversion	Verträglichkeit	Gewissenhaftigkeit	Belastbarkeit	Soziale Intelligenz
24	24	24	24	24
23	23	23	23	23
22	22	22	22	22
21	21	21	21	21
20	20	20	20	20
19	19	19	19	19
18	18	18	18	18
17	17	17	17	17
16	16	16	16	16
15	15	15	15	15
14	14	14	14	14
13	13	13	13	13
12	12	12	12	12
11	11	11	11	11
10	10	10	10	10
9	9	9	9	9
8	8	8	8	8
7	7	7	7	7
6	6	6	6	6
5	5	5	5	5
4	4	4	4	4
3	3	3	3	3
2	2	2	2	2
1	1	1	1	1
0	0	0	0	0

Welche Art von Studium kommt für mich infrage?

Wer sich bereits für eine klassische Berufsausbildung entschieden hat, kann dieses Kapitel eigentlich überspringen. Es sei denn, man hat sich von dem Vorhaben eines eventuellen Studiums noch nicht verabschiedet und würde gern parallel zur Ausbildung die Frage klären, welches Studium eine interessante Fortführung der Ausbildung sein könnte.

Zunächst einmal kann man zwischen „harten" und „weichen" Disziplinen unterscheiden. Die „harten Fächer" basieren letztlich auf der Mathematik, die als die treibende Kraft aller Hochtechnologien gilt. Vor allem kann man hier recht gut zwischen richtig und falsch entscheiden, was aber nicht jedem vom Naturell her entgegenkommt.

Häufig gilt es ja auch Fragen zu beantworten, denen man mit richtig oder falsch nicht beikommen kann. Was hat es mit Raffaels „Sixtinischer Madonna" oder Kafkas „Schloss" auf sich? Mithilfe mathematischer Präzision erhält man hier keine Auskünfte. Ist es Kunst, wenn Joseph Boys Sauerkraut ins Piano kippt? Wie sieht die lebens- und liebenswerte Stadt der Zukunft aus und was kann man tun, um die Gewaltbereitschaft von Jugendlichen zu verringern?

Hier können eher die Geistes- und Humanwissenschaften im weitesten Sinne des Wortes Antworten liefern und es gibt deshalb keinen Grund, diese gering zu schätzen. „Es geht auch ohne Goethe", war neulich in einer Debatte zu hören. „Fragt sich nur wie", konterte ein Anhänger geisteswissenschaftlicher Traditionen.

Dennoch ist die Lage der Geisteswissenschaften nicht rosig. In der innneruniversitären „Hackordnung" rangieren die geisteswissenschaftlichen Fächer an letzter Stelle und das Einwerben von Drittmitteln fällt den einschlägigen Fakultäten deutlich schwerer als den wirtschaftswissenschaftlichen oder naturwissenschaftlichen. Trotzdem steigt die Zahl der Bewerber in geisteswissenschaftlichen Studiengängen.

Warum sollte man Geisteswissenschaften studieren?

„Panta rhei!" – „Alles fließt!", befand bereits Heraklit. In den 50er- und 60er-Jahren wurden Führungspositionen in deutschen Unternehmen vorrangig mit Juristen besetzt. Damals war es aber auch üblich, sich vom Lehrling – der Azubi war noch nicht erfunden – hochzuarbeiten. Dann entdeckte man den „homo oeconomicus" und die Betriebswirte machten das Rennen, wenn es um Managementpositionen ging. Einstweilen hat sich herumgesprochen, dass es den „homo oeconomicus" gar nicht gibt, sondern dass Menschen kommen, wenn man Arbeitskräfte ruft. Mehr noch: Ausgerechnet oder gerade im Zeitalter der „digitalen Revolution" rückt der Mensch ins Zentrum der Wertschöpfungskette. Der Mitarbeiter als Persönlichkeit, in der „humanes Kapital" wie Bildung, Wissen und Fertigkeiten mit sozialer Kompetenz verschmelzen – das ist die Zukunft in einer sich global entwickelnden Wirtschaftswelt.

Das ist doch Balsam für die Seele all jener, die einen geistes- oder sozialwissenschaftlichen Abschluss nach den Bologna-Vorgaben anstreben (siehe auch Seite 137). Die Stimmen, die ein Umdenken bei der Besetzung anspruchsvoller Fach- und Führungspositionen in der Wirtschaft fordern, werden jedenfalls lauter. Ausgerechnet Banken können sich inzwischen auch Geisteswissenschaftler als Nachwuchskräfte vorstellen und die Traineeprogramme von Großunternehmen sind längst nicht mehr ausschließlich von Kaufleuten bevölkert.

Was also haben Geisteswissenschaftler der Wirtschaft prinzipiell zu bieten?

- Da Mehrwert immer weniger aus Rohstoffen, Energie und herkömmlicher Arbeit besteht, müssen Mitarbeiter auf eine neue Art betrachtet werden. Wer sie nur durch die betriebswirtschaftliche Brille sieht, kann ihnen nicht gerecht werden.

- Eine eher ganzheitliche Betrachtung von Strukturen und Prozessen ist unverzichtbar. Genau hier gibt es in vielen Betrieben erhebliche Defizite, denn Mitarbeiter und Führungskräfte sind vorrangig immer noch auf Organisationseinheiten und Aufgaben fixiert („Kästchendenken").

- Eine der großen Herausforderungen für wachsende Unternehmen ist die Beherrschung von Komplexität. Wer z. B. als Student/-in der Geschichte gelernt hat, Ereignisse in ihren Neben-, Fern- und Wechselwirkungen zu analysieren, könnte dieses Know-how auch auf ein komplexes Wirtschaftsgefüge übertragen.

- Der Faktor Kultur bestimmt zunehmend den Geschäftsverlauf. Immer mehr Firmen müssen sich mit fremden Kulturen auseinandersetzen, wenn sie die Zukunft gewinnen wollen. Interkulturelle Kompetenz ist eine Schlüsselqualifikation, die zunehmend an Bedeutung gewinnt und mit der sich im Zweifelsfall insbesondere Geisteswissenschaftler empfehlen können.

Stellenanzeige: KPMG Projektassistenz (m/w) Advisory Financial Risk Management

„Ihre Perspektive: Unterstützen Sie uns zum nächstmöglichen Zeitpunkt als Teammitglied im dynamischen und stark expandierenden Geschäftsbereich Advisory. Es erwarten Sie eine abwechslungsreiche Tätigkeit im internationalen Umfeld, ein attraktives Gehalt sowie gute Sozialleistungen.

Ihre Aufgaben:

Sie unterstützen unser internationales Team von Partnern, Managern und fachlichen Mitarbeitern im Bereich Financial Risk Management und sind verantwortlich für alle anfallenden Koordinationstätigkeiten der Ihnen übertragenen Projektarbeiten. Sie übernehmen die Definition von Controllinggrößen sowie den Aufbau eines regelmäßigen Reportings. Des Weiteren umfassen Ihre Aufgaben (...).

Ihr Profil:

Neben einem exzellent abgeschlossenen Studium der Ingenieurwissenschaften, Naturwissenschaften, Geisteswissenschaften, Rechts- oder Wirtschaftswissenschaften bringen Sie überdurchschnittliche analytische Kompetenzen sowie ein hohes Interesse an unternehmerischen Zusammenhängen mit. Über erste Praktika haben Sie bereits einige Unternehmen und Beratungsfelder kennengelernt sowie Ihre Vorlieben und Stärken für eine Karriere in der Beratung entdeckt. Es fällt Ihnen leicht, komplexe Sachverhalte zu verstehen, Zusammenhänge zu erkennen und Ihre Analysen in ergebnisorientierte Lösungsansätze zu überführen. Persönlich zeichnen Sie sich durch Kommunikationsstärke, Offenheit, Neugierde und Kreativität aus. Darüber hinaus sind Sie teamfähig, verantwortungsbewusst, haben Ihre Englischkenntnisse im Ausland abgerundet und bringen uneingeschränkte Reisebereitschaft mit."

Die Zahl der Stellenangebote steigt, in denen ein beliebiges „Hochschulstudium" bzw. ein Studium der Geisteswissenschaftlichen gefordert wird.

Strengere Zulassungsvoraussetzung bei den Naturwissenschaften

Ein gutes Abiturzeugnis allein genügt für die Aufnahme in die Technische Universität München beispielsweise nicht mehr: Im Bewerbungsschreiben müssen die Studieninteressenten ihre Motivation für den Studienwunsch erklären. Besonderen Wert legt die Auswahlkommission darauf, dass die Kandidaten die Eignungsvoraussetzungen in den naturwissenschaftlichen Fächern und der englischen Sprache erfüllen. Außerdem werden studienrelevante Aktivitäten berücksichtigt, beispielsweise Betriebspraktika oder die Teilnahme an Wettbewerben. Die vorausgewählten Bewerber werden zu einem persönlichen Gespräch mit zwei Professoren eingeladen, das u. a. der Darstellung der Studienanforderungen und der Diskussion tagesaktueller naturwissenschaftlicher Fragen dient.

Die Hochschule erhofft sich durch das aufwendige Auswahlverfahren auch einen Beitrag zur Minderung der hohen Studienabbrecherquoten, die an den deutschen Universitäten zu Recht beklagt werden.

Test: Geistes- oder Naturwissenschaften?

1. Mich interessieren vorrangig Studiengänge, in denen man Dinge zählen und messen kann.

    ☒ stimmt ☒ dazwischen ☐ stimmt nicht

2. Ich muss bei allem, was ich tue, an den Rest der Welt anknüpfen können.

    ☐ stimmt ☐ dazwischen ☒ stimmt nicht

3. Die Differential- und Integralrechnung hat mir in der Schule richtig Spaß gemacht.

    ☐ stimmt ☒ dazwischen ☐ stimmt nicht

4. Mathematik hat zu Recht den Ruf eines Schreckensfachs.

    ☐ stimmt ☐ dazwischen ☒ stimmt nicht

5. Ich würde im Zweifelsfall lieber eine neue Software als eine Buchbesprechung schreiben.

    ☐ stimmt ☐ dazwischen ☒ stimmt nicht

6. Namen wie Joseph von Eichendorff, Caspar David Friedrich und Novalis sagen mir etwas.

    ☐ stimmt ☐ dazwischen ☒ stimmt nicht

7. Für mich ist zuallererst das wahr, was funktioniert.

    ☐ stimmt ☒ dazwischen ☐ stimmt nicht

8. Mathematik ist für mich persönlich etwas Sinnleeres, eine reine Kopfgeburt, die mit meiner Welt und meinem Leben nichts zu tun hat.

    ☐ stimmt ☐ dazwischen ☒ stimmt nicht

Welche Berufe kommen für mich infrage?

9. Man sollte gar nicht erst versuchen, den wissenschaftlichen Fortschritt aufzuhalten.

   ☒ stimmt ☒ dazwischen ☐ stimmt nicht

10. Für mich sind die Dinge wichtig und interessant, die man nicht messen kann.

    ☒ stimmt ☐ dazwischen ☐ stimmt nicht

11. Tatbestände, die man nur sprachlich „abbilden" kann, sind mir einfach zu ungenau.

    ☐ stimmt ☐ dazwischen ☒ stimmt nicht

12. Die Welt der Zahlen ist mir zu weit weg vom Leben.

    ☐ stimmt ☐ dazwischen ☒ stimmt nicht

Auswertung

Testitems mit ungeraden Zahlen: „stimmt" = 2 Punkte, „stimmt nicht" = 0 Punkte
Testitems mit geraden Zahlen: „stimmt nicht" = 2 Punkte, „stimmt" = 0 Punkte
Für „dazwischen" gibt es einen Punkt.

Geisteswissenschaften										Naturwissenschaften		
0	2	4	6	8	10	12	14	16	18	20	22	24

Interpretation

24–16 Punkte
Für ein naturwissenschaftliches Studium muss man entsprechend geeignet und motiviert sein. Letzteres dürfte bei Ihnen auf jeden Fall gegeben sein. Passen könnte von der Haltung her auch eine ingenieurwissenschaftliche Ausrichtung.

15–8 Punkte
Sie könnten Ihr akademisches Zuhause zwischen der Welt der Naturwissenschaften und der Welt der Geisteswissenschaften finden – etwa in der Architektur, den Rechts- oder den Wirtschaftswissenschaften.

7–0 Punkte
Sie passen zu Aufgaben, die man nicht durch zählen, wiegen oder messen lösen kann. Ob Kunstgeschichte oder Medienwissenschaften – Sie interessieren sich eher für die qualitative und weniger für die quantitative Analyse komplexer Fragestellungen. Anstatt analytisch in die Tiefe zu gehen, bevorzugen Sie den Helikopterblick und denken vernetzt.

Soll ich Psychologie studieren?

Wer Medizin, Jura oder Architektur studiert, legt sich mit der Wahl des Faches weitgehend auf seine zukünftigen beruflichen Inhalte fest. Man hat eventuell die Wahl zwischen einem Angestelltenverhältnis und der Selbstständigkeit – an der Tätigkeit selbst ändert sich deshalb relativ wenig. Die Psychologie eröffnet einem dagegen ein sehr facettenreiches Berufsfeld.

Stellenanzeige: Diplompsychologe/-in

> „Die Forschungsgruppe ‚Instruktion und Interaktive Medien' befasst sich mit dem Lehren und Lernen mit modernen Bildungs- und Kommunikationsmedien. Die lernförderliche und mediale Gestaltung verschiedenster E-Learning-Anwendungen, der Aufbau innovativer netzbasierter Lernumgebungen sowie die begleitende Qualitätssicherung von Lernanwendungen und -umgebungen könnten bald zu Ihren neuen Aufgaben gehören.
>
> Ihr Profil:
> - abgeschlossenes Studium der Psychologie
> - fundierte Kenntnisse in den Bereichen Instruktionsdesign und Usability
> - fundierte Kenntnisse/Erfahrungen in der Anwendung quantitativer Methoden (...)"

Psychologie assoziieren viele nach wie vor mit Sigmund Freud, mit der Psychoanalyse oder Traumdeutung und mit Menschen, die nicht „normal" sind. In Wirklichkeit kann man sich über ein Psychologiestudium Berufschancen auf folgenden Gebieten erschließen:

- Human Resources (Personalbeschaffung, Personalberatung, Personalentwicklung)
- Werbung und Marketing
- Unternehmensberatung
- Aufgaben im Management von Unternehmen
- Forschung und Lehre
- Training
- Laufbahn- und Karriereberatung
- Gutachtertätigkeit
- Beratung zu Erziehungs- und Partnerschaftsfragen
- Krisenintervention
- Coaching und Mediation
- Psychotherapie in Praxis und Klinik

Das Psychologiestudium – so könnte man es überspitzt formulieren – ist etwas für Menschen, die nicht wissen, was sie werden sollen. Häufig entwickelt sich der konkrete Berufswunsch erst im Lauf des Studiums, und das ist bisweilen gar nicht so schlecht. Aufgrund der vielen Unentschlossenen gibt es allerdings in den ersten Semestern eine recht hohe Abbrecherquote, weil die Studieninhalte gerade zu Beginn überhaupt nicht den Erwartungen entsprechen. Und dann gibt es noch jene, die sich von einem Psychologiestudium eine Linderung ihrer seelischen Nöte verspre-

Welche Berufe kommen für mich infrage?

chen. Aber lassen Sie sich doch einmal ein Feedback hinsichtlich Ihrer Motivation und Ihrer Vorstellungen bezüglich des angedachten Studiums geben.

Test: Wäre ein Psychologiestudium das Richtige für mich?

1. Ich bin besonders daran interessiert, andere Menschen besser durchschauen zu können.
   ☐ stimmt ☒ dazwischen ☐ stimmt nicht

2. Ich kann sehr gut auf andere zugehen und Kontakte knüpfen.
   ☒ stimmt ☐ dazwischen ☐ stimmt nicht

3. Ich habe mich mit Psychoanalyse beschäftigt und finde das alles ungemein faszinierend.
   ☒ stimmt ☐ dazwischen ☐ stimmt nicht

4. Wer Psychologie studieren will, muss sich intensiv mit Mathematik bzw. Statistik befassen.
   ☒ stimmt ☐ dazwischen ☐ stimmt nicht

5. Eine zukünftige Arbeit als Psychotherapeut/-in stelle ich mir als besonders toll vor, denn ich wollte schon immer gern anderen Menschen helfen.
   ☐ stimmt ☐ dazwischen ☒ stimmt nicht

6. Ich bin mit mir selbst recht zufrieden.
   ☒ stimmt ☐ dazwischen ☐ stimmt nicht

7. Wer Psychologie studiert, sollte unbedingt den Wunsch haben, anderen zu helfen.
   ☒ stimmt ☐ dazwischen ☐ stimmt nicht

8. Ich glaube, dass viele psychologische „Erkenntnisse" wissenschaftlich nicht abgesichert sind.
   ☐ stimmt ☒ dazwischen ☐ stimmt nicht

9. Mit einem Lügendetektor kann man feststellen, ob jemand die Wahrheit sagt.
   ☐ stimmt ☒ dazwischen ☐ stimmt nicht

10. Fünfzig Prozent der Wirtschaft sind Psychologie. Wirtschaft wird von Menschen gesteuert, nicht von Computern.
    ☐ stimmt ☒ dazwischen ☐ stimmt nicht

11. Strafgefangene, die rückfällig werden, wurden nur nicht angemessen therapiert.

    ☐ stimmt   ☒ dazwischen   ☐ stimmt nicht

12. Ein hoher Intelligenzquotient (IQ) sagt nicht zwingend etwas über die wirkliche intellektuelle Leistungsfähigkeit eines Menschen aus.

    ☒ stimmt   ☐ dazwischen   ☐ stimmt nicht

Auswertung

Testitems mit ungeraden Zahlen: „stimmt nicht" = 2 Punkte, „stimmt" = 0 Punkte
Testitems mit geraden Zahlen: „stimmt" = 2 Punkte, „stimmt nicht" = 0 Punkte
Für „dazwischen" gibt es einen Punkt.

												Psychologiestudium
0	2	4	6	8	10	12	14	16	18	20	22	24

Interpretation

24–16 Punkte
Sie haben eine realistische Auffassung vom Studienfach der Psychologie. Ihre Antworten kann man auch nicht in die Richtung deuten, dass Sie zunächst einmal sich selbst helfen möchten. Informieren Sie sich gründlich bei der Studienberatung einer Universität und bedenken Sie, dass ein erfolgreiches Studium gute Statistik- und Methodenkenntnisse voraussetzt. Wenn Sie das alles gut meistern, warten sehr interessante Aufgaben auf Sie.

15–8 Punkte
Einige Antworten legen nahe, dass Sie hinsichtlich eines Psychologiestudiums nicht hinreichend informiert sind. Wenn Sie in Ihrer Punktezahl im oberen Bereich liegen, sollten Sie sich noch weitere Informationen beschaffen. Wenden Sie sich an die Studienberatung der Universitäten bzw. psychologischen Institute.

7–0 Punkte
Diese magere Ausbeute an Punkten legt nahe, dass Sie illusorische Vorstellungen von diesem Studiengang haben.

(Erläuterungen zur Bewertung finden Sie bei Bedarf im Anhang auf Seite 185.)

Wäre Unternehmensberatung etwas für mich?

Der Berufsstart bei einem Beratungsunternehmen kann die Grundlage für eine erfreuliche Karriere abgeben. Die Hürden für eine Anstellung sind allerdings äußerst hoch. Neben der zum Geschäftszweck passenden Fachkompetenz sind eine Reihe von Soft Skills unverzichtbar.

Stellenanzeige: Unternehmensberater/-in Logistik, Supply Chain Management

„Unser Kunde ist ein innovatives, expandierendes Beratungsunternehmen mit über 500 Mitarbeitern. Effizienzsteigerung ist die zentrale Aufgabe, die unser Kunde mit Projekten in den Bereichen Produktions- und Logistikplanung löst.

Unser Kunde sucht zum weiteren Ausbau der Geschäftsfelder in Festanstellung eine/n Unternehmensberater/-in Logistik, Supply Chain Management.

Aufgaben:

- Sie beraten unsere nationalen und internationalen Kunden in strategischen Logistikprojekten zu allen Stationen einer unternehmensübergreifenden Wertschöpfungskette.
- Sie ermitteln Verbesserungspotenziale in den Logistikprozessen und zeigen die richtigen Wege zu deren Erschließung auf. (...)

Anforderungsprofil:

- Sie haben ein überdurchschnittlich abgeschlossenes Studium als Wirtschaftsingenieur/-in, Diplom-Betriebswirt/-in der Fachrichtung Logistik, Diplom-Ingenieur/-in der Fachrichtung Produktionstechnik oder in einem vergleichbaren Studiengang.
- Sie verfügen über strategische, konzeptionelle und analytische Fähigkeiten.
- Zu Ihren Stärken gehören Kommunikationsfähigkeit und ein kompetenter Umgang mit allen Unternehmensebenen.
- Sie bringen Interesse an anderen Kulturen mit und sind äußerst flexibel und mobil. (...)"

Unternehmensberater beraten Unternehmen. Manchmal geht es um die Entwicklung ganzer Strategien, manchmal „nur" um die Optimierung von Prozessen. „Bei der strategischen Beratung schauen sich die Consulting-Firmen die Unternehmen von oben an und nehmen die Reorganisation eines Konzerns vor", sagt Andreas Tenkmann, Recruiting Director bei der internationalen Unternehmensberatung BearingPoint. Die prozessorientierte Beratung hingegen konzentriere sich auf einzelne Abteilungen oder Arbeitsschritte.

Für den Beruf des Unternehmensberaters eignen sich besonders:

- Wirtschaftswissenschaftler
- Informatiker
- Wirtschaftsingenieure
- Naturwissenschaftler
- Wirtschaftinformatiker

Was müssen Unternehmensberater können? Ein Consultant muss fundiertes Fachwissen aus dem Bereich mitbringen, in dem er arbeiten will. Und er muss – so Klaus Reiners, Sprecher des Bundesverbands Deutscher Unternehmensberater (BDU) – über die folgenden Eigenschaften in hohem Ausmaß verfügen: „Lernbereitschaft, Problemlösungsfähigkeit unter Zeitdruck, logisch-analytisches Denkvermögen, dazu Kreativität und extreme Einsatzbereitschaft." Fehlen dürfe es dabei nicht an Teamgeist und hoher Kommunikationsfähigkeit. Englischkenntnisse sind in diesem Beruf selbstverständlich.

Hinter dem Begriff „Consulting" verbergen sich völlig unterschiedliche Berufsbilder. Hier eine Liste, die unter www.monster.de zu finden ist:

- Business Analyst
- Business Development Manager
- Change Management Berater
- Controller
- CRM-Berater
- Headhunter
- Inhouse Consultant
- IT-Consultant
- Mediator
- Mergers and Acquisitions-Spezialist
- Outplacementberater
- Prozesscontroller
- Relocator
- SAP-Berater
- Wirtschaftsprüfer

Nach Zählungen des BDU im Jahr 2006 arbeiten in über 14.000 Beratungsgesellschaften rund 73.000 Consultants. Tendenz steigend! Dazu kommen viele kleinere Unternehmen und Einzelberater.

2008 wollen die Firmen ihr Personal aufstocken, wie der BDU ermittelt hat. „So beabsichtigen rund 90 Prozent der Consulting-Firmen ab fünf Millionen Euro Umsatz mehr Berater mit Berufserfahrung zu rekrutieren", sagt BDU-Sprecher Klaus Reiners. Die größeren Beratungsfirmen haben zudem Bedarf an Juniorberatern, die aktuelles Know-how aus der Wissenschaft mitbringen.

Test: Wäre ein Beruf im Consulting etwas für mich?

1. Ich habe immer überdurchschnittlich gute Noten erzielt.
   ☐ stimmt   ☒ dazwischen   ☒ stimmt nicht
2. Praktikanten werden von den Firmen meist nur ausgenutzt.
   ☐ stimmt   ☐ dazwischen   ☒ stimmt nicht
3. Ich halte mich für überdurchschnittlich belastbar.
   ☐ stimmt   ☒ dazwischen   ☐ stimmt nicht
4. Ich muss meine Zukunft beruflich und privat einigermaßen planen können.
   ☒ stimmt   ☐ dazwischen   ☐ stimmt nicht
5. Ich gehe dahin, wo der interessante Job ist.
   ☒ stimmt   ☐ dazwischen   ☐ stimmt nicht
6. Man arbeitet, um zu leben. Das ist meine Devise.
   ☐ stimmt   ☐ dazwischen   ☒ stimmt nicht
7. Manche Unternehmensberater scheitern aufgrund ihrer Arroganz.
   ☐ stimmt   ☒ dazwischen   ☐ stimmt nicht

Welche Berufe kommen für mich infrage?

8. Zeugnisse haben mit dem zukünftigen Berufserfolg nichts zu tun.

   ☒ stimmt ☐ dazwischen ☐ stimmt nicht

9. Ich kann mich sehr gut an sich ändernde Lebens- und Arbeitsbedingungen anpassen.

   ☐ stimmt ☒ dazwischen ☐ stimmt nicht

10. Unternehmensberatern geht es vorrangig um Personalabbau bzw. um die Interessen der Aktionäre.

    ☒ stimmt ☐ dazwischen ☐ stimmt nicht

11. In den ersten Berufsjahren geht es mir nicht so sehr ums Geldverdienen, sondern um die Möglichkeit, mich fachlich und persönlich weiterzuentwickeln.

    ☐ stimmt ☐ dazwischen ☒ stimmt nicht

12. Als Unternehmensberater hat man viel Macht.

    ☐ stimmt ☒ dazwischen ☐ stimmt nicht

Auswertung

Testitems mit ungeraden Zahlen: „stimmt" = 2 Punkte, „stimmt nicht" = 0 Punkte
Testitems mit geraden Zahlen: „stimmt" = 0 Punkte, „stimmt nicht" = 2 Punkte
Für „dazwischen" gibt es einen Punkt.

Consulting

0	2	4	6	8	10	12	14	16	18	20	22	24

Interpretation

24–16 Punkte
Sie haben zumindest die rechte Einstellung zum Job als Consultant und schreiben sich Eigenschaften zu, die für einen zukünftigen Erfolg in diesem Berufsfeld besonders wichtig sind.

15–8 Punkte
In der Unternehmensberatung geht es nach dem „Alles-oder-nichts-Prinzip". Mit Halbheiten und einem Engagement mit „gebremsten Schaum" hat man auf diesem Feld keine Chance. Es sei denn, Sie sind ein begnadeter Akquisiteur, der die Aufträge hereinholt und die Projektverantwortung anderen überlässt.

7–0 Punkte
Diese Punktzahl spricht für ein Missverständnis bezüglich der Consulting-Berufe.

Möchte ich einmal eine Führungsposition übernehmen?

Berufseinsteiger werden im Vorstellungsgespräch naturgemäß gefragt, welche mittel- und vielleicht gar langfristigen Vorstellungen sie hinsichtlich ihrer beruflichen Entwicklung hätten. Es gab Zeiten, da kam man mit der forschen Antwort „In fünf

Jahren möchte ich auf Ihrem Stuhl sitzen!" recht gut an. Schau, der traut sich was zu! Aber solche Sprüche sind einstweilen verbraucht und natürlich möchte man als Personaler etwas konkreter erfahren, wo sich ein Bewerber zukünftig sieht.

Natürlich ist eine Karriere nur begrenzt planbar, weil individuelle Talente und Neigungen oft erst in der Praxis erkennbar werden. Andererseits kann man nicht unentwegt nach der Methode des „Trial and Error" versuchen, auf die richtige Spur zu kommen. Und so hat denn dieses Kapitel eine doppelte Funktion: Es geht für den Einsteiger darum, etwas Klarheit in eigener Sache zu schaffen, und es geht des Weiteren auch darum, die Frage nach den beruflichen Zielen im Vorstellungsgespräch vernünftig zu beantworten.

Als (manchmal nur vermeintlicher) High Potential ist zunächst einmal zu überlegen, ob es erstrebenswert ist, einmal in die Linien- und damit Personalverantwortung zu gehen, oder ob eine anspruchvolle Stabsposition nicht besser zu einem passt. Die Schlüsselfrage lautet: Bin ich bereit, mich als Führungskraft auch an den Leistungen und Fehlleistungen meiner Mitarbeiterinnen und Mitarbeiter messen zu lassen oder möchte ich lieber nur für mich selbst den Kopf hinhalten? Oder anders: Möchte ich lieber als Coach ein Team ins Feld schicken oder als Einzelspieler überzeugen? Im Zweifelsfall geht es in der Linienverantwortung hierarchisch weiter nach oben – aber man hängt auch sehr von den „spielerischen Qualitäten" der Akteure auf dem Platz ab. Im Vergleich zu den Stabsleuten kann man dementsprechend tief abstürzen. Und man muss in der Linienverantwortung bisweilen recht unangenehme Dinge tun – zum Beispiel Mitarbeiter abmahnen oder gar entlassen.

Test: Stab oder Linie?

1. Ich liebe es, gemeinsam mit anderen Ziele zu verfolgen.

    ☒ stimmt   ☐ dazwischen   ☐ stimmt nicht

2. Ein Job, in dem ich meinen Kopf für andere hinhalten muss, erscheint mir wenig erstrebenswert.

    ☐ stimmt   ☒ dazwischen   ☐ stimmt nicht

3. Eine gute Führungskraft ist in der Lage, bisweilen recht unangenehme Entscheidungen zu treffen.

    ☒ stimmt   ☐ dazwischen   ☐ stimmt nicht

4. Ich ziehe es vor, selbstständig zu arbeiten.

    ☐ stimmt   ☒ dazwischen   ☐ stimmt nicht

5. Wer Mitarbeiter „in Watte packt", schadet ihnen nur.

    ☐ stimmt   ☒ dazwischen   ☐ stimmt nicht

Welche Berufe kommen für mich infrage?

6. Mein Ideal ist eine Gesellschaft, in der niemand niemandem etwas vorzuschreiben hat.

   ☐ stimmt ☐ dazwischen ☒ stimmt nicht

7. Es wird immer Menschen geben, die mehr Macht haben als andere. Nur so kann eine Gesellschaft oder eine Firma funktionieren.

   ☒ stimmt ☐ dazwischen ☐ stimmt nicht

8. Als Lehrer würde ich meinen Schülern immer bessere Noten geben, damit sie später leichter einen Ausbildungsplatz finden.

   ☐ stimmt ☒ dazwischen ☐ stimmt nicht

9. Ich kann gut andere davon überzeugen, warum etwas zu tun bzw. zu lassen ist.

   ☒ stimmt ☐ dazwischen ☐ stimmt nicht

10. Ich nutze meinen analytischen Sachverstand und meine Fachkenntnisse lieber zur Vorbereitung und Legitimation von Entscheidungen, anstatt diese selbst zu treffen.

    ☐ stimmt ☒ dazwischen ☐ stimmt nicht

11. Der größte Arbeitsplatzvernichter ist der Kunde.

    ☐ stimmt ☒ dazwischen ☐ stimmt nicht

12. Ehe ich jemandem lang und breit erklären muss, was er zu tun hat, mache ich es meist lieber gleich selbst.

    ☐ stimmt ☒ dazwischen ☐ stimmt nicht

Auswertung

Testitems mit ungeraden Zahlen: „stimmt" = 2 Punkte, „stimmt nicht" = 0 Punkte
Testitems mit geraden Zahlen: „stimmt nicht" = 2 Punkte, „stimmt" = 0 Punkte
Für „dazwischen" gibt es einen Punkt.

Stab												Linie
0	2	4	6	8	10	12	14	16	18	20	22	24

Interpretation

24–16 Punkte

Bei aller Vorsicht – der Schritt in die Personalverantwortung könnte für Sie von Erfolg gekrönt werden. Ihre Antworten sprechen dafür, dass die Haltung zur Personalverantwortung stimmt. Und das ist bei allen Aufgaben die halbe Miete.

15–8 Punkte

Was pflegte Boris Becker immer zu sagen? Man muss „mental gut drauf sein", um zu gewinnen. In Sachen Führung sind Sie sich noch nicht ganz im Klaren, ob das etwas für Sie ist. Ein Tipp: Sie sind von der Einstellung her ein potenziell guter Fachvorgesetzter bzw. Projektmanager.

7–0 Punkte

Sie möchten Ihre Kraft und Aufmerksamkeit lieber auf die Sache lenken, statt auf die Menschen, die sich um die Sache zu kümmern haben. Die Welt braucht gute Leute, die völlig auf sich allein gestellt Lösungen entwickeln, die allen nutzen.

Passt mein Persönlichkeitsprofil zu einer Führungsposition?

Auf die Frage, wie denn der ideale Vorgesetzte beschaffen sein müsse, gibt es wohl unzählige Antworten. Eine lautet, dass der ideale Vorgesetzte viel auf Dienstreisen sei, denn dann müsse er ernsthaft Aufgaben an seine Mitarbeiter delegieren. Aber so falsch ist das gar nicht, denn der gute Vorgesetzte kennt seine Mitarbeiter – er weiß also, wen er mit welchen Aufgaben betrauen kann. Vor allem aber weiß er, dass nichts einen Menschen mehr stärkt als das Vertrauen, das man ihm entgegenbringt.

Das folgende Eignungsprofil kann nur holzschnittartig sein. Der Führungserfolg hängt von vielen Faktoren ab und lässt sich nicht so einfach auf eine Kombination von Persönlichkeitsmerkmalen zurückführen. Die einen sind aufgrund ihrer Ausstrahlung, andere aufgrund ihrer Fachkompetenz und wieder andere tatsächlich wegen ihrer menschenverachtenden Kaltschnäuzigkeit erfolgreich. Hier wird ein Profil angeboten, das den Führungserfolg wahrscheinlich macht. Sie können nun wieder Ihr Persönlichkeitsprofil zur Hand nehmen und testen, ob Sie das Zeug zum Vorgesetzen haben.

Welche Berufe kommen für mich infrage?

Erfolgsprofil: Mitarbeiterführung

Extraversion	Verträglichkeit	Gewissenhaftigkeit	Belastbarkeit	Soziale Intelligenz
24	24	24	24	24
23	23	23	23	23
22	22	22	22	22
21	21	21	21	21
20	20	20	20	20
19	19	19	19	19
18	18	18	18	18
17	17	17	17	17
16	16	16	16	16
15	15	15	15	15
14	14	14	14	14
13	13	13	13	13
12	12	12	12	12
11	11	11	11	11
10	10	10	10	10
9	9	9	9	9
8	8	8	8	8
7	7	7	7	7
6	6	6	6	6
5	5	5	5	5
4	4	4	4	4
3	3	3	3	3
2	2	2	2	2
1	1	1	1	1
0	0	0	0	0

Könnte mir ein Medien- oder Werbeberuf gefallen?

„Was möchtest Du denn später mal machen?" – „Auf jeden Fall irgendwas mit Medien!" Ein so vorgetragener Berufswunsch geht selten in Erfüllung, weil er unpräzise ist. Genauso gut könnte man als Berufsziel „irgendwas mit Häusern" (Maurer, Reinigungskraft, Architekt?) oder „irgendwas mit Menschen" (Pförtner, Altenpfleger, Richter?) vortragen.

Bei den Medien gibt es vorrangig drei typische Berufsgruppen: Es gibt Berufe im

- kaufmännischen Bereich,
- im grafisch-technischen Bereich und
- im journalistischen Bereich.

Wer „etwas mit Medien" machen möchte, sollte sich zunächst einmal mit dem eigenen Medienkonsum befassen und einen Überblick über den Medienmarkt haben. Wirkliches Interesse führt oft bereits früh dazu, dass man sich über das entsprechende Thema Wissen aneignet. Stellen Sie sich doch einmal selbst auf die Probe: Was wissen Sie bereits über Medien?

Test: Was weiß ich über die Welt der Medien?

1. Der „Stern" ist eine Zeitung.

   ☒ stimmt   ☐ stimmt nicht

2. In Deutschland gibt es ca. 350 Tageszeitungen.

   ☐ stimmt   ☒ stimmt nicht

3. Wikipedia ist eine hervorragende Informationsquelle, der man grundsätzlich trauen kann.

   ☒ stimmt   ☐ stimmt nicht

4. Der „Spiegel" gehört zu 50 Prozent den Mitarbeitern.

   ☒ stimmt   ☐ stimmt nicht

5. „Jeder hat das Recht, seine Meinung in Wort, Schrift und Bild frei zu äußern und zu verbreiten und sich aus allgemein zugänglichen Quellen ungehindert zu unterrichten. Die Pressefreiheit und die Freiheit der Berichterstattung durch Rundfunk und Film werden gewährleistet. Eine Zensur findet nicht statt." So steht es in Artikel 4 unseres Grundgesetzes.

   ☒ stimmt   ☐ stimmt nicht

6. Es gibt öffentlich-rechtlich verfasste und privatwirtschaftlich organisierte Medien.

   ☒ stimmt   ☐ stimmt nicht

7. Die tägliche TV-Sehdauer von Erwachsenen (ab 14 Jahren) beträgt in Deutschland 156 Minuten.

   ☐ stimmt   ☒ stimmt nicht

8. „Mediengestalter Bild und Ton" setzen beispielsweise eine Person für ein Interview ins rechte Licht.

   ☐ stimmt   ☒ stimmt nicht

9. „Second Life" ist jene Lebensphase, die meist durch eine Midlife-Crisis eingeleitet wird.

   ☒ stimmt   ☐ stimmt nicht

10. Ein Community Manager organisiert u. a. spezifische Diskussionsforen im Internet.

☐ stimmt ☒ stimmt nicht

11. Kaufzeitungen heißen so, weil sie im Vergleich zu den Anzeigenblättern nicht gratis zu haben sind.

☐ stimmt ☒ stimmt nicht

12. „Mediengestalter Digital und Print" müssen kreativ und auch im Rechnen gut sein.

☒ stimmt ☐ stimmt nicht

Auswertung

Testitems mit ungeraden Zahlen: „stimmt nicht" = 1 Punkt, „stimmt" = 0 Punkte
Testitems mit geraden Zahlen: „stimmt" = 1 Punkt, „stimmt nicht" = 0 Punkte

geringer Informationsstand											hoher Informationsstand
0	1	2	3	4	5	6	7	8	9	10	11	12

Interpretation

12–8 Punkte
Glückwunsch! Sie sind gut über die Medienwelt informiert.

8–5 Punkte
Am Anfang einer Entscheidung steht immer die Recherche bzw. Informationsbeschaffung, und da gibt es bei Ihnen noch Nachholbedarf.

5–0 Punkte
Ihre Kenntnisse über die Welt der Medien sind nicht sonderlich entwickelt.

(Erläuterungen zur Bewertung finden Sie bei Bedarf im Anhang auf Seite 187.)

Traumberuf Journalist?

Der Journalismus ist einer der letzten freien Berufe, das heißt, es ist dem Staat nicht erlaubt, sich in die Ausbildung einzumischen. Aus gutem Grund, denn in Artikel 5 unseres Grundgesetzes heißt es: „Eine Zensur findet nicht statt." Gäbe es eine Ausbildungsordnung oder amtliche Prüfungen, könnte der Staat über diesen Weg eine politische Kontrolle ausüben. Und so gibt es denn nach wie vor – allerdings zunehmend seltener – Seiteneinsteiger, die ohne Ausbildung in eine Redaktion gelangen. Bei den „Freien" spielt die Frage nach der Ausbildung allemal keine Rolle, wenn sie ein interessantes Thema haben und die „Schreibe" zum Blatt passt.

Der Zugang zum Journalistenberuf ist das eine, der zukünftige Erfolg etwas ganz anderes. Worauf kommt es an? Zuallererst sollte man die falschen Vorstellungen bezüglich des Berufs des Journalisten oder Redakteurs aus dem Kopf herausbekommen. Natürlich kann sich niemand, der vor einer Berufswahl steht, wirklich vorstellen, was ihn später erwartet – aber die Fehleinschätzungen bezüglich der Medien- und Werbeberufe sind schon enorm. Viele denken an fröhliche und kreative Menschen, die im Rampenlicht stehen und anderen die Welt erklären bzw. diese ins rechte Licht rücken. Und überall sieht man schöne Zeitgenossen, überall ist Glamour und auch auf der Gala für Aidskranke oder der Welthungerhilfe sind alle gut drauf. Was ist dagegen schon ein Job in einer Firma, die Gabelstapler baut.

Natürlich ist alles ganz anders. Kaum ein Berufsstand wie der des Journalisten hat so viele Alkoholiker aufzuweisen und in kaum einem Beruf gibt es so viele Menschen, die von ihrem Einkommen kaum leben können. Ganz zu schweigen von dem Druck, dem man ausgesetzt ist, wenn auf der Redaktionskonferenz das vorgeschlagene Thema schon wieder durchgefallen ist oder wenn einem nichts Gescheites mehr einfallen will. Hinzu kommt noch, dass das Ergebnis der Bemühungen sehr kurzlebig ist. Der Journalisten- bzw. Redakteursberuf ist ein harter Beruf und der schöne Schein trügt nicht selten.

! Von der Schwierigkeit, glücklich zu werden

„Man will nicht nur glücklich sein, sondern glücklicher als die anderen. Und das ist deshalb so schwer, weil wir die anderen für glücklicher halten, als sie sind." Charles-Louis de Montesquieu

Aber auch dies gilt: Der Journalistenberuf kann ein sehr schöner Beruf sein. Menschen vorurteilfrei und fundiert zu informieren, gehört zu den Grundlagen jeder Demokratie. Der verantwortungsbewusste Journalist repräsentiert nicht mehr und nicht weniger als die vierte Gewalt. Und natürlich macht es Spaß, wenn das journalistische Tun mit der entsprechenden Resonanz der Leserschaft belohnt wird – sei es durch Leserbriefe, sei es durch die Auflagenentwicklung.

Haben Sie Lust, ein kleines Check-up zu machen? Der Autor dieses Buches arbeitet seit vielen Jahren als Journalist für psychologische Themen und gibt Ihnen ein Feedback.

Test: Hätte ich das Zeug zum Journalisten?

1. Die Formulierung „die Seele baumeln lassen" halte ich für treffend, wenn es darum geht, mal richtig auszuspannen oder Urlaub zu machen.

     stimmt ☐ dazwischen ☐ stimmt nicht

2. Ich habe regelmäßig bei unserer Schülerzeitung mitgearbeitet.

    ☐ stimmt ☐ dazwischen ☐ stimmt nicht

3. Möchte ich unbedingt „irgendwas mit Medien" machen?

    ☐ stimmt ☐ dazwischen ☐ stimmt nicht

Welche Berufe kommen für mich infrage?

4. Wenn ich etwas zu schreiben habe, gebe ich mir besonders viel Mühe mit dem ersten Satz.

   ☐ stimmt ☐ dazwischen ☐ stimmt nicht

5. Wer Journalist werden will, sollte vorrangig Journalistik oder Kommunikationswissenschaften studieren.

   ☐ stimmt ☐ dazwischen ☐ stimmt nicht

6. Ich habe schon einmal ein Praktikum in einer Redaktion bzw. in einem Medienunternehmen gemacht.

   ☐ stimmt ☐ dazwischen ☐ stimmt nicht

7. Eine gute „Schreibe" hat man oder hat man nicht. Sie lässt sich nur begrenzt erlernen.

   ☐ stimmt ☐ dazwischen ☐ stimmt nicht

8. Es ist eine alte Erfahrung: Sätze müssen kurz sein, sonst ermüdet der Leser oder Zuhörer.

   ☐ stimmt ☐ dazwischen ☐ stimmt nicht

9. Ein Studium der Germanistik ist meines Erachtens auch eine gute Voraussetzung für den Einstieg in den Journalismus.

   ☐ stimmt ☐ dazwischen ☐ stimmt nicht

10. Die meisten Verlage bevorzugen Akademiker bei der Bewerbung um ein Volontariat bzw. einen Platz an einer Journalistenschule.

    ☐ stimmt ☐ dazwischen ☐ stimmt nicht

11. Vor allem für einen Reporter ist es meines Erachtens unbedingt erforderlich, zu einem Sachverhalt, über den er berichtet, eine eigene Meinung zu haben.

    ☐ stimmt ☐ dazwischen ☐ stimmt nicht

12. Ich habe bereits als freier Mitarbeiter den einen oder anderen Job in Redaktionen gemacht und kann Arbeitsproben vorlegen.

    ☐ stimmt ☐ dazwischen ☐ stimmt nicht

Auswertung

Testitems mit ungeraden Zahlen: „stimmt" = 0 Punkte, „stimmt nicht" = 2 Punkte
Testitems mit geraden Zahlen: „stimmt nicht" = 0 Punkte, „stimmt" = 2 Punkte
Für „dazwischen" gibt es einen Punkt.

Journalismus

0	2	4	6	8	10	12	14	16	18	20	22	24

Interpretation

24–16 Punkte
Sie haben zumindest eine realistische Einstellung zum Handwerk des Journalisten oder Redakteurs. Der vermeintliche Glamour des Berufs lockt Sie offenbar nicht und wenn Sie in der Punktezahl ganz oben liegen, haben Sie sogar bereits eine Redaktion von innen gesehen und/oder bei einer Schülerzeitung mitgewirkt. Deshalb würden Sie einen Satz wie „Die Spitze des Eisbergs, die bislang nicht unter den Teppich gekehrt werden durfte, muss endlich im Keim erstickt werden" nicht durchgehen lassen. (Das Beispiel stammt übrigens von dem Sprachkritiker E. A. Rauter.)

15–8 Punkte
Die Zahl der Bewerbungen um ein Volontariat oder eine Ausbildung an einer Journalistenschule übersteigt die Zahl der angebotenen Plätze um ein Vielfaches. Die Chance, ganz vorn mit dabei zu sein, hält sich in Grenzen. Aber es handelt sich ja um eine Momentaufnahme. Bei entsprechender Willenskraft können Sie sich die Voraussetzungen für den Einstieg in die schreibende Zunft noch erarbeiten.

7–0 Punkte
Wahrscheinlich haben Sie bessere Chancen bei einer eher kaufmännisch oder gestalterisch ausgerichteten Tätigkeit im Medienbereich.

 Bewerbung um ein Volontariat

Mit dem ersten Satz des Anschreibens kann man bereits aus dem Rennen sein. Einer dieser Sätze lautet: „Es war schon immer mein Wunsch ... " Und wer jetzt eine Empfehlung für einen guten ersten Satz erwartet, sollte sich die Sache mit dem Journalismus noch einmal überlegen.

Was erwartet mich in der Welt der Werbung?

Nur in der wunderbaren Welt der Werbung kann man mit Ende 20 schon Direktor werden. Wer ein paar Jahre als Assistent einen guten Job gemacht hat, darf sich manchmal „Art Director" nennen und ist damit für die Optik von Werbekampagnen, Messeauftritten, Werbespots oder Anzeigen zuständig. Im Sinne von Führung hat er allerdings nichts „zu sagen".

Ansonsten geht es in der Werbung berufsmäßig genauso zu wie im wirklichen Leben. Man muss für bestimmte Aufgaben talentiert sein, braucht in der Regel eine gute Ausbildung und sollte eine hohe Individualität mit Teamfähigkeit verbinden. Wer sich für dieses Berufsfeld interessiert, muss außerdem wissen, dass man in der Werbebranche nicht den ganzen Tag von fröhlichen Menschen umgeben ist, sondern manchen Kollegen angesichts eines hohen Wettbewerbs- und Erfolgsdrucks das Lachen bisweilen vergeht.

Text oder Gestaltung?	

Wer „in die Werbung" gehen möchte, muss zunächst einmal abklären, ob er sich eher als Texter sieht oder lieber für die Optik bzw. Gestaltung verantwortlich sein möchte. Beides erfordert eine gehörige Portion an Talent, andernfalls kann man in diesem Berufsfeld nichts werden. Während es bei den Textern nach wie vor viele Seiteneinsteiger gibt, hat der für die Optik zuständige Art Director meist ein zielgerichtetes Studium – etwa Grafik- oder Kommunikationsdesign – absolviert. Unter Fachleuten gelten zurzeit als besonders empfehlenswert die Universität der Künste in Berlin und die Fachhochschulen in Düsseldorf, Pforzheim und Wiesbaden. Einen guten Namen hat sich auch die Hochschule für Gestaltung in Offenbach gemacht.

Grafiker/Grafikdesigner

In der Regel bildet der Grafiker mit dem Texter ein Team. Er entwirft Layouts, erstellt Charts für Präsentationen, prüft Reinzeichnungen und Druckunterlagen. Er ist bei Fotoshootings dabei und wirkt bei Kundenpräsentationen mit.

Der Weg zum Grafiker: Abitur, Studium an einer Fachhochschule für Gestaltung (Fachrichtung Grafikdesign) oder auch an einer privaten Institution. Wichtig sind Praktika in Werbeagenturen.

Persönliche Voraussetzungen: Zeichnerisches Talent, Ideenreichtum, exzellentes Gespür für Ästhetik, Liebe zum Detail und Freude an der Präzision. Ein Grafiker sollte überdies die einschlägigen IT-Tools seines Fachs beherrschen und Englisch sprechen.

Prüfen Sie doch zunächst einmal, ob Sie eher in Richtung Optik oder eher in Richtung Text tendieren. Die anderen Berufe in der Werbung haben ja etwas mit Beratung, Verkauf, Organisation, Technik, Personal und Finanzen zu tun und setzen nicht immer zwingend eine Affinität zur Werbung voraus.

Test: Text oder Gestaltung?

1. Für mich ist zuerst die Sache wichtig, weniger die optische Präsentation.
   ☐ stimmt ☐ dazwischen ☐ stimmt nicht

2. Wenn ich durch eine fremde Stadt gehe, schaue ich mir vor allem die Fassaden bzw. die Architektur der Häuser an.
   ☐ stimmt ☐ dazwischen ☐ stimmt nicht

3. Der „Goldene Schnitt" sagt mir nichts.
   ☐ stimmt ☐ dazwischen ☐ stimmt nicht

4. Der Mensch ist ein „Augentier".
   ☐ stimmt ☐ dazwischen ☐ stimmt nicht

5. In der Werbung geht es nur um die Verpackung. Das ist mir zu wenig an Herausforderung.

    ☐ stimmt   ☐ dazwischen   ☐ stimmt nicht

6. Wenn ich eine Zeitschriftenseite vor mir sehe, schaue ich mir zuerst das Layout an.

    ☐ stimmt   ☐ dazwischen   ☐ stimmt nicht

7. Unser wichtigstes Gestaltungsmittel ist für mich das Wort.

    ☐ stimmt   ☐ dazwischen   ☐ stimmt nicht

8. Ich habe schon immer gern gezeichnet oder etwas gestaltet.

    ☐ stimmt   ☐ dazwischen   ☐ stimmt nicht

9. Entscheidend ist für mich die Funktion von Gebrauchsgegenständen, nicht das Design.

    ☐ stimmt   ☐ dazwischen   ☐ stimmt nicht

10. Ich würde lieber eine Glückwunschkarte illustrieren, statt sie zu texten.

    ☐ stimmt   ☐ dazwischen   ☐ stimmt nicht

11. Mit dem Begriff „Bauhaus" verbinde ich wenig.

    ☐ stimmt   ☐ dazwischen   ☐ stimmt nicht

12. Form und Inhalt bedingen sich gegenseitig. Mich interessiert allerdings eher die Form.

    ☐ stimmt   ☐ dazwischen   ☐ stimmt nicht

Auswertung

Testitems mit ungeraden Zahlen: „stimmt" = 0 Punkte, „stimmt nicht" = 2 Punkte
Testitems mit geraden Zahlen: „stimmt nicht" = 0 Punkte, „stimmt" = 2 Punkte
Für „dazwischen" gibt es einen Punkt.

Text												Gestaltung
0	2	4	6	8	10	12	14	16	18	20	22	24

Interpretation

24–16 Punkte
Im Zweifelsfall würden Sie sich mehr um die Gestaltung der Titelseite eines Buches kümmern wollen als um die Findung eines Titels. Bruno Sacco, der legendäre Designer von Mercedes Benz, könnte Ihnen gefallen. Für ihn heißt Identität, wenn Verwechslungen ausgeschlossenen sind – und zwar durch das prägnante äußere Erscheinungsbild. Sie könnten – Talent vorausgesetzt – ein guter Gestalter werden.

15–8 Punkte
Hier ist keine besondere Vorliebe erkennbar und deshalb könnten Sie einen guten Job an der Schnittstelle zwischen Text und Gestaltung machen – beispielsweise als Multimedia-Konzeptioner.

7–0 Punkte
Für Sie ist vor allem der Inhalt wichtig und damit das geschriebene Wort.

Wegen der Vielfalt finden Sie nun zur ersten Orientierung noch einige Berufsbilder „rund um die Werbung".

Texter

Der Texter textet nicht nur, sondern muss Text und Bild miteinander kombinieren. Deshalb ist die gute Zusammenarbeit mit dem Grafiker sehr wichtig. Er entwickelt Slogans, findet Headlines, schreibt Anzeigentexte und Texte für Broschüren und vieles mehr – und zwar so, dass dem Adressaten beim Lesen, Hören oder Sehen nicht die Füße einschlafen.

Wege zum Texter: in der Regel Abitur und Besuch einer Werbefachschule mit Studiengang Text, Hochschulstudium oder spezielle Texterschule. Gut ist immer ein Volontariat bei einer Zeitung und selbstverständlich werden Praktika bei Agenturen positiv aufgenommen.

Persönliche Voraussetzungen: ein ausgezeichnetes Gespür für den Umgang mit der Sprache, breite Allgemeinbildung, Klarheit im Ausdruck, Ideenreichtum, Freude am Lesen, Blick für das Wesentliche.

Mediaplaner

Der Mediaplaner nimmt sehr viel Geld in die Hand, weil er den Einsatz der finanziellen Mittel bei Werbekampagnen „steuert". Ob es um Fernsehspots oder Anzeigen in Zeitungen oder Zeitschriften geht – der Mediaplaner beurteilt die Mediadaten im Hinblick auf das Ziel und die Zielgruppe einer Kampagne und wählt dann die entsprechenden Medien aus. Seine Aufgabe besteht darin, für seinen Kunden einen höchstmöglichen zielgruppenspezifischen „Werbedruck" mit geringstmöglichem Aufwand zu erreichen. Hierfür muss er u. a. Briefings umsetzen, Mediapläne erarbeiten und Rabatte aushandeln.

Der Weg zum Mediaplaner: Abitur und BWL-Studium mit Schwerpunkt Marketing. Gut ist auch ein Studium an einer Kommunikationsakademie mit Schwerpunkt Media. Wichtig sind studienbegleitende Praktika beispielsweise in Media-Agenturen. Wer es schafft, in ein Traineeprogramm einer der großen Media-Agenturen aufgenommen zu werden, sichert sich eine ausgezeichnete Berufsperspektive.

Zu den wichtigsten persönliche Voraussetzungen zählen Verhandlungsgeschick, Überzeugungskraft und Beratungskompetenz. Ein hervorragendes Zahlenverständnis und sehr gute Englischkenntnisse sind unverzichtbar.

Kontakter

Der Kontakter ist für den Kunden der zentrale Ansprechpartner der Agentur. Er erarbeitet gemeinsam mit dem Kunden das Briefing und vermittelt es an die kreativen Bereiche Text und Optik. Er erstellt den Werbeplan, achtet auf die Einhaltung der Termine und hat den Werbeetat im Auge.

Wege zum Kontakter: in der Regel Abitur und ein wirtschaftswissenschaftliches Studium, Fachhochschulabschluss Fachrichtung Marketing. Gut ist eine Ausbildung zum Kommunikationswirt oder eine Ausbildung zum/zur Werbekaufmann/-frau. Auch hier werden natürlich Praktika in Agenturen oder in der Industrie gern gesehen.

Persönliche Voraussetzungen: ausgezeichnete Allgemeinbildung, Durchsetzungskraft kombiniert mit Einfühlungsvermögen, Kontaktfreudigkeit und einem verbindlichen Auftreten. Englisch ist wichtig.

Multimedia-Konzeptioner

Multimedia-Konzeptioner liefern die kreative Basis für Multimedia-Produktionen. Sie entwickeln Exposés und Konzepte für Offline- und Online-Anwendungen, definieren Zielgruppen, prüfen die technische Machbarkeit und kalkulieren den finanziellen Aufwand. Hinzu kommen Aufgaben wie Präsentation und Verkauf. Der Multimedia-Konzeptioner arbeitet eng mit dem Multimedia-Producer zusammen, der für die Koordination der Produktion verantwortlich ist.

Der Weg zum Multimedia-Konzeptioner: In der Regel Abitur und meistens Hochschulabschluss. Wichtig sind auf jeden Fall eine Ausbildung im kaufmännischen Bereich und eine Weiterbildung bei einem entsprechenden Träger, Berufserfahrung in einer Werbeagentur oder bei Film oder Fernsehen.

Persönliche Voraussetzungen: Kreativität und ausgeprägte Teamfähigkeit, hohe Lernbereitschaft angesichts des ständigen Wandels der Anforderungen, Englischkenntnisse.

Event Manager

Es gibt in Deutschland inzwischen Hunderte von Eventagenturen, die sich professionell um Produktpräsentationen, Messeauftritte, Kongresse, Firmenjubiläen, Außendiensttagungen oder Rockkonzerte ihrer Kunden kümmern. Der Event Manager ist Spezialist für die Organisation solcher Veranstaltungen.

Wege zum Event Manager: Abitur und in der Regel ein Studium im Bereich Werbung oder Public Relations, Praktika bei Eventagenturen.

Persönliche Voraussetzungen: ausgeprägtes Organisationstalent, Belastbarkeit, Ideenreichtum und Kontaktstärke. Vom Event Manager wird ein hohes Maß an Kostenbewusstsein erwartet. Sprachkenntnisse sind vor allem bei international aufgestellten Agenturen unverzichtbar.

Wie viel möchte ich verdienen?

Hendrik Müller fragt im „Manager Magazin" 1/2008 in einem Kommentar zur Debatte über die Managergehälter ganz harmlos: „Würden Sie einem Topmanager trauen, dem es egal ist, wie viel er verdient? Eben." Das ist subtil. Und er fährt fort: „Wen schon sein eigenes Geld nicht kümmert, von dem würde kaum jemand erwarten, dass ihn das Geld seines Unternehmens interessiert. Es wäre eine Überraschung, wenn eine solche Firma Gewinne machte, Jobs schaffte, investierte, wüchse."

Ja – dem ist nicht zu widersprechen, aber es gibt auch noch andere Werte. Zum Beispiel Freundschaft, Liebe, Vertrauen, Friede und Freiheit. Doch das Urteil mancher Alt-68er, dass es verwerflicher sei, eine Bank zu betreiben als eine Bank zu überfallen, war abwegig. Wer möglichst viel Geld verdienen möchte, ist nicht automatisch ein schlechter Mensch, sondern – wenn er es so offen ausspricht – zunächst einmal ein ehrlicher Mensch. Unangenehm sind jene, die ihr vermeintliches Credo „Geld ist nicht wichtig!" wie eine Monstranz vor sich her tragen und dann geht es bei der Gehaltsverhandlung zu wie auf einem orientalischen Basar.

Aber bei dieser Gelegenheit noch einmal zurück zu Johann Wolfgang von Goethe, von dem der Ausspruch „Nur Lumpen sind bescheiden" stammt. Dieses Zitat wird ständig missbraucht, weil der nächste Satz unterschlagen wird. Und der heißt: „Brave freuen sich der Tat." Heute sprechen wir vom „Pay-for-Performance-Index", bei dem es letztlich um die Frage geht: Was hast du, lieber Vorstand, für uns getan?

Der Satz, dass sich Leistung lohnen müsse, ist so langweilig wie zeitlos. Man sollte ihn für sich in Anspruch nehmen.

Auswertung: Mein Motivationsprofil

Tragen Sie Ihre Testergebnisse auf den folgenden Skalen ein. Ungerade Zahlen platzieren Sie an den linken Rand des Kästchens mit der nachfolgenden geraden Zahl. Verbinden Sie die Punkte anschließend.

Studium / **Berufsausbildung**

0	2	4	6	8	10	12	14	16	18	20	22	24

Kaufmann / **Techniker**

0	2	4	6	8	10	12	14	16	18	20	22	24

Generalist / **Spezialist**

0	2	4	6	8	10	12	14	16	18	20	22	24

sozialer Beruf

0	2	4	6	8	10	12	14	16	18	20	22	24

Kundenferne / **Kundennähe**

0	2	4	6	8	10	12	14	16	18	20	22	24

Geisteswissenschaften / **Naturwissenschaften**

0	2	4	6	8	10	12	14	16	18	20	22	24

Psychologiestudium

0	2	4	6	8	10	12	14	16	18	20	22	24

Consulting

0	2	4	6	8	10	12	14	16	18	20	22	24

Stab / **Linie**

0	2	4	6	8	10	12	14	16	18	20	22	24

Journalismus

0	2	4	6	8	10	12	14	16	18	20	22	24

Werbung Text / **Werbung Gestaltung**

0	2	4	6	8	10	12	14	16	18	20	22	24

Das Profil zeigt Ihnen, in welche Richtung Sie Ihre beruflichen Überlegungen konzentrieren sollten.

Auswertung: Mein Motivationsprofil

Motivationsprofil 1: Präzise berufliche Vorstellung

Dieses Profil spricht für eine kaufmännische Berufsausbildung im sozialen Bereich. Längerfristig wird eine Führungsaufgabe angestrebt. Ein Studium nach der Berufsausbildung ist nicht ausgeschlossen.

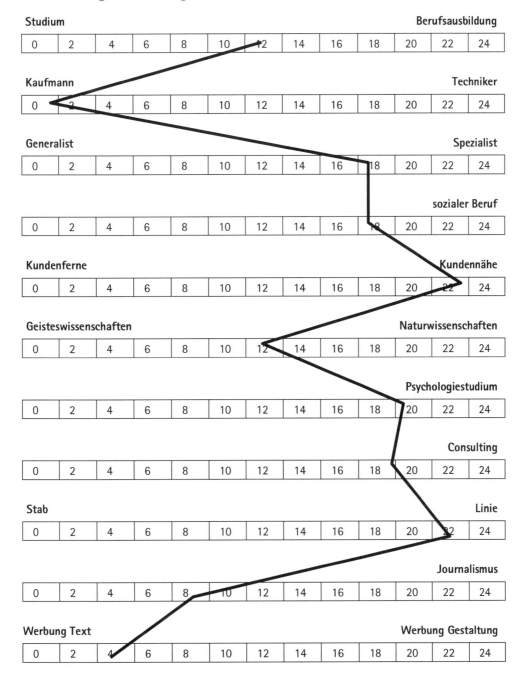

Motivationsprofil 2: Präzise berufliche Vorstellung

Dieses Profil weist auf eine Tätigkeit an der Schnittstelle zwischen kaufmännischen und technischen Bereichen hin. Denkbar ist eine Verkaufs- oder Consultingtätigkeit. Das Profil passt gut zu einer Arbeitswelt, die immer projektorientierter wird.

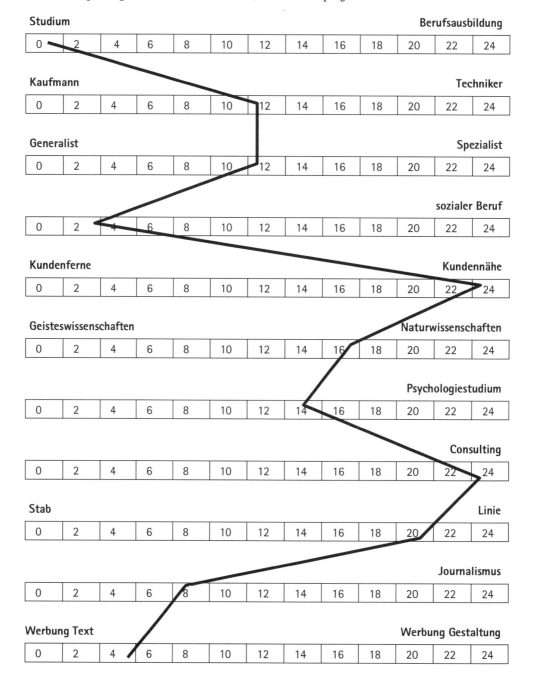

Auswertung: Mein Motivationsprofil

Motivationsprofil 3: Alles offen?!

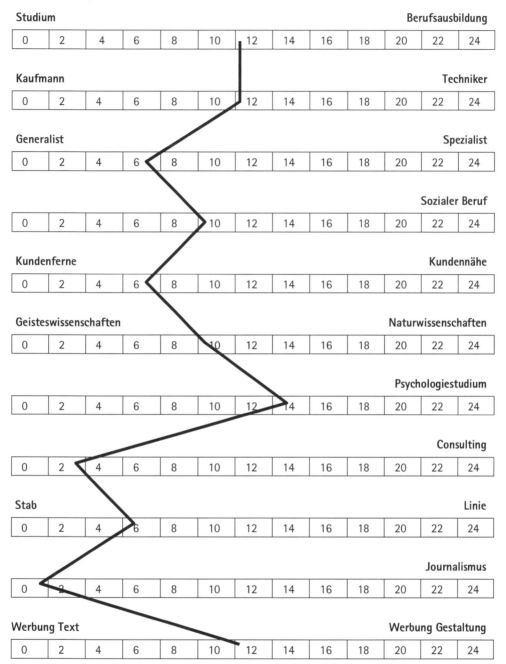

Königsweg Praktikum. Die eher abwertende Losung „Generation Praktikum" entspricht nicht der Realität! Das Praktikum ist und bleibt eine gute Möglichkeit, die eigenen Talente und Motive zu erforschen. Eine vierwöchige unentgeltliche Mitarbeit kann zum Traumberuf führen.

Das Vorstellungsgespräch: Wie positioniere ich mich bei Fragen zur Motivation vorteilhaft?

Frage: „Warum haben Sie sich für diese Ausbildung entschieden?"

Angenommen, der Bewerber hat eine Ausbildung zum Speditionskaufmann absolviert und bewirbt sich nun nach einem erfolgreich abgeschlossenen BWL-Studium bei einem Logistik-Unternehmen. Den Personaler interessiert jetzt natürlich, wie die damalige Entscheidung motiviert war und ob die jetzige Bewerbung folgerichtig oder beliebig ist.

 Haben Sie eine einleuchtende Begründung parat

„Mein Vater (Bruder, Onkel, Tante, Nachbar etc.) ist seit Jahren in einer Spedition tätig und da habe ich schon sehr früh vieles mitbekommen und das fand ich sehr interessant. Als ich dann nach dem Abitur vor der Frage stand – Studium oder erst einmal eine Ausbildung –, habe ich mich für eine Ausbildung entschieden. Und natürlich in einer Spedition."

Frage: „Warum haben Sie sich für dieses Studium entschieden?"

Das möchte der Personaler mit dieser Frage herausfinden:

- Hat sich jemand bei der Suche nach dem Studienfach eher von persönlichen Neigungen leiten lassen oder gaben die vermuteten Berufschancen den Ausschlag?
- Hat jemand sein Traumfach nur nicht studiert, weil er den Wohnort hätte wechseln müssen?
- Welche Informationsquellen wurden für die Entscheidungsfindung genutzt?

 Beschreiben Sie, nach welchen Kriterien Sie Ihr Studienfach ausgewählt haben

„Nach dem Abi wusste ich zunächst gar nicht, welches Studienfach gut zu mir passen könnte. Ich konnte aber allmählich ausschließen, was nicht infrage kam. Nämlich Studiengänge wie Chemie, Physik, Medizin, Architektur – also Fächer, bei denen ein Berufsweg klar vorgezeichnet ist. Irgendwann kam ich drauf, dass Schnittstellenaufgaben gut zu mir passen könnten – am besten eine Kombination von Technik und Betriebswirtschaft. Ich habe dann Gespräche in verschiedenen Fachschaften von Universitäten geführt und mich dann für das Wirtschaftsingenieurwesen entschieden. Meine Eltern hätten es zwar lieber gesehen, wenn ich in unserer Heimatstadt geblieben wäre, aber ich wollte das Studium auch nutzen, um mich von zu Hause abzunabeln. Und das war rückblickend eine gute Entscheidung."

Das Vorstellungsgespräch: Wie positioniere ich mich bei Fragen zur Motivation vorteilhaft?

Frage: „Entsprechen Ihre Zeugnisse Ihrem tatsächlichen Leistungsvermögen?"

Diese Frage ist natürlich besonders prickelnd, wenn man weniger gute Noten vorzuweisen hat. Mit Geradlinigkeit kann man aber punkten.

Zeigen Sie eine gute Lerneinstellung

„In der Tat – mit meinen Noten kann ich nicht gerade Furore machen! Ich hätte da durchaus noch zulegen können. Das ärgert mich jetzt natürlich, denn ich denke schon, dass ich deutlich mehr kann, als meine Zeugnisse zeigen. Vor allem in der Schulzeit bestand mein Problem immer darin, dass ich nicht so recht verstanden habe, was ich warum lernen sollte. Das hat meine Leistungsfreude nicht gerade beflügelt. Leider. Inzwischen ist bei mir der Knoten geplatzt."

Frage: „Gab es ein Schlüsselerlebnis für Ihre berufliche Ausrichtung?"

Entscheidungen, denen ein wirklich tiefes Schlüsselerlebnis zugrunde liegt, sind mit keinem Fragezeichen mehr versehen – und deshalb sind sie in der Regel auch von Erfolg gekrönt. Nun kann man als Bewerber kein Schlüsselerlebnis erfinden, aber wenn es eines gab, sollte man dies präsent haben.

Erklären Sie, weshalb ein bestimmtes Ereignis zum Schlüsselerlebnis wurde

„Ausschlaggebend war ein Schülerpraktikum bei einer Reederei. Die Mitarbeiter dort haben sich sehr um mich bemüht – ich durfte ernsthaft mitarbeiten und hatte das erste Mal das Gefühl, so richtig für voll genommen zu werden. Es ging damals, das weiß ich noch genau, um die Zuteilung der Bordmannschaft für die einzelnen Containerschiffe weltweit. Das hat mich dann bewogen, in dieser Reederei eine Ausbildung zum Schifffahrtskaufmann zu machen und danach BWL mit Schwerpunkt Logistik zu studieren. Ich habe noch heute freundschaftliche Kontakte zu einigen Mitarbeitern."

„Wo möchten Sie beruflich in fünf Jahren stehen?"

Die Fähigkeit, Ziele zu formulieren, gehört zu den wichtigsten Schlüsselqualifikationen einer Fach- und Führungskraft. Ein Bewerber ist bei diesem Thema doppelt gefordert: Er sollte Vorstellungen hinsichtlich seiner beruflichen Zukunft haben und diese müssen – in den Augen des Gesprächspartners – einigermaßen realistisch sein.

Nennen Sie Ihre Ziele, aber übertreiben Sie nicht

„Toll fände ich einen Auslandseinsatz bei einem Tochterunternehmen." – Oder: „Mittelfristig möchte ich Personalverantwortung übernehmen – ich stelle mir eine Linienaufgabe vor." – „In fünf Jahren wäre ich gern Key Account Manager." – „Ich möchte gerne in einigen Jahren federführend anspruchsvolle Projekte realisieren." – „Interessant wäre es für mich, einmal Einfluss auf Unternehmensstrategien nehmen zu können."

Teil II:
Karriereplanung für Berufsein- und -umsteiger

Das sollte ich als Berufseinsteiger wissen

Wie wichtig sind Noten und Beurteilungen?

Für Schulversager wie Bismarck, Churchill oder Einstein war Sitzenbleiben kein Beinbruch für die spätere Karriere. Auch Thomas Mann ist als prominenter Schulversager bekannt: Er schloss nach der 10. Klasse mit der Mittleren Reife ab und bezeichnete sich als „verkommener Gymnasiast". Aus prominenten Schulversagern darf man freilich nicht schließen, dass Schulnoten und Schulabschlüsse unwichtig seien. Dennoch können jene, deren Schullaufbahn weniger erfolgreich verlaufen ist, guter Hoffnung sein, ihren Weg zu machen.

Deutschen Studien belegen, dass neun Prozent des Berufserfolgs durch die Schulnoten erklärt sind, während die restlichen 91 Prozent mit anderen Faktoren zusammenhängen wie etwa Persönlichkeitseigenschaften, der richtigen Berufswahl und nicht zuletzt auch Beziehungen und anderen glücklichen Umständen. Andererseits gibt es aber auch keine Untersuchungsergebnisse, die die Vermutung nähren, dass Zensuren mit dem zukünftigen Berufserfolg gar nichts zu tun haben.

Was für manche Ohren hier tröstlich klingen mag, ist für die Praxis wertlos, weil nicht alle Stellenanbieter diese Untersuchungen kennen bzw. schlicht anderer Meinung sind. Wenn bei einem Numerus-clausus-Fach 0,1 Punkte in der Note fehlen, erhält man halt nicht den gewünschten Studienplatz, und wer sich als Jurist mit einem „ausreichend" in einer Kanzlei bewirbt, vergeudet Portokosten. Und dies eben meist auch aus gutem Grund: Noten, die über dem Durchschnitt liegen, muss man sich – zumindest in manchen Fächern bzw. Studiengängen – hart erarbeiten, und wer dies tut, ist im Zweifelsfall auch anderen Herausforderungen gewachsen. Man darf dabei nur nicht vergessen, dass die Leistungs- bzw. Potenzialmessung in Form von Zensuren eine Momentaufnahme ist und deshalb jene in ein falsches Licht geraten, die erst zu einem späteren Zeitpunkt so richtig „zulegen".

Wie reagiere ich, wenn ich auf meine Noten angesprochen werde

„Entsprechen Ihre Noten Ihrem Leistungsvermögen?" – diese Frage kann in einem Vorstellungsgespräch besonders unangenehm sein, wenn man eher schlechte Noten aufzuweisen hat. Der Fragende möchte wissen, ob und wie man zu den Unebenheiten und Misserfolgen im Lebenslauf steht.

Versuchen Sie nicht, schlechte Ergebnisse schönzureden

„In der Tat – mit meinen Noten kann ich nicht gerade Furore machen! Ich hätte da durchaus noch zulegen können. Das ärgert mich jetzt natürlich, denn ich denke schon, dass ich deutlich mehr kann, als meine Zeugnisse zeigen. Vor allem in der Schulzeit bestand mein Problem immer darin, dass ich nicht so recht verstanden habe, was ich warum lernen sollte. Leider. Aber inzwischen ist bei mir der Knoten geplatzt."

Oder: „Sie sprechen vermutlich mein vorletztes Arbeitszeugnis an. Ich bin aus der damaligen Firma ja bereits nach gut einem Jahr wieder ausgeschieden, weil ich mit meinem Vorgesetzten nicht klarkam. Es gab häufig Missverständnisse und offenbar hatte er Erwartungen, die ich nicht hundertprozentig erfüllen konnte. Ich wollte am Ende auch keinen Streit mehr und habe die Formulierung ‚zu unserer vollen Zufriedenheit' im Arbeitszeugnis akzeptiert."

Dies sind geradlinige Reaktionen auf die Frage nach den Zeugnissen. Der Bewerber kommt ohne Schnörkel auf den Punkt.

Wie gehe ich mit Hierarchien um?

Der Wunsch nach Abschaffung von Hierarchien gehört zu den besonders naiven Menschheitsträumen. Alle bekannten Experimente, die in diese Richtung unternommen wurden, sind gescheitert – manche davon entpuppten sich als lebensgefährlich. In solchen Zeiten wurden die Rufe nach jemandem, der die Zügel in die Hand nehmen könnte, immer besonders laut.

Einstweilen glaubt wohl niemand mehr daran, dass wir unmittelbar vor der endgültigen Auflösung hierarchischer Ordnungen im Betrieb stünden. Dennoch bleibt unbestritten, dass sich aus Gründen der Flexibilität und Kundenorientierung dezentrale Strukturen und flache Hierarchien empfehlen. Die Anzahl der Führungsebenen ist der Geschwindigkeit, mit der Entscheidungen getroffen werden, umgekehrt proportional: Jeder zusätzliche Schreibtisch, den eine Vorlage zu passieren hat, ist ein Zeit- und Kostenfaktor.

Insbesondere Hochschulabsolventen haben als Berufseinsteiger häufig Probleme mit den formellen Strukturen von Betrieben. Da werden in Stellenbeschreibungen die Über- und Unterordnungsverhältnisse genau festgelegt und es ist geregelt, wer mit wem offiziell kommunizieren darf. Wer aus Ahnungslosigkeit oder gar vorsätzlich eine Ebene übergeht, wird zurückgepfiffen. Er stört die „heilige Ordnung" (das bedeutet „Hierarchie" aus dem Griechischen übersetzt), indem er gegebene Machtverhältnisse ignoriert und damit meist auch Eitelkeiten verletzt.

Diese „heilige Ordnung" ist eben eine entscheidende Voraussetzung für ein gutes menschliches Nebeneinander und Miteinander im Betrieb. Wenn jemand von oben in fremde Delegationsbereiche hineinregiert, wird der für diesen Bereich direkt Verantwortliche nicht nur in den Augen seiner Mitarbeiter demontiert, sondern es entsteht über kurz oder lang ein Durcheinander. Um dies zu vermeiden, muss man als Bewerber – sei es als Ein- oder Umsteiger – die folgenden Fragen stellen:

- Wer hat die Aufgabe und das Recht, Forderungen zu stellen, Vereinbarungen zu treffen und diese zu kontrollieren?
- Wer hat die Aufgabe und das Recht, auf Einhaltung von Vereinbarungen und Verträgen zu bestehen sowie Leistung auf der Grundlage definierter Ziele zu verlangen?
- Wer hat das Recht und die Pflicht, bei Nichteinhaltung von Absprachen die Konfrontation mit dem Mitarbeiter zu suchen und diesen zu kritisieren?
- Wer hat die Aufgabe und das Recht, Konsequenzen in die Wege zu leiten, wenn arbeitsvertragliche Verpflichtungen nicht eingelöst werden?
- Wer hat die Aufgabe und das Recht, nachzuforschen, wieso die vereinbarte Leistung nicht erbracht wurde?

Diese Fragen legitimieren die Existenz von Führungskräften und Hierarchien. Wenn sie nicht geklärt sind, verlieren sich alle im Dickicht der Beliebigkeit.

Selbstverständlich haben Führung und Hierarchie etwas mit Macht und Herrschaft von Menschen über Menschen zu tun. Und Macht bedeutet in erster Linie, über Sanktionsmöglichkeiten und damit ein entsprechendes Drohpotenzial zu verfügen. Disziplinarische Vorgesetzte können Gehaltserhöhungen, Abmahnungen und Kündigungen initiieren, also anderen zeigen, wo der Hammer hängt. Für viele Menschen hat Hierarchie deshalb etwas mit Angst zu tun. Und dabei ist es ziemlich egal, wo man steht.

Wie wichtig ist meine Einstellung zur Arbeit?

Warum es wichtig ist, erfolgreich sein zu wollen

Gegen den Anspruch, wenn man etwas macht, dies auch besonders gut machen zu wollen, ist nichts einzuwenden. Im Gegenteil: Wer für seine Vorhaben das Mittelmaß als Messlatte nimmt, sollte es lieber lassen.

Man muss – egal was man beruflich tut – gut sein und besser werden wollen, und zwar gleichgültig, ob man Buchhalter, Bäcker oder Banker ist. Wer nicht bereit ist, sich selbst zu fordern und auch einmal die Grenzen seiner Leistungsfähigkeit auszutesten, kann anderen nicht viel geben. Dabei geht es in erster Linie gar nicht um die materiellen Früchte des eigenen Tuns, sondern um die persönliche Zufriedenheit. Der Anthropologe Arnold Gehlen hat einmal gesagt, dass sich der Mensch im Grunde nach einer „honorigen" Aufgabe sehne, der er sich mit aller Kraft widmen könne. Das ist es und deshalb kommt der Berufswahl eine so außerordentliche Bedeutung für das Lebensglück eines Menschen zu.

Was bedeutet „Erfolg"?

„Was heißt für Sie Erfolg?" – dies ist eine beliebte Frage in Vorstellungsgesprächen. Und es ist eine Frage, über die man nicht nur als Jobsucher hin und wieder einmal nachdenken sollte. Natürlich gehen hier die Meinungen auseinander. Für Gustave Flaubert bestand Erfolg vor allem darin, möglichst viele Menschen vor den Kopf zu stoßen. Für Albert Einstein war Erfolg = Arbeit + Muße + Mundhalten.

Ihr Gesprächspartner möchte hier wissen, ob Sie eher ein Minimalist sind, der bereits von Erfolgen spricht, wo andere aufgrund ihrer hohen Anspruchshaltung eine normale Pflichterfüllung sehen – oder ob Sie als möglicher Leistungstreiber die Messlatte höher legen werden.

 Legen Sie die Messlatte nicht zu tief

- „Ein Erfolgserlebnis empfinde ich, wenn ich mein Arbeitspaket gut bewältigt habe und dabei meine Kenntnisse und Fähigkeiten voll einsetzen konnte."
- „Das Gefühl, erfolgreich zu sein, stellt sich bei mir ein, wenn ich eine Aufgabe bewältige, bei der die Wahrscheinlichkeit des Scheitern fünfzig Prozent beträgt. Genau da liegt ja die echte Herausforderung im Leben. Erfolg besteht für mich auch darin, wenn man etwas Gutes verbessert hat."

In diesem Zusammenhang ist noch ein interessanter Mentalitätsunterschied zwischen Menschen zu erwähnen. Dieser Unterschied bezieht sich auf die Frage, ob jemand bei einer zu bewältigenden Aufgabe eher auf den Erfolg aus ist oder eher danach trachtet, den Misserfolg zu vermeiden. Stimmungsmäßig macht das einen Unterschied aus: Die Hoffnung auf Erfolg beflügelt, die Angst vor dem möglichen Scheitern lähmt. Wie sind Sie „gestimmt", wenn es wirklich um etwas geht?

Test: Erfolgsorientiert oder misserfolgsorientiert?

1. Für mich war bei Prüfungen immer das Wichtigste, nicht durchzufallen.

    ☐ stimmt ☐ dazwischen ☐ stimmt nicht

2. „Besser, kreativer, flexibler!" Das könnte durchaus auch mein Motto für das Berufsleben sein.

    ☐ stimmt ☐ dazwischen ☐ stimmt nicht

3. Wer zu viel arbeitet, betreibt Selbstausbeutung. Nutznießer sind ja doch nur die anderen.

    ☐ stimmt ☐ dazwischen ☐ stimmt nicht

4. Für mich ist es wichtig, einmal auch möglichst viel Geld zu verdienen.

    ☐ stimmt ☐ dazwischen ☐ stimmt nicht

5. Wenn ich mich einem neuen Vorhaben widme, denke ich immer: „Hoffentlich geht nichts schief!"

    ☐ stimmt ☐ dazwischen ☐ stimmt nicht

Wie wichtig ist meine Einstellung zur Arbeit?

6. Wenn mir etwas nicht gelingt, suche ich nach dem Guten am Schlechten und finde es meist auch.

   ☐ stimmt ☐ dazwischen ☐ stimmt nicht

7. Erfolgsmenschen sind vor allem skrupellos.

   ☐ stimmt ☐ dazwischen ☐ stimmt nicht

8. „Trial and Error" gehört für mich mit zu den wichtigsten Erfolgsrezepten.

   ☐ stimmt ☐ dazwischen ☐ stimmt nicht

9. Ich orientiere mich in meinem Handeln vor allem an „Finagles Gesetz": „Alles, was schiefgehen kann, wird auch schiefgehen."

   ☐ stimmt ☐ dazwischen ☐ stimmt nicht

10. Ich halte wenig davon, wenn Erfolg mit Glück gleichgesetzt wird. Glück hat eben vor allem der Tüchtige.

    ☐ stimmt ☐ dazwischen ☐ stimmt nicht

11. Meine Erfahrung ist, dass bei den schönsten Plänen einem am Ende doch etwas in die Quere kommt.

    ☐ stimmt ☐ dazwischen ☐ stimmt nicht

12. Ich kann über mich durchaus sagen, dass ich über großes Selbstvertrauen verfüge.

    ☐ stimmt ☐ dazwischen ☐ stimmt nicht

Auswertung

Testitems mit ungeraden Zahlen: „stimmt" = 0 Punkte, „stimmt nicht" = 2 Punkte
Testitems mit geraden Zahlen: „stimmt" = 2 Punkte, „stimmt nicht" = 0 Punkte
Für „dazwischen" gibt es einen Punkt.

misserfolgsorientiert											erfolgsorientiert
0	2	4	6	8	10	12	14	16	18	20	22	24

Interpretation

24–16 Punkte
Sie glauben an sich und Ihr Potenzial und im Zweifelsfall ist das Glas für Sie halb voll und nicht halb leer. Auf diese Weise wird es Ihnen immer wieder gelingen, die aus der Psychologie bekannte „selbsterfüllende Prophezeiung" in eigener Sache positiv zu nutzen. Die Formel „Du schaffst das!" setzt jene Energie frei, die einen Menschen bisweilen über sich hinaus wachsen lässt.

15–8 Punkte
Sie sind vermutlich ein ausgewachsener Realist, dessen Lebenserfahrung zum heutigen Tage lautet, dass die Welt nicht so ist, wie sie sein sollte. Das erspart einem zwar die eine oder andere Enttäuschung, vermittelt aber nicht gerade seelischen

Rückenwind. Es gibt allerdings Jobs, in denen diese Haltung durchaus vorteilhaft sein kann – man denke nur an die Aufgaben in der Revision oder Qualitätskontrolle. Optimismus und gute Laune sind dort keine Erfolgsfaktoren.

7–0 Punkte
Möglicherweise gibt es die eine oder andere Erfahrung, die Ihr Weltbild bzw. Ihr Vertrauen in die eigene Person erheblich eintrübt. Ein gutes Gegenmittel sind Erfolgserlebnisse. Suchen Sie Bewährungssituationen auf, die eine realistische Erfolgschance für Sie bereithalten. Eine negative Haltung verschwindet allmählich durch positive Erfahrungen.

Warum man auf keinen Fall Angst haben sollte

Bei Joseph Heller „outet" sich Bob Slocum folgendermaßen: „In meinem Büro gibt es fünf Personen, vor denen ich mich fürchte. Von diesen Fünfen fürchtet jeder vier andere Personen (Überschneidungen nicht gerechnet), was zusammen zwanzig macht; jeder von diesen zwanzig wiederum fürchtet sechs weitere Personen, die von mindestens einer Person gefürchtet werden. Jeder von diesen einhundertzwanzig fürchtet sich vor den restlichen einhundertneunzehn Personen, und alle diese einhundertfünfundvierzig Personen fürchten sich vor den zwölf Männern an der Spitze, den Gründern und derzeitigen Eigentümern des Unternehmens."

Das ist eine ungemütliche Lage, aber dennoch gilt der Grundsatz, dass die Furcht der Hüter der Gesundheit und des Lebens ist. Wer sich in einer bedrohlichen Lage befindet und davon ungerührt bleibt, geht wahrscheinlich schneller unter als jemand, der sich Sorgen macht. Andererseits kann stoische Gelassenheit angesichts anstehender existenzieller Probleme bereits die halbe Lösung sein.

Was also hat es mit der Angst auf sich? Hier kann die Sprache selbst eine erste Auskunft geben. Das Wort „Angst" leitet sich vom mitteldeutschen „angustie" ab, und das bedeutet so viel wie „Enge". Dies führt auf eine interessante Spur: Wer sich beengt fühlt, hat keine Handlungs- und Gestaltungsfreiheit mehr und bleibt damit unter seinen Möglichkeiten. Angst stört und lähmt physiologische, hormonelle und intellektuelle Prozesse. In diesem Sinne wirkt Angst leistungshemmend. Gemeint sind damit nicht jene vorübergehenden Angstmomente, die sogar leistungssteigernd wirken können, sondern gemeint ist die Angst als Dauerzustand, ausgelöst durch ständige Bedrohungen. Dabei ist es völlig egal, ob diese Bedrohungen tatsächlich oder nur in der Einbildung existieren.

Das Thema ist heute besonders aktuell, weil sich die Angstpotenziale steigern – und zwar wegen des Abbaus von Hierarchiestufen. Dabei geht es nicht nur um die direkt Betroffenen, die nach einer Reorganisation übrig sind und deshalb entlassen werden, sondern auch um die verbleibenden Mitarbeiter, die sich dem direkten Zugriff von oben stärker ausgesetzt sehen und fühlen, als es vorher der Fall war.

„Zivilcourage ist das, was von einem Menschen übrig bleibt, wenn der Vorgesetzte das Zimmer betritt." Diese Aussage wird dem deutsch-amerikanischen Raketenforscher Wernher von Braun zugeschrieben und sie bietet einen guten Ausgangspunkt für die Einschätzung eines angemessenen Umgangs mit Hierarchien und Vorgesetzten. Starke Chefs wissen nämlich, dass man mit Ja-Sagern und Duckmäusern die Zukunft nicht gewinnen kann. Im Zweifelsfall „belohnen" kompetente Führungskräfte deshalb jene Mitarbeiter, die zuweilen auch unbequem sein können.

Wer lernt, Angst und Furcht zu überwinden, wird seelisch stärker und vermeidet die Entwicklung einer ängstlichen Grundstimmung. Was also ist allen zu empfehlen, die es beruflich wissen wollen?

Bauen Sie Ängste ab

- Ziehen Sie sich bei „Gegenwind" – egal welcher Art – nicht gleich in den „Windschatten" zurück. Man wird dabei nur schwächer.

- Stellen Sie sich vorsätzlich jenen Personen, Situationen und Anforderungen, vor denen Sie sich fürchten! Dabei müssen Anliegen und Unterfangen freilich sinnvoll und hinsichtlich der Erfolgsaussichten einigermaßen realistisch sein.

- Denken Sie daran, dass das Scheitern zu den Grundbedingungen des Lebens gehört und deshalb keine Schande ist. Ohne Scheitern gibt es keine Entwicklung. Im modernen Sprachgebrauch ist vom Erfolgsrezept „Trial and Error" die Rede.

- Und was ist, wenn man scheitert, weil man die Risiken falsch eingeschätzt hat? Für diesen Fall gibt es Leute wie Jürgen Heraeus, Chef der Heraeus Holding GmbH: „Ich stelle nur Leute ein, die einmal ganz tief gefallen sind. Das gehört für mich zum Erfolg – um keine Angst mehr zu haben."

Test: Wie hoch ist mein Angstpegel?

1. Wenn das Telefon klingelt, erwarte ich eher eine schlechte Nachricht.

    ☐ stimmt ☐ dazwischen ☐ stimmt nicht

2. Mir macht es nichts aus, vor einer Gruppe ein Referat zu halten.

    ☐ stimmt ☐ dazwischen ☐ stimmt nicht

3. Wenn ich irgendwo zu spät komme, habe ich das Gefühl, dass mich alle kritisch betrachten.

    ☐ stimmt ☐ dazwischen ☐ stimmt nicht

4. Mir fällt es leicht, fremde Menschen anzusprechen.

    ☐ stimmt ☐ dazwischen ☐ stimmt nicht

5. Es gibt Menschen, in deren Gegenwart ich mich unsicher fühle.

    ☐ stimmt ☐ dazwischen ☐ stimmt nicht

6. Wenn das Essen in einem Restaurant schlecht und teuer ist, sage ich das der Bedienung.

   ☐ stimmt   ☐ dazwischen   ☐ stimmt nicht

7. Ich habe häufig Albträume.

   ☐ stimmt   ☐ dazwischen   ☐ stimmt nicht

8. Ich zähle Mut zu meinen Stärken.

   ☐ stimmt   ☐ dazwischen   ☐ stimmt nicht

9. Bei dramatischen Filmszenen neige ich dazu, wegzuschauen.

   ☐ stimmt   ☐ dazwischen   ☐ stimmt nicht

10. Ich mag es, wenn es richtig blitzt und donnert.

    ☐ stimmt   ☐ dazwischen   ☐ stimmt nicht

11. Bei wichtigen Vorhaben denke ich immer: „Hoffentlich geht das nicht schief."

    ☐ stimmt   ☐ dazwischen   ☐ stimmt nicht

12. Im Flugzeug kann ich mich sehr gut entspannen.

    ☐ stimmt   ☐ dazwischen   ☐ stimmt nicht

Auswertung

Testitems mit ungeraden Zahlen: „stimmt" = 2 Punkte, „stimmt nicht" = 0 Punkte
Testitems mit geraden Zahlen: „stimmt" = 0 Punkte, „stimmt nicht" = 2 Punkte
Für „dazwischen" gibt es einen Punkt.

niedriger Angstpegel											hoher Angstpegel
0	2	4	6	8	10	12	14	16	18	20	22	24

Interpretation

24–16 Punkte
Die Kombination eines hohen Angstpegels mit einer ausgeprägten Empfindsamkeit hindert Sie daran, Ihr Potenzial bzw. Ihre Möglichkeiten voll auszuschöpfen. Wo andere eher die Chancen eines Projekts sehen, fokussieren Sie die Risiken.

15–8 Punkte
Alles innerhalb der Norm. Sie kennen Ängste, lassen sich aber durch diese im Alltag nicht sonderlich beeinträchtigen.

7–0 Punkte
Sie gehören zu den furchtlosen Zeitgenossen, die nach der Devise „Wer wagt, gewinnt" handeln. Die Forderung von Ex-Bundespräsident Roman Herzog nach einer neuen „Wagniskultur" spricht Ihnen aus dem Herzen.

Welche Chancen bietet mir der aktuelle Arbeitsmarkt?

Zeitarbeit als Chance

Zeitarbeitsfirmen haben keinen guten Ruf, aber häufig hat die Vorstellung von einer Sache wenig mit der Sache selbst zu tun. Aus gutem Grund hat sich in den vergangenen zehn Jahren die Zahl der Beschäftigten in Zeitarbeitsverhältnissen („Personalleasing") mehr als verdoppelt. Auch der Zeitarbeitsmarkt selbst hat sich stark verändert. Während früher hauptsächlich Hilfskräfte angeheuert wurden, hat sich die Zeitarbeitsbranche heute zum Spiegelbild des aktuellen Arbeitsmarkts entwickelt. Nach Angaben der Bundesagentur für Arbeit beträgt der Anteil der bei einer Zeitarbeitsfirma fest angestellten Akademiker einstweilen um sieben Prozent.

Nutzen Sie den „Klebeeffekt"

Zeitarbeit kann eine gute Gelegenheit für den Erst- und Wiedereinstieg ins Arbeitsleben sein. Ehe allzu viel beschäftigungslose Zeit nach dem Abschluss einer Berufsausbildung oder eines Studiums verstreicht und es immer schwieriger wird, im Vorstellungsgespräch zu erklären, warum man immer noch nichts gefunden hat, sollte man sein Glück als Zeitarbeitnehmer versuchen. So mancher Leiharbeiter erhält das Angebot einer Festanstellung, weil er seine Firma leistungsmäßig überzeugen konnte. Er bleibt „kleben".

Im Übrigen ist es ein Missverständnis, dass es bei der „Arbeitnehmerüberlassung" – so der Fachterminus – um Lohndumping geht. Die Zeitarbeitsbranche boomt, weil sie zur Flexibilisierung des Arbeitsmarkts beiträgt – den Unternehmen also bedarfsgerechte und damit wettbewerbsfähige Belegschaften ermöglicht.

Das sollten Sie als Zeitarbeitnehmer beachten

- Starten Sie nur bei Zeitarbeitsfirmen, die eine von der Bundesagentur für Arbeit erteilten Erlaubnis für die Überlassung von Arbeitnehmern besitzen. Man kann sie sich vorlegen lassen.
- Es muss ein schriftlicher Arbeitsvertrag abgeschlossen werden. In diesem sind u. a. Arbeitsort und -zeit, die zu leistende Tätigkeit, das Entgelt, Urlaub und Kündigungsfristen festgelegt.
- Man sollte gegebenenfalls klären, ob und wie arbeitsbedingte Fahrten und Übernachtungskosten abgegolten werden.
- Bei Vertragsabschluss muss dem Zeitarbeitnehmer das „Merkblatt für Leiharbeitnehmer" der Bundesagentur für Arbeit ausgehändigt werden. Hier sind rechtliche Fragen geklärt.
- Wer in einem Betrieb als Leiharbeitnehmer eingesetzt ist, muss den Anordnungen der dort weisungsbefugten Personen Folge leisten.
- Ein Leiharbeitnehmer hat Anspruch auf bezahlten Urlaub und Lohnfortzahlung im Krankheitsfall. Außerdem werden die üblichen Beiträge zur Kranken-, Pflege-, Renten- und Arbeitslosenversicherung eingezahlt.

Telearbeit: ein anhaltender Trend

Zukunftsforscher prophezeien einen Boom der Telearbeit. Knapp jedes fünfte Unternehmen bietet zurzeit Telearbeitsplätze an – die Zahl hat sich in den letzten drei Jahren mehr als verdoppelt. Im Wettbewerb um qualifizierte Angestellte werden Zielgruppen wie zum Beispiel junge Mütter anvisiert oder Arbeitnehmer, die es leid sind, ihre Zeit in Staus oder durch schlechte Bahnverbindungen zu vergeuden.

Die steigende Bedeutung der Telearbeit hängt auch mit einem Einstellungswandel zur Arbeit selbst zusammen: Es wird nicht mehr als Leistung angesehen, anwesend zu sein, sondern es geht um die Erledigung von Aufgaben. Wenn dies auf Honolulu genauso gut getan werden kann wie in der Hamburger City Nord, ist die Frage nach dem Ort der Leistungserbringung unwichtig.

Ian Pearson, Chef-Futurologe der British Telecom, hält die Entwicklung nach wie vor für primär technologiegetrieben: Fortschritte in der Speichertechnologie, der Kameratechnik und der Übertragung physischer Reize würden quasi natürlich zu einer Ausweitung der Telearbeit führen: „Was wir bekommen, ist so eine Art Total-Recall-Technologie. Wenn das dazu führt, dass ich mich zu Hause genauso fühle wie an meinem Arbeitsplatz, habe ich damit das Problem gelöst." (Der Spiegel vom 17.1.2006)

 Wer ist für Telearbeit geeignet?

Christiane Flüter-Hoffmann, Projektleiterin beim Institut der Deutschen Wirtschaft Köln (IW), benennt die folgenden Eignungsvoraussetzungen: Man muss

- sich gut organisieren können,
- über ein hohes Maß an Selbstmotivation verfügen,
- sich Ziele setzen und
- „Zeitfresser" erkennen und beseitigen.

(Süddeutsche Zeitung vom 5.1.2008)

Was bietet mir ein Studium an einer Berufsakademie?

Eine Berufsakademie (BA) ist eine Studieneinrichtung im tertiären Bildungsbereich, die eine starke Praxisorientierung aufweist. Neben einem theoretischen Fachstudium findet ein Teil der Ausbildung in einem Unternehmen statt (duales System).

Bewerber schließen einen dreijährigen Ausbildungsvertrag mit einem Unternehmen ab. Die Ausbildung im Unternehmen wird begleitet durch einen Studiengang an einer Berufsakademie. Die Ausbildung ist in dreimonatige Theorie- und Praxisphasen gegliedert, die wechselweise an der Berufsakademie und in der jeweiligen Firma absolviert werden. Die Abschlussarbeit an der Berufsakademie wird in Abstimmung mit dem Unternehmen durchgeführt. Absolventen schließen ihr BA-Studium bei akkreditierten Studiengängen mit der staatlichen Abschlussbezeichnung „Bachelor" ab.

Voraussetzung für diese Ausbildungsart ist mindestens das Zeugnis der Fachhochschulreife, an manchen Berufsakademien wird auch das der allgemeinen Hochschulreife verlangt. Zudem ist ein Ausbildungs- oder Arbeitsvertrag mit einem Unternehmen über die Ausbildung in Zusammenarbeit mit der Berufsakademie erforderlich.

Die Chancen eines BA-Absolventen, von seinem Ausbildungsbetrieb übernommen zu werden, sind gut. Nachteilig für einen Berufsakademieabsolventen ist die Ausrichtung auf seinen Ausbildungsbetrieb, während das Hochschulstudium ja in Hinblick auf den zukünftigen Arbeitgeber völlig unverbindlich ist. Dafür bietet dieser Ausbildungsweg von vornherein eine ausgezeichnete Praxisorientierung.

Stellenanzeige: BA-Studiengang mit Schwerpunkt Handel

„Wir bieten ...

den Absolventen (m/w) die Möglichkeit, unmittelbar nach ihrem erfolgreichen Abschluss des Studiums anspruchsvolle Führungsaufgaben im Vertriebsbereich oder in einer betrieblichen Fachabteilung zu übernehmen.

Sie bieten ...

- die allgemeine oder fachgebundene Hochschulreife
- gute schulische Leistungen (insbesondere in Mathematik und Deutsch)
- praktische Erfahrungen im Handelssektor oder im Bereich Dienstleistungen (Praktika/Nebentätigkeiten)
- Kommunikationsfähigkeit und gute Ausdrucksweise
- Leistungsbereitschaft und Eigenmotivation
- Begeisterung für die Ware Buch und den Buchhandel

Abschluss: Bachelor of Arts (BA)

(Angebot Thalia Magazin 4/2007)

Welche Vorteile haben Bachelor- und Master-Studium?

Gemeinsam mit seinen europäischen Nachbarn hat sich Deutschland 1999 in Bologna das Ziel gesetzt, bis zum Jahre 2010 einen gemeinsamen europäischen Hochschulraum zu schaffen. Die Ziele dieser wohl radikalsten Hochschulreform der letzten Jahre:

- Studierende und Forscher sind mobiler und flexibler.
- Wissen kennt keine Landesgrenzen mehr.

- Internationalisierung ist ein Reformschrittmacher für die Entwicklung und Modernisierung des Hochschulwesens.
- Die Hochschulen müssen sich im internationalen Wettbewerb um die besten Köpfe bewähren.

Kernelement des geplanten gemeinsamen europäischen Hochschulraums ist die Einführung eines gestuften Studiensystems aus Bachelor und Master mit europaweit vergleichbaren Abschlüssen.

Zum aktuellen Stand des Prozesses gibt das Bundesministerium für Bildung und Forschung im Januar 2008 bekannt: „Im Wintersemester 2006/2007 wurden in Deutschland 3.075 Bachelor- und 2.113 Masterstudiengänge angeboten. Dies entspricht bei einer Gesamtzahl von 11.492 Studienmöglichkeiten 45 % des Studienangebots an deutschen Hochschulen. Gut 19 % der Studierenden war zu diesem Zeitpunkt in Bachelor- und Masterstudiengängen eingeschrieben. Zum Sommersemester 2007 werden an 338 Hochschulen bereits über 5.660 Bachelor- und Masterstudiengänge angeboten."

Weitere Informationen finden Sie unter www.bmbf.de.

Wie viel weiß ich über die neuen Studiengänge?

Sie könnten in einem Vorstellungsgespräch gefragt werden: „Welche Vorzüge haben eigentlich die neuen Bachelor- und Master-Studiengänge?" Man muss als Bewerber nicht hinter jeder Frage eine Falle vermuten – manchmal möchte der Gesprächspartner sein Wissen nur auf den neuesten Stand bringen.

 Zeigen Sie, dass Sie gut informiert sind

„Der erste akademische Studiengang dauert normalerweise sechs Semester und führt zum Bachelor-Abschluss. Er qualifiziert für einen Beruf und stellt zugleich eine gute Grundlage für die weitere Entwicklung dar. Wer will, kann also nach dem Bachelor gleich seine berufliche Karriere starten oder anschließend seinen Master machen – das heißt, man spezialisiert sich auf ein Thema und vertieft dieses. Das dauert weitere vier Semester.

Der Vorteil dieser Studiengänge besteht darin, dass sie dem Studierenden mehr Flexibilität bringen und dass vor allem die Ergebnisse EU-weit transparent und damit vergleichbar sind. Als Student ist man international mobiler. Und das ist für alle Beteiligten ein großer Vorteil."

American Job Titles für Einsteiger

Wer sich den Stellenmarkt der großen deutschen Tageszeitungen bzw. der Jobportale ansieht, findet immer häufiger American Job Titles wie „Complaint Engineer", „Call Center Agent Inbound", „Consultant Naming" oder „Corporate Protocol Key Relationship Manager". Für den „Key Account Manager" ist die deutsche Bezeichnung längst verschwunden.

Den Sprachpuristen ist dies ein Gräuel. Walter Krämer, Professor für Wirtschafts- und Sozialstatistik und Mitbegründer des Vereins zur Wahrung der deutschen Sprache: „Englische Titel sind ein Zeichen für einen tief verwurzelten Minderwertigkeitskomplex der deutschen Wirtschaft." Dies ist natürlich Unfug. Richtig ist vielmehr, dass man im „globalen Dorf" beruflich nicht vorankommt, wenn man sich mit einer kleinkarierten Deutschtümelei aufhält. Und so ist es denn gut, sich rechtzeitig mit den zeitgemäßen Berufsbildern und den entsprechenden Bezeichnungen vertraut zu machen.

Man nehme nur als Beispiel den „Facility Manager", der auf gut Deutsch gesagt ein „Hausmeister" wäre. Abgesehen davon, dass die deutsche Bezeichnung an einen Menschen erinnert, der Kindern das Spielen auf dem Rasen verbietet und das Abstellen eines Kinderwagens im Hausflur nicht dulden will – die Aufgaben und Anforderungen eines „Hausmeisters" haben sich im Lauf der Zeit grundlegend geändert. Der für größere Gebäude bzw. Gebäudekomplexe verantwortliche „Facility Manager" braucht heute meist Kenntnisse in Betriebsführung, Marketing und Informatik und ist deshalb längst kein „Hausmeister" mehr. Was die falschen Freunde der deutschen Sprache beklagen, eröffnet in Wirklichkeit grenzenlose Berufschancen – man kann seine Qualifikation nämlich international vermarkten. Der „Sicherheitsingenieur" muss im Zweifelsfall im deutschen Sprachraum bleiben, der „SHE Manager" – „Safety, Health and Environment Protection Manager" – kann hinaus in die Welt gehen. American Job Titles tragen dazu bei, dass sich alle im „Global Village" besser verstehen. Schließlich lautet die Standardfrage bei neuen Bekanntschaften: „Was machen Sie eigentlich?"

American Job Titles zeigen Veränderungen an

Berufsbilder verändern sich bzw. es entstehen aufgrund der technologischen und „organisatorischen" Entwicklung völlig neue Berufsbilder. Der „Call Center Agent" kam erst mit der Erfindung des Callcenters auf und „Event Manager" gibt es, weil Firmen Kundenbindungsmaßnahmen professionell gestalten wollen. In diesem Sinne zeigen die American Job Titles die entscheidenden Veränderungen in der Welt der Berufe an. Einsteigern und potenziellen Umsteigern sei deshalb dringend empfohlen, hier mit der Zeit zu gehen.

Stellenanzeige: Consultant Naming (m/w)

„Sie entwickeln strategisch Namen für Unternehmen, Marken, Sortimente und Produkte, führen Kreativworkshops durch und sind immer an der Weiterentwicklung der neuesten Tools interessiert. Interkulturelle Gewandtheit im Reich der Namen zeichnet Sie besonders aus. (...)"

Über die American Job Titles kann man sehr gut herausfinden, welche neuen Berufsbilder es gibt, von denen bisweilen nicht einmal die Mitarbeiter der Arbeitsagenturen eine Ahnung haben. Sie erhalten im Folgenden eine kleine Aufstellung interessanter American Job Titles, die sich als Orientierung für Berufseinsteiger eignen.

Junior Product Manager

Der Junior Product Manager koordiniert die Entwicklung neuer Produkte und wirkt bei der Vermarktung dieser Produkte mit. Dazu gehört unter anderem auch die Durchführung von Vertriebsaktivitäten und die Gestaltung eines Informationsmanagements. Wer hier erfolgreich einsteigen will, braucht in der Regel (nicht grundsätzlich!) ein kaufmännisches oder technisches Studium und eine ausgeprägte Kundenorientierung kombiniert mit hoher kommunikativer Kompetenz. Der nächste Schritt in der beruflichen Entwicklung ist der Product Manager mit einem hohen Maß an Eigenverantwortung bei der Produktentwicklung und Produktvermarktung.

Satisfaction Analyst

Der Satisfaction Analyst führt Zufriedenheitsanalysen durch, wertet die Ergebnisse aus und organisiert das Berichtswesen innerhalb des Unternehmens. Außerdem optimiert er ständig das vorhandene Instrumentarium. Voraussetzung für den Einstieg in dieses Berufsfeld ist ein Hochschul- oder Fachhochschulabschluss mit kaufmännischer oder technischer Ausrichtung verbunden mit Kenntnissen der theoretischen Grundlagen des Analyseinstrumentariums. Der Satisfaction Analyst muss sehr eigenverantwortlich, zielorientiert und strukturiert arbeiten können.

Complaint Manager

Der Complaint Manager bearbeitet Kundenbeschwerden, analysiert deren Anlässe und wirkt bei der Ursachenbehebung mit. In enger Zusammenarbeit mit den beteiligten Einheiten der Unternehmenszentrale und der Außendienstorganisation ist er für die effiziente Dokumentation von Kundenbeschwerden verantwortlich. Gefordert wird oft ein wirtschaftswissenschaftliches oder technisches Studium und eine ausgeprägte Dienstleistungs- und Kundenorientierung.

Teamassistent Sales Support

Der Teamassistent Sales Support unterstützt den Bereich Sales Support (früher: verkaufsunterstützender Innendienst) in allen organisatorischen und administrativen Aufgabenstellungen. Häufig gilt es, Angebote oder Verträge zu bearbeiten und allgemeine Assistenzaufgaben wahrzunehmen. Vorausgesetzt werden eine kaufmännische Ausbildung, MS Office (oft auch SAP), ein strukturierter Arbeitsstil und Teamfähigkeit. Über diese Aufgabe kann man sich gut für zukünftige Herausforderungen empfehlen.

Sales Manager/Sales Representative/Sales Consultant

Der Sales Manager/Sales Representative/Sales Consultant ist im Grunde der Verkäufer, Vertreter oder Außendienstmitarbeiter eines Unternehmens. Bei dem englischen Begriff geht es aber den meisten Firmen nicht darum, die Tätigkeit „aufzumotzen", sondern der Veränderung der Aufgaben und Anforderungen und der Entwicklung des Unternehmens Rechnung zu tragen. Gewünscht wird eine abgeschlossene kaufmännische Ausbildung und nicht selten ein Studium mit Schwerpunkt Marketing.

Key Account Manager

Der Key Account Manager steht zwischen den Organisationseinheiten Marketing und Verkaufsaußendienst und definiert sich als Berater von Großkunden. In dieser Funktion beurteilt er das Entwicklungspotenzial dieser Kunden und hat die Umsatz- und Gewinnsituation und vor allem die Handelsspanne im Auge. Er entwickelt Konzepte, um dem Kunden aufzuzeigen, welchen Nutzen ihm eine langfristige Partnerschaft bringt. Das Anforderungsprofil: Ein betriebswirtschaftliches Studium, möglichst Erfahrung im Außendienst und/oder als Junior Product Manager. Unverzichtbar sind unternehmerisches Denken, Verhandlungssicherheit und Stärken im konzeptionell-strategischen Bereich.

Controller

Der Controller macht aus einem Unternehmen – wenn er gut ist – ein „gläsernes" Unternehmen. Mithilfe eines vielfältigen Kontrollinstrumentariums, von Soll-Ist-Vergleichen über die Kostenrechnung bis zur Ergebnisplanung, macht er das Unternehmensgeschehen für das Management transparent. Ab einer bestimmten Größenordnung kann ein Unternehmen ohne eine professionell arbeitende Controlling-Abteilung nicht erfolgreich sein und deshalb sind die Anforderungen an den Controller besonders hoch. Erwartet wird ein abgeschlossenes wirtschaftswissenschaftliches Studium mit den Schwerpunkten Controlling und Rechnungswesen oder eine entsprechende kaufmännische Ausbildung. Selbstverständlich muss ein Controller fit in den einschlägigen IT-Anwendungen sein. Bewerber mit Auslandserfahrung sind klar im Vorteil, wenn sie außerdem über ausgeprägte analytische Fähigkeiten und Durchsetzungsvermögen verfügen und konzeptionell stark sind. Ein Job im Controlling ist eine gute Station im Rahmen der persönlichen Karriereplanung.

Content Manager

Der Content Manager liefert redaktionelle Inhalte für Print- und Onlineprodukte und wirkt gegebenenfalls auch bei der Konzeptentwicklung mit. Zu seinen Aufgaben gehört in der Regel auch die Betreuung und Integration von kommerziellen Partnern. Gesucht werden Content Manager auch für den E-Commerce-Sektor, zum Beispiel für die journalistische Aufbereitung von Imagebroschüren, Mailings, Newslettern, Banner-Claims und allgemeinen Verkaufstexten. Erwartet werden ein abgeschlossenes Hochschulstudium – bevorzugt im journalistischen Bereich – und einschlägige Berufserfahrung. Der sichere Umgang mit der deutschen Sprache ist selbstverständlich.

Researcher

Researcher sind verantwortlich für die Kandidatensuche und -vorauswahl bei der Besetzung von Positionen für Fach- und Führungskräfte. Sie identifizieren qualifizierte Kandidaten für zu besetzende Positionen (Telefon-, Datenbank- und Internetrecherche) und sprechen diese an. Im Grunde begleiten und unterstützen sie den „Headhunter". Voraussetzung für die Tätigkeit des Researchers ist eine kaufmännische Berufsausbildung und/oder ein Studium, Berufserfahrung, ein gutes Gespür für Menschen und Märkte und Kommunikationsstärke. Bei entsprechender Zielstrebigkeit kann sich der Researcher zum Personalberater entwickeln.

Human Resources Manager

Das „Human Capital" ist einer der wichtigsten Erfolgsfaktoren von Unternehmen. Für die Beschaffung, den richtigen Einsatz und die Entwicklung dieses Kapitals ist der Human Resources Manager (HR-Manager) zuständig. Damit nimmt er Aufgaben wahr, die an der Schnittstelle zwischen den einzelnen Abteilungen eines Betriebs liegen. Human Resources Manager arbeiten entweder fest angestellt im Unternehmen oder als freie Berater einer Beratungsfirma. Neben der Rekrutierung von Fach- und Führungskräften befasst sich der HR-Manager vor allem mit Fragen der Leistungserbringung, -bewertung und -verbesserung und der Mitarbeiterzufriedenheit. In diesem Berufsfeld findet man häufig Betriebs- und Volkswirte, Juristen, Pädagogen und Psychologen. Bei Interesse an diesen Aufgaben sollte man zu seinen persönlichen Stärken ein Gespür für Menschen zählen und über ein hohes Maß an kommunikativer Kompetenz und Durchsetzungsvermögen verfügen.

Event Manager

Event Manager konzipieren und organisieren u. a. die Markteinführung eines neuen Produkts, Firmenjubiläen, Ausstellungen, Tourneen oder Sportveranstaltungen. Die grundsätzliche Herausforderung besteht darin, aus solch einem Ereignis ein „Event" zu machen, das den Gästen in Erinnerung bleibt und das Image des Gastgebers (meist ein Unternehmen) nachhaltig positiv beeinflusst. Zu den Aufgaben des Event Managers gehören neben der Entwicklung eines Veranstaltungskonzepts das Einholen von Angeboten, die Bereitstellung der Logistik und die Beschaffung des künstlerischen, technischen und gastronomischen Personals. Und dabei muss er selbstverständlich immer das Budget im Auge haben. Erfolgreich kann man als Event Manager nur sein, wenn man über ein sehr hohes Maß an Kreativität und Organisationsfähigkeit verfügt. Wer keine guten Ideen hat oder organisatorische Pannen verursacht, läuft Gefahr, dass die Gäste gar nicht erst erscheinen bzw. vorzeitig gehen. Besonders gefragt sind für diesen Job Absolventen eines betriebswirtschaftlichen Studiengangs mit den Schwerpunkten Kultur- und Freizeitmanagement, Sportmanagement oder Medienmanagement. Gute Chancen haben auch Bewerber mit Kenntnissen und Erfahrungen aus dem Tourismusmanagement und dem Hotel- und Gastronomiegewerbe.

Beachten Sie American Job Titles in den Stellenmärkten

- Gehen Sie in das Jobportal www.monster.de und informieren Sie sich unter „Studium & Berufsstart" über aktuelle Berufsbilder, die zunehmend englische Bezeichnungen haben.
- Schneiden Sie sich die Ihnen noch unbekannten American Job Titles aus den Stellenmärkten der Tageszeitungen aus und legen Sie eine Sammlung an. Nach kurzer Zeit haben Sie einen guten Überblick über modernen Berufsbilder und die mit diesen verbundenen Anforderungen.
- Lassen Sie sich nicht von Leuten verunsichern, die sich über die Verwendung von Anglizismen bzw. Amerikanismen ereifern und sich der „Reinheit" der deutschen Sprache verschrieben haben. Wenn in der Berufswelt alle wissen, was ein „Key Account Manager" ist, braucht man angesichts von über 2.000 Sprachen keine 2.000 unterschiedliche Begriffe mehr.

Welche neuen und geänderten Berufe gibt es?

Die Bundesagentur für Arbeit gibt mit Datenstand 19.11.2007 für diverse Berufe neue Ausbildungsordnungen an, die voraussichtlich zum 01.08.2008 wirksam werden. Hier einige Beispiele für neue Ausbildungsberufe.

Automatenfachmann/-frau

Der/die Automatenfachmann/-frau kann in Unternehmen der Automatenwirtschaft sowie bei Automatenbetreibern wie Verkehrsunternehmen, Parkhausbetrieben, gastronomischen Betrieben, Geldinstituten, Spielstättenbetreibern und Freizeiteinrichtungen ausgebildet werden. Die Ausbildungsdauer beträgt drei Jahre. Es handelt sich um einen Monoberuf mit Wahlqualifikationen. Die Ausbildung der Automatenfachleute ist in den ersten beiden Ausbildungsjahren identisch mit der Ausbildung der Fachkräfte für Automatenservice. Im dritten Jahr spezialisieren sich die Automatenfachleute durch Wahlqualifikationen. Mit Wahlqualifikationen im kaufmännischen Bereich übernehmen sie zudem Aufgaben in kaufmännischen Geschäftsprozessen, Marketing und Personalwirtschaft. Mit Wahlqualifikationen im technisch orientierten Bereich sind sie für die mechatronische Installation, die Instandhaltung und Informations- und Kommunikationstechnik zuständig.

Fachkraft für Automatenservice

Die Fachkraft für Automatenservice wird in Unternehmen der Automatenwirtschaft sowie bei Automatenbetreibern wie Verkehrsunternehmen, Parkhausbetrieben, gastronomischen Betrieben, Geldinstituten, Spielstättenbetreibern und Freizeiteinrichtungen ausgebildet. Die Ausbildungsdauer beträgt zwei Jahre. Es handelt sich um einen Monoberuf (also einen Beruf ohne Spezialisierungen). Fachkräfte für Automatenservice stellen Waren-, Getränke- und Verpflegungs-, Geld- und Bank-, Ticket-,

Telefon-, Zeiterfassungs- und Unterhaltungsautomaten auf. Sie prüfen Warenbestände, befüllen und warten die Automaten, weisen Kunden in die Bedienung ein und bearbeiten Reklamationen. Die Ausbildung zur Fachkraft für Automatenservice wird bei einer Fortsetzung der Ausbildung zum/zur Automatenfachmann/-frau mit zwei Jahren angerechnet.

Fotomedienfachmann/-frau

Angesichts des Siegeszugs der digitalen Bildaufnahme und Bildverarbeitung entstand das Bedürfnis nach Fachleuten, die sowohl die Bildmedientechnologien beherrschen als auch verkaufs- und kundenorientiert beraten und das Waren- und Dienstleistungsangebot entsprechend gestalten können. Ab dem Ausbildungsjahr 2008/09 soll deshalb die Ausbildung Fotomedienfachmann/-frau eingeführt werden. Als Ausbildungsbetriebe kommen z. B. Einzelhandelsunternehmen, Fach- und Großlabore, Fotoateliers, die Industrie und Bildagenturen infrage. Die Ausbildungsdauer beträgt drei Jahre. Es handelt sich um einen Monoberuf. Fotomedienfachleute sind in den Aufgabenfeldern fotobezogene Dienstleistungen, Beratung, Vertrieb und Marketing tätig.

Personaldienstleistungskaufmann/-frau

Mit der zum 1. August 2008 geplanten Ausbildung zum/zur Personaldienstleistungskaufmann/-frau wird es erstmals einen eigenen Ausbildungsberuf für den Personalbereich geben. Ausgebildet werden Personaldienstleistungskaufleute in Personaldienstleistungsunternehmen oder in Personalabteilungen von Unternehmen. Die Ausbildungsdauer beträgt drei Jahre. Es handelt sich um einen Monoberuf. Tätigkeitsfelder finden Personaldienstleistungskaufleute in den Bereichen Personalberatung, Personalvermittlung, Personalrekrutierung und Personalentwicklung sowie in der Arbeitnehmerüberlassung. Sie ermitteln den Personalbedarf, führen die Personalbeschaffung durch, organisieren den Personaleinsatz und planen die Personalentwicklung. In Personaldienstleistungsunternehmen spielen auch Kundenakquise und Kundenbetreuung eine wichtige Rolle. Zu ihren kaufmännischen Tätigkeiten gehören Kalkulation und Angebotserstellung, das Abschließen von Verträgen sowie die Projekt- und Auftragsabwicklung. Außerdem pflegen sie beispielsweise Netzwerke mit relevanten Organisationen.

Die folgenden Ausbildungen werden modernisiert:

Pferdewirt/-in

Zum 1. August 2008 soll die Ausbildung zum/zur Pferdewirt/-in neu geordnet werden. Die derzeit gültige Ausbildungsordnung stammt aus dem Jahr 1979. Ob die Struktur der Ausbildung mit den vier Schwerpunkten Pferdezucht und -haltung, Reiten, Rennreiten und Trabrennfahren erhalten bleibt, steht noch nicht fest.

Technische/r Zeichner/-in

Zum 1. August 2008 soll die Ausbildungsordnung für den Beruf Technische/r Zeichner/-in aus dem Jahr 1993 modernisiert und an den Stand der Entwicklung angepasst werden. Wie die neue Struktur der Ausbildung aussehen wird, steht noch nicht fest. Derzeit wird in den fünf Fachrichtungen Elektrotechnik, Heizungs-, Klima- und Sanitärtechnik, Holztechnik, Maschinen- und Anlagentechnik sowie Stahl- und Metallbautechnik ausgebildet.

Quelle: Bundesagentur für Arbeit (Alle Angaben ohne Gewähr.)

Nützliche Adressen

Und hier noch einige Internetadressen, die bei der Berufsfindung und der Suche nach Ausbildungsmöglichkeiten hilfreich sein können.

www.zukunftsnavigator.de
Hier finden Sie wichtige Links zu Schule, Berufswahl, Ausbildung und Arbeitsleben. Besonders hilfreich ist die „Suchmaschine für Bildung und Karriere".

www.ausbildungsplus.de
Diese Seite gibt einen guten Überblick über Ausbildungsberufe und ist zugleich eine Plattform für Ausbildungsangebote. Sehr aufschlussreich ist dieses Portal für Abiturienten, die über duale Studiengänge an Hochschulen und Berufsakademien nachdenken.

www.borakel.de
Dieses „innovative Beratungstool" wird von der Ruhr-Universität Bochum angeboten und informiert über Fragen zur Studien- und Berufswahl. Beantwortet werden individuelle Fragen zum Berufsweg, zum Studiengang und zur Ruhr-Universität Bochum.

Karriereplanung: Wohin soll die Reise gehen?

Pläne schmieden ist eine schöne Sache und wer gar keine Pläne mehr für die Zukunft hat, hat diese meist bereits hinter sich.

Mit dem Planen und den Plänen ist es wie mit einer Straße, die man auf der Landkarte sieht und die einen allem Anschein nach zum gewünschten Ziel führen kann. Was man nicht sieht, sind Schlaglöcher, Umleitungen, Staus und ungemütliche Witterungsverhältnisse. Ganz zu schweigen von einer Panne oder einem Unfall, der die schöne Planung zunichte machen kann. Außerdem ist es nicht ausgeschlossen – manchmal sogar vorteilhaft – unterwegs das Reiseziel und damit die Pläne zu ändern.

Trotz aller Vorbehalte und Vorläufigkeit muss man im Leben so manches planen, wenn man sich nicht treiben lassen will. Und dazu gehören auch Beruf und Karriere. Man darf dabei nur nicht zu genau sein wollen. Wenn ein Trainer seinem Stürmer sagt, er solle in der 35. Minute in einem Winkel von 30 Grad auf das gegnerische Tor zustürmen und den Ball in die obere rechte Ecke „versenken", dann ist dies natürlich Unfug. Totale Planung ist genauso schlecht wie gar keine Planung.

Warum es so wichtig ist, sich Ziele zu setzen

Die Formulierung und die Umformulierung von Zielen ist eine zentrale Tätigkeit im Leben. Wer sie vernachlässigt, betreibt einen meist recht ermüdenden Aktionismus. Außerdem sind Ziele, von denen man überzeugt ist, die wichtigste Energiequelle des Menschen.

Um Ziele ausarbeiten zu können, ist zunächst begriffliche Klarheit nötig. Meist besteht ein Ziel darin, dass man einen wünschenswerten Zustand anstrebt – man spricht in diesem Falle von einem **positiven Ziel**. Etwa: Ich möchte die Prüfung bestehen. Oder: Ich möchte einen Beruf erlernen, der meinen Neigungen und Fähigkeiten entspricht. Bei einem **negativen Ziel** geht es dagegen darum, einen vorhandenen Mangelzustand zu beseitigen bzw. etwas zu vermeiden. Man will, dass etwas **nicht** (mehr) der Fall ist. Beispiel: Ich möchte nicht durch die Prüfung fallen. Oder: Ich muss beruflich etwas anderes machen. Aber das ist das Problem: Negative Ziele sagen meist nur, dass es **irgendwie** anders werden muss oder das etwas nicht passieren soll, und deshalb sind sie wenig geeignet, dem Handeln eine Richtung zu geben.

Derartige Unterscheidungen mögen akademisch klingen, sind aber wichtig (Alter Grundsatz: Falsche Begriffe behindern richtiges Denken!). Dies gilt auch für die Unterscheidung von **globalen** und **spezifischen** Zielen. Beim Schachspiel besteht das globale Ziel darin, den gegnerischen König matt zu setzen. Da es sehr viele Matt-Situationen gibt, bleibt die Zielsituation recht unbestimmt. Kurz: Man muss spezifische Ziele definieren, um eine Grundlage für das Verhalten zu haben. In der Praxis wären dies Zwischenziele, die die globale Zielerreichung wahrscheinlich machen.

Ein globales Ziel für einen angehenden Juristen könnte darin bestehen, langfristig einmal die Verantwortung für eine Anwaltskanzlei oder Rechtsabteilung zu übernehmen. Eines von diversen spezifischen Zielen bestünde darin, das Examen mindest mit einem „voll befriedigend" zu meistern.

Die begriffliche und inhaltliche Klärungsarbeit ist damit aber noch nicht vollständig geleistet, denn vom globalen Ziel muss man das **unklare Ziel** unterscheiden. Beim globalen Ziel (z. B. „matt" des gegnerischen Königs) kann man am Ende klar entscheiden, ob das Ziel erreicht wurde oder nicht. Unklare Ziele sind dagegen Ziele, bei denen ein Kriterium, aufgrund dessen sicher entschieden werden kann, ob man erfolgreich war oder nicht, fehlt. Also: Das Betriebsklima soll besser werden. Welches sind die Zielkriterien? Wie soll der angestrebte Zustand aussehen? Worin zeigt er sich? Oder: Ich möchte Karriere machen. Ab welcher Position kann man für sich beanspruchen, Karriere gemacht zu haben? Als Gruppenleiter in der Anlagenbuchhaltung, als Studienrat oder als Geschäftsführer einer Immobilienfirma? Noch ein Beispiel für ein positives und klares Ziel: Ich will die Prüfung mit einem Schnitt von mindestens 1,9 bestehen.

 So erarbeiten Sie Ihre Ziele für eine Bewerbungsaktion

- Definieren Sie das globale berufliche Ziel Ihrer Bewerbungsaktion:
  „Ich will im Trade Marketing eines Lebensmittelherstellers eine verantwortungsvolle Aufgabe übernehmen."
- Fächern Sie dieses globale Ziel in spezifische Ziele (Zwischenziele) auf:
  „Ich beschaffe mir die Adressen und Namen der Ansprechpartner sämtlicher Firmen, die auf dem Gebiet der Food Ingredients in Deutschland und Belgien tätig sind." (Das wäre beispielsweise ein spezifisches Ziel bei Initiativbewerbungen.)
  „Ich versende jede Woche zehn Bewerbungen."
  „Auf zehn Bewerbungen will ich im Schnitt mindestens eine Einladung zum Vorstellungsgespräch erhalten."
- Beschreiben Sie alle Ziele klar – also unter Angabe von Kriterien, nach denen sich die Zielerreichung feststellen lässt:
  „Ich will bis Ende des Jahres einen Vertrag als Key Account Manager im Trade Marketing eines Lebensmittelherstellers mit einem Jahresentgelt nicht unter 80.000 Euro unterschrieben haben."

Warum es hilfreich ist, strategisch zu denken

Strategisch denken heißt, sich von Zielen leiten zu lassen – also vom Ende her zu denken – und Entscheidungen (taktische Einzelmaßnahmen) jeweils in ihrer Tragweite zu erfassen. Dabei sollte man – wie bereits gesagt – die Karriere nicht bis oben durchplanen wollen, sondern jeweils den nächsten Schritt klar vor Augen haben. In der Wirtschaft findet man eine Reihe von interessanten Persönlichkeiten, denen dies gelungen ist, so z. B. der Bayer-Vorstandsvorsitzende Werner Wenning, Manager des Jahres 2007.

Eine gute Karriere ist natürlich nicht nur das Ergebnis einer persönlichen Planung, sondern auch einem Unternehmen zu verdanken, das Potenziale erkennt und deren Entwicklung fördert.

Elemente einer guten Karriereplanung

- kein Jobhopping, aber häufigere sinnvolle Positionswechsel
- Aufgaben in der Zentrale und an der Peripherie eines Unternehmens wahrnehmen
- durch Auslandseinsätze entsprechende internationale Erfahrungen sammeln
- bei jedem beruflichen Schritt prüfen, ob er ein Mehr an Verantwortung mit sich bringt und ob man etwas Neues lernen kann
- jeden Job so machen, dass man sich wieder sehen lassen kann
- Umsetzungsstärke zeigen

Und was ist mit dem oft zitierten Networking als Karrierefaktor? Der Bayer-Vorstandsvorsitzende Werner Wenning trifft seine Personalentscheidungen nach Kompetenz und nicht nach Netzwerkkalkül. Und es spricht einiges dafür, dass das Thema „Networking" gar nicht den Stellenwert hat, der ihm in den Medien häufig zugesprochen wird. Natürlich kann es gut sein, die richtigen Leute zu kennen, aber wenn die von einem nicht sonderlich viel halten, werden sie einem auf dem Weg nach oben nicht behilflich, sondern hinderlich sein. Es spricht manches dafür, sich nicht ständig in der innerbetrieblichen Öffentlichkeit zwecks Profilierung und Networking zu präsentieren, sondern lieber seinen Job zu machen. Im Übrigen ist das Urteil, man sei „karrieregeil", kein gutes Urteil.

Die richtige Art, Karriere zu machen

„Aber hüte deine Seele vor dem Karrieremachen." Theodor Storms Warnung in dem Gedicht „Für meine Söhne" wird freilich bestenfalls von jenen bejaht, denen der hierarchische Aufstieg verwehrt geblieben ist. Wer es schafft, nach oben zu kommen, genießt nun einmal gesellschaftliches Ansehen und materielle Annehmlichkeiten. Außerdem ist nicht von der Hand zu weisen, dass Macht – zumindest wenn sie von Männern ausgeübt wird – offenbar eine gewisse erotische Ausstrahlung hat. Wer also mag da verkünden: „Nein – ich habe kein Interesse an meiner Karriere!"

Wie immer man dazu stehen mag – jede Gesellschaft bzw. Organisation braucht Menschen, die nach oben kommen und damit Verantwortung übernehmen wollen. Der Aufstiegswunsch ist eine entscheidende Motivation und wer ihn abzuwürgen versucht, gefährdet die Effizienz jedes organisierten Handelns und unser aller Wohlstand.

Die Probleme liegen woanders. Da ist nämlich noch der Karrierist, der aus guten Gründen wenig geschätzt wird. Wer seinen beruflichen Weg vorsätzlich als Abfolge von Beförderungen und Aneignung von Statussymbolen und Reichtümern anlegt, wird auf Dauer für seine Organisation nicht sonderlich von Nutzen sein.

Die besten Leute sind nun einmal nicht die meist auch noch gefühlsarmen Ehrgeizlinge, sondern jene, die mit Kopf und Seele dabei sind und ihr Selbstwertgefühl nicht ausschließlich über ihren Status beziehen. Einen hohen Anspruch an sich und seine Arbeitsergebnisse zu haben, ist etwas anderes als unter dem Zwang zu leben, alle hinter sich lassen zu müssen. Bei dieser Gelegenheit sei der Hinweis erlaubt, dass der Begriff „Karriere" aus dem Französischen stammt und so viel bedeutet wie „schneller Lauf" oder „schnelles Vorwärtskommen". Da kann man – um im Bild zu bleiben – auch mal über das Ziel hinausschießen bzw. aus der Kurve fliegen.

1969 erschien in den USA ein Buch, das sich dem Thema Karriere aus einer ganz anderen Richtung näherte und bald weltweit herzliche Zustimmung fand. Einstweilen sind fast 40 Jahre vergangen, aber noch heute steht der Name des Amerikaners Laurence J. Peter für ein Prinzip, das schon manchem Untergebenen geholfen hat, seinen Chef in neuem Lichte zu sehen. Es lautet: In der Regel steigen Mitarbeiter in einer Hierarchie so lange auf, bis sie endlich eine Position erreichen, in der ihre Inkompetenz offensichtlich wird – und da bleiben sie dann.

Und wie unterscheidet sich der Karrierist, der am Ende meist an sich selbst scheitert, von jenen, die das Zeug haben, auch ganz oben einen guten Job zu machen? „Ich habe nie gefragt, was kann ich werden, ich habe immer gefragt, was kann ich tun?" So beschrieb der 1989 von der RAF ermordete Bankier Alfred Herrhausen von der Deutschen Bank jene Haltung, die einen soliden Aufstieg zumindest wahrscheinlich macht.

Worauf kommt es an, wenn man nach oben will?

Es gibt Menschen, die legen mehr als eine großartige Karriere hin. Ferdinand Porsche gehört gewiss dazu und über Bill Gates muss man auch nicht streiten. Wie sind solche Entwicklungen möglich? Genie und Irrsinn liegen dicht beieinander. So jedenfalls will es die öffentliche Meinung und in der Tat sind hochbegabte und schöpferische Menschen meist der Welt „entrückt". Und da sie ihren Mitmenschen etwas Neues präsentieren, das diese abzulehnen geneigt sind, werden ihnen gern pathologische Züge zugeschrieben. Nicht immer völlig zu Unrecht, wenn man an Vincent van Gogh denkt, der zwischen Halluzinationen und Depressionen schwankte und sich in einem Wahnsinnsanfall ein Ohr verstümmelte.

Menschen, die für sich durchaus Genialität in Anspruch nehmen können, sehen die Ursachen für ihre außergewöhnlichen Leistungen zuweilen da, wo man sie als Laie gar nicht vermutet. So beispielsweise der Erfinder Thomas Edison: „Genius is 99 percent perspiration and one percent inspiration." Auch für Theodor Fontane war Genie vor allem Fleiß. Und welche Charaktereigenschaften hat ein Genie noch? Weil er gerade seit 100 Jahren tot ist, sollen kurz die wichtigsten Persönlichkeitsmerkmale des genialen Humoristen Wilhelm Busch (1832–1908) aufgezählt werden: „einsam", „störrisch", „geizig", „misstrauisch" und „eigenbrötlerisch" – um nur einige zu erwähnen, die Helmut Karasek in Busch-Biografien gefunden hat („Die Welt" vom 5.1.2008). Wer möchte da noch ein Genie sein oder werden?

Nein – eine typische Eigenschaftskombination der Genialität gibt es natürlich nicht. Aber es gibt den Weltveränderer Bill Gates, an dem man einige Merkmale ausmachen kann, die für Genies nicht untypisch sind. Der Studienabbrecher Gates war ein Stubenhocker, Garagentüftler und Anti-68er. Seine digitale Revolution organisierte er nicht gegen, sondern mit der Großindustrie. Als seine Zeit- und Altersgenossen den Computer noch verteufelten, öffnete er das Fenster zu einer neuen Welt. Anfang 2008 hat er seine Managerkarriere beendet, um sich in Afrika als Samariter zu betätigen. 30 Milliarden Dollar hat er aus seinem Privatvermögen in eine Stiftung gegeben, die sich für Bildung und Malaria- und Aids-Bekämpfung engagiert. Einfach ein irrer Typ, dieser Bill Gates!

Test: Wie wichtig ist es für mich, Karriere zu machen?

1. Wenn man etwas erreichen will, muss man bereit sein, länger als die meisten anderen zu arbeiten.

    ☒ stimmt ☐ dazwischen ☐ stimmt nicht

2. Man sollte hin und wieder an sich selbst zweifeln.

    ☐ stimmt ☒ dazwischen ☐ stimmt nicht

3. Man muss auch einmal bereit sein, ein „unruhiges" Leben zu führen. Das „traute Heim" ist mal hier und mal dort. Damit hätte ich kein Problem.

    ☒ stimmt ☐ dazwischen ☐ stimmt nicht

4. Wenn das Privatleben zu kurz kommt, kann man auch im Job nicht gut sein.

    ☒ stimmt ☒ dazwischen ☐ stimmt nicht

5. Ich würde immer zunächst auf Argumente setzen und weniger auf Autorität.

    ☒ stimmt ☐ dazwischen ☐ stimmt nicht

6. Wer aufsteigen will, muss skrupellos sein.

    ☐ stimmt ☐ dazwischen ☒ stimmt nicht

7. Wenn ich eine Entscheidung zu treffen habe, suche ich gern Rat bei anderen, übernehme aber für die Folgen der Ratschläge allein die Verantwortung.

    ☒ stimmt ☐ dazwischen ☐ stimmt nicht

8. Ein Karriereschritt ohne Gehaltsverbesserung ist gar kein Karriereschritt.

   ☐ stimmt ☐ dazwischen ☒ stimmt nicht

9. Bei entsprechender Führung ist es möglich, dass die Mitarbeiter zufriedener sind, obwohl sie mehr arbeiten müssen.

   ☐ stimmt ☒ dazwischen ☐ stimmt nicht

10. Die besten Jobs bekommt man doch nur über Beziehungen.

    ☐ stimmt ☐ dazwischen ☒ stimmt nicht

11. Ein guter Manager kann keine „Abnicker" gebrauchen, sondern Mitarbeiter, die eine fundierte Meinung haben und diese auch äußern.

    ☒ stimmt ☐ dazwischen ☐ stimmt nicht

12. Das ganze Konsens-Gerede ist Zeitvergeudung. Irgendwann muss man „Basta" sagen.

    ☐ stimmt ☐ dazwischen ☒ stimmt nicht

Auswertung

Testitems mit ungeraden Zahlen: „stimmt" = 2 Punkte, „stimmt nicht" = 0 Punkte
Testitems mit geraden Zahlen: „stimmt nicht" = 2 Punkte, „stimmt" = 0 Punkte
Für „dazwischen" gibt es einen Punkt.

                                                                    gute Aufstiegschancen

0	2	4	6	8	10	12	14	16	18	20	22	24

Interpretation

24–16 Punkte
Sie haben einen hohen Leistungsanspruch an sich selbst und eine gehörige Portion an Realitätssinn. Ihre Lebensmaxime könnte heißen: Von nichts kommt nichts! Die Voraussetzungen für den beruflichen Aufstieg sind bei dieser Einstellung sehr gut.

15–8 Punkte
Prüfen Sie einmal, wo Sie keine Punkte erhalten haben, und setzen Sie sich mit diesen Fragen in eigener Sache kritisch auseinander. Natürlich schaffen es auch Menschen an die Spitze, die durch und durch skrupellos sind. Die Regel ist das glücklicherweise nicht und von den Lesern dieses Buches dürfte sich wohl niemand an diesen Ausnahmen orientieren.

7–0 Punkte
Auch das ist richtig: Zufriedenheit im Berufsleben wird nicht durch die Karriere garantiert. Ihnen wäre vermutlich die Luft da oben zu „dünn". Im Übrigen gibt es viele Führungskräfte, die es bereuen, in die Personalverantwortung gegangen zu sein.

Tipps und Tests für Umsteiger, Quereinsteiger und Aussteiger

Weshalb es sinnvoll sein kann, umzusteigen

Viele Umstiegswillige wissen nur, dass es anders werden muss, wenn es besser werden soll. Und dies zeigt sich dann meist auch negativ im Vorstellungsgespräch.

Am Anfang jeder Genesung steht die richtige Diagnose – in diesem Fall die Motivforschung in eigener Sache: Warum will ich eigentlich weg bzw. warum möchte ich etwas anderes machen? In der Regel liegt mindestens einer der folgenden Gründe vor:

- Es sind keine Entwicklungs- bzw. Aufstiegschancen in Sicht.
- Man möchte mehr Geld verdienen.
- Die derzeitige Aufgabe ist „ausgereizt" – es geht um den Ausbruch aus der Routine.
- Das bisherige Unternehmen ist nicht zur „beruflichen Heimat" geworden.
- Es ist erkennbar, dass der eigene Job gestrichen wird.
- Der „Ruf" im Betrieb ist beschädigt.

Jeder Punkt kann für sich einen Veränderungswunsch rechtfertigen. Damit der angestrebte Wechsel nicht zur kopflosen „Flucht" gerät, sollte er mit drei Fragen sorgfältig vorbereitet werden:

1. Was gebe ich auf?
   Menschen neigen dazu, das Bestehende gering zu schätzen. Was für Partnerschaften gilt, gilt auch für Arbeitsverhältnisse: Viele machen in den Niederungen des Alltags schlapp und sehen nur noch das Trennende und nicht das Verbindende. Stellen Sie eine Bilanz auf, die nicht zu sehr vom momentanen Frust beeinflusst ist.

2. Welche Chancen sind mit einem neuen Job verbunden?
   Jedem Anfang wohnt ja bekanntlich ein Zauber inne. In diesem Sinne können sich neue Herausforderungen wie ein Fitnessprogramm für Leib und Seele auswirken. Man muss allerdings darauf achten, dass die neue Aufgabe wirklich zum eigenen Können, Wissen und Wollen passt. Dabei darf die Messlatte ruhig ein wenig höher gelegt werden.

3. Was muss ich zukünftig anders machen?
   Es gilt, die Ursachen für den Wechselwunsch bzw. die berufliche Unzufriedenheit auch bei sich selbst zu suchen. Wer sich mit Schuldzuweisungen an andere begnügt, bereitet das nächste Scheitern bereits vor. Deshalb sollte man Begründungen wie „Ich wurde gemobbt.", „Man hat mir beim Start alles Mögliche versprochen." oder „Mein Chef kann nicht delegieren." schleunigst vergessen. Mit Be-

werbern, die sich in eine Opferrolle bugsieren lassen und sich beim potenziell nächsten Arbeitgeber darüber auch noch beschweren, kann man die Zukunft nicht gewinnen.

Und was ist, wenn man es im letzten Moment mit der Angst bekommt? Hier noch einmal der Grundsatz, der unsere Zeit entscheidend markiert: Wer kein Risiko eingehen will, geht das größte Risiko ein.

Test: Soll ich wechseln oder bleiben?

1. Ich weiß ganz genau, was mich an einem neuen Arbeitstag erwartet – nämlich das vom gestrigen Tag.

    ☐ stimmt   ☐ stimmt nicht

2. Bei aller Bescheidenheit – aber das, was ich zu tun habe, beherrsche ich aus dem Effeff.

    ☐ stimmt   ☐ stimmt nicht

3. Ich fühle mich abends nicht müde, sondern zerschlagen.

    ☐ stimmt   ☐ stimmt nicht

4. Ich traue mir durchaus noch anspruchsvollere Aufgaben zu, aber meine Vorgesetzten sind da offenbar anderer Ansicht.

    ☐ stimmt   ☐ stimmt nicht

5. Ich bin absolut bereit, noch mehr Einsatz zu zeigen bzw. Erschwernisse auf mich zu nehmen, wenn die entsprechende Herausforderung gegeben ist.

    ☐ stimmt   ☐ stimmt nicht

6. Das Umfeld, in dem ich arbeite, zeigt wenig Leistungsbereitschaft und ist versucht, andere entsprechend zu beeinflussen, also nach unten zu ziehen.

    ☐ stimmt   ☐ stimmt nicht

7. Ich wünsche mir Anforderungen und Aufgaben, bei denen ich mich „strecken" muss, um erfolgreich zu sein.

    ☐ stimmt   ☐ stimmt nicht

8. Ich denke, dass ich durchaus einen guten Job mache, aber Erfolgserlebnisse stellen sich nicht mehr ein.

    ☐ stimmt   ☐ stimmt nicht

9. Ich vermisse Kollegen, mit denen man sich „reiben" und von denen man etwas lernen kann.

    ☐ stimmt   ☐ stimmt nicht

10. Ich denke sehr häufig darüber nach, mal etwas völlig anderes zu machen.

☐ stimmt ☐ stimmt nicht

11. Eigentlich habe ich in meinem Job nichts auszustehen und das Geld stimmt auch – dennoch bin ich zutiefst unzufrieden.

☐ stimmt ☐ stimmt nicht

12. Immer häufiger kostet es mich morgens eine erhebliche Überwindung, den Weg zu meinem Arbeitsplatz anzutreten.

☐ stimmt ☐ stimmt nicht

Auswertung

Für jedes „stimmt" erhalten Sie einen Punkt, mit dem der Entscheidungs- bzw. Handlungsbedarf steigt. Wenn Sie wollen, können Sie Ihr Ergebnis in der folgenden Skala ankreuzen.

bleiben												wechseln
0	1	2	3	4	5	6	7	8	9	10	11	12

Interpretation

12–9 Punkte
Man kann nicht ein Drittel seines Lebens wegwerfen. Wagen Sie den beruflichen Aufbruch zu neuen Ufern! Ein Wechsel ist manchmal so, als würden die Karten neu gemischt und verteilt. Mit ein wenig Glück bekommt man ein besseres Blatt. Im Übrigen haben Sie so, wie Sie Ihre Lage beschreiben, wenig zu verlieren. Dennoch muss ein möglicher Wechsel gut vorbereitet werden, denn man kann bekanntlich von Regen in die Traufe kommen.

8–5 Punkte
Sie wissen es: Den Job, in dem von morgens bis abends gelacht wird, gibt es nicht einmal im Kabarett. In den Niederungen des Alltags geht es mühsam zu und das darf kein Grund sein, den Job voreilig hinzuwerfen. Andererseits sollte man immer wieder einmal seine Chancen im Arbeitsmarkt überdenken. Eine neue Aufgabe, an der man sich „hochranken" kann, erhöht die Zukunftsfähigkeit. Prüfen Sie mögliche Angebote sorgfältig und gehen Sie in eventuelle Vorstellungsgespräche mit der Option, Nein zu sagen. Sie können es sich ja erlauben, denn so groß ist der Leidensdruck nun auch wieder nicht.

4–0 Punkte
Bleiben Sie noch eine Weile, wo Sie sind. Natürlich ist es interessant, den Arbeitsmarkt im Auge zu haben und besondere Entwicklungen hinsichtlich des eigenen Berufsbildes mitzubekommen. Sie können in aller Ruhe neue Perspektiven prüfen.

Kann ich mich gut verkaufen?

Es reicht nicht aus, die Voraussetzungen für einen bestimmten Job mitzubringen – der Gesprächspartner bzw. Personaler muss es auch bemerken. Besonders schwer fällt die Vermarktung des eigenen Leistungsprofils jenen Umstiegswilligen, die sich lange nicht mehr beworben haben. Und recht hoch sind die Hürden für jene, die das erste Mal eine Führungsaufgabe übernehmen möchten. Auch Quereinsteiger, die im neuen Berufsbild erst noch zeigen müssen, was sie können, haben es nicht leicht.

Begeben Sie sich doch einmal auf den Prüfstand und testen Sie, ob Sie in Sachen Selfmarketing auf der Höhe sind. Es ist ja schade, wenn man als Bewerber viel Zeit und Mittel vergeudet, weil man einige grundsätzliche Fehler immer wieder macht. Außerdem schiebt man am Ende jede Menge Frust, wenn der Erfolg ausbleibt.

Test: Wie gut kann ich mich bewerben?

Bitte entscheiden Sie sich jeweils für eine Antwort und kreuzen Sie den entsprechenden Buchstaben an.

1. In Stellenangeboten werden fast immer auch die gewünschten Soft Skills angeführt. Welche Kombination von Merkmalen ist besonders kritisch zu sehen?

    a) Durchsetzungsfähigkeit und Teamfähigkeit

    b) Organisationstalent und Teamfähigkeit

    c) Zielstrebigkeit und Teamfähigkeit

2. In einem Stellenangebot lesen Sie, dass ein kleines, hochkarätiges Expertenteam Verstärkung sucht. Gefordert werden u. a. Fachwissen, Erfahrung und Teamfähigkeit. Worauf kommt es im Zweifelsfall besonders an?

    a) Fachwissen

    b) Teamfähigkeit

    c) Erfahrung

3. Welche Einleitung würden Sie für ein Anschreiben sinngemäß favorisieren?

    a) „der Restrukturierungsdruck, dem viele Unternehmen heute ausgesetzt sind, erfordert Mitarbeiter, die ..."

    b) „hiermit bewerbe ich mich um ..."

    c) „Ihr Angebot habe ich mit Interesse gelesen und deshalb ..."

4. Wie würden Sie Ihr Anschreiben beenden?

    a) „Gern stelle ich mich Ihnen persönlich vor."

    b) „Ich freue mich schon heute auf unser gemeinsames Gespräch."

    c) „Für ein Vorstellungsgespräch stehe ich jederzeit zur Verfügung."

Kann ich mich gut verkaufen?

5. Was halten Sie davon, dass Tippfehler in Bewerbungen erhebliche Minuspunkte einbringen können?

   a) Ich finde das kleinlich, wenn man sich nicht um Sekretariatsaufgaben bewirbt.

   b) Das ist richtig, weil Fehler einen Verstoß gegen das „Vier-Augen-Prinzip" verraten.

   c) Das ist richtig, weil man als Bewerber die deutsche Sprache respektieren sollte.

6. Oft wird in Stellenangeboten die Angabe des Gehaltswunschs erbeten. Was tun Sie als Umsteiger bzw. Quereinsteiger, wenn Sie sich noch nicht festlegen möchten?

   a) Ich ignoriere die Bitte.

   b) Ich schreibe, dass ich die Gehaltsfrage gern im persönlichen Gespräch klären möchte.

   c) Ich benenne mein derzeitiges Einkommen.

7. Warum gehört das Anschreiben nicht in die Bewerbungsmappe, sondern wird lose beigefügt?

   a) Anschreiben und Unterlagen sind getrennte juristische Vorgänge (Eigentum!).

   b) Dies ist eine alte Tradition.

   c) Die Deutsche Gesellschaft für Personalführung (DGPF) empfiehlt dies.

8. Für den Umfang einer Bewerbung gilt die folgende Faustregel:

   a) Anschreiben und Lebenslauf sollten nur aus jeweils einer Seite bestehen.

   b) Das Anschreiben sollte grundsätzlich nur eine Seite umfassen – der Lebenslauf darf umfangreicher sein.

   c) Es gibt berufliche Werdegänge, die lassen sich einfach nicht auf einem einseitigen Anschreiben überzeugend darstellen.

9. Wann bittet man als Arbeitnehmer sein Unternehmen um ein Zwischenzeugnis?

   a) Wenn man mit dem Gedanken spielt, sich zu verändern.

   b) Wenn man die ersten Bewerbungsaktionen starten möchte.

   c) Wenn man einen neuen Vorgesetzten bekommt.

10. Welche Bewerbungsmappe kommt Ihrer Meinung nach am besten an?

    a) Die normale Klemmmappe aus Kunststoff – erste Seite durchsichtig.

    b) Die dreiseitigen Mappen. Wenn man die aufschlägt, hat man sofort einen Überblick.

    c) Ich finde einen Flyer am besten, um sich von den üblichen Mappen abzusetzen.

11. Woran scheitern Online-Bewerbungen häufig?

    a) Sie scheitern am elektronischen „Türwächter".

    b) Daran, dass sie meist nicht so umsichtig wie konventionelle schriftliche Bewerbungen abgefasst werden.

    c) Sie verschwinden im „Daten-Nirwana".

12. Ein Bewerber schreibt fleißig mit, während ihm das Unternehmen vorgestellt wird. Wie fänden Sie dies als Einstellender?

    a) Ich wäre vom Interesse des Bewerbers angetan.

    b) Das verrät Gründlichkeit und Ernsthaftigkeit.

    c) Ich würde erwarten, dass sich ein Interessent alles Wesentliche merken kann und Blickkontakt hält, anstatt sich mit einem Blatt Papier zu befassen.

13. Wenn ich gebeten werde, mich selbst noch einmal vorzustellen,

    a) gehe ich auf jene Punkte meines Lebenslaufs ein, die in Hinblick auf die zu vergebende Aufgabe besonders relevant sind.

    b) achte ich darauf, nichts zu vergessen.

    c) nenne ich noch einmal alle Stationen, die in meinem tabellarischen Lebenslauf angeführt sind.

14. Sie werden gebeten, Ihrerseits Fragen zu stellen. Was ist eine dumme Frage?

    a) Warum wurde diese Position vakant?

    b) Wie ist das Betriebsklima in Ihrem Unternehmen?

    c) Gibt es interne Mitarbeiter, die sich für die ausgeschriebene Aufgabe ebenfalls interessieren?

15. Ein Bewerber weist am Ende des Vorstellungsinterviews darauf hin, dass er noch andere Aktionen laufen habe. Wie finden Sie das?

    a) Das ist gut, denn jetzt weiß der Einstellende, dass Eile geboten ist.

    b) Man zeigt damit, dass man gegebenenfalls mit einer Absage rechnet.

    c) Das wirkt „erpresserisch".

16. Sie werden gefragt, ob Sie sich noch woanders beworben haben. Was sagen Sie als Umsteiger?

    a) Sie halten sich bedeckt und betonen, dass Sie sich zurzeit nur für die Aufgabe interessieren, um die es gerade geht.

    b) Sie sagen, was wirklich Sache ist.

    c) Sie sagen auf jeden Fall, dass Sie noch andere Aktionen angeschoben haben. Etwas Druck kann nie schaden.

17. Was ist ein „idealer" Bewerber?

   a) Einer, der den Job unbedingt haben möchte.

   b) Einer, der mit der Option in das Vorstellungsgespräch geht, auch Nein zu sagen.

   c) Einer, der sich gut verkaufen kann.

Auswertung

Einen Punkt für Bewerberkompetenz erhalten Sie, wenn Sie die folgenden Alternativen markiert haben:

1a; 2b; 3c; 4a; 5b; 6c; 7a; 8b; 9c; 10a; 11b; 12c; 13a; 14b; 15c; 16a; 17b

Interpretation

17-14 Punkte
Sie wissen – zumindest was die eher formellen Aspekte des Bewerbungsprozesses angeht –, worauf es ankommt. Natürlich erhalten Sie im Zweifelsfall auch Absagen – aber meist, weil Sie zu teuer sind oder sich um die falsche Aufgabe beworben haben.

13-9 Punkte
In Zeiten der Vollbeschäftigung wäre dies ein hervorragendes Ergebnis! Aber da die Zeiten für Ein- und Umsteiger nicht ganz so sind, wie sie sein sollten, müssen Sie einige Unebenheiten beseitigen. Im Wettbewerb um einen guten Job zählt eben nur der erste Platz – Silber und Bronze werden nicht vergeben.

8-5 Punkte
Bei diesem Kenntnisstand in Sachen „Selfmarketing" bleiben Sie konsequent hinter Ihren Möglichkeiten zurück.

4-0 Punkte
Sie sollten sich lieber selbstständig machen.

(Erläuterungen zu diesem Test finden Sie bei Bedarf im Anhang auf Seite 189.)

Das Vorstellungsgespräch: Wie positioniere ich mich als Um- oder Quereinsteiger vorteilhaft?

So begründen Sie Ihren Wechselwunsch richtig

- Niemals den derzeitigen Arbeitgeber schlechtmachen. Natürlich verhalten sich nicht alle Arbeitgeber so, wie sie es sollten. Aber es kommt nicht gut an, wenn man den Wechselwunsch über Fehler und Versäumnisse anderer begründet.

- Den Wechselwunsch sachlich begründen. Nachvollziehbare sachliche Gründe sind beispielsweise ein möglicher Zuwachs an Verantwortung, eine stärker international ausgerichtete Aufgabe oder der Schritt in die Personalverantwortung. Es ist auch nicht unanständig, eine angestrebte Einkommensverbesserung als Veränderungsmotiv mit anzuführen.

- Nicht beliebig oder zu allgemein argumentieren. „Ich muss mal etwas anderes machen." – „Ich muss raus aus der Routine." – „Ich mache diesen Job schon zu lange." Diese und ähnliche Formulierungen sollten Sie nicht verwenden – auch wenn sie sehr wichtig sein können. Leider vertragen sie sich nicht mit Eigenschaften wie Beständigkeit und Durchhaltevermögen.
- Berufliche Fehlentscheidungen einräumen. Wer nicht zu seinen Fehlern steht, wird sich kaum weiterentwickeln und stellt deshalb irgendwann eine Belastung für einen Betrieb dar. Natürlich kommt es nicht gut an, wenn man zweimal denselben Fehler gemacht hat. Also: Sagen, was Sache war und was man daraus gelernt hat. „Trial and Error" ist ein wichtiges Erfolgsprinzip, solange die Irrtümer nicht zur Regel werden.

Frage: „Wieso lassen sich Ihre Ziele nicht bei Ihrem jetzigen Arbeitgeber verwirklichen?"

Die Frage bezieht sich auf die Motive des Wechselwilligen. Mit ihr sollen noch einmal jene Erkenntnisse abgerundet und abgesichert werden, die die direkte Frage nach den Gründen für den Veränderungswunsch erbracht hat.

 Zeigen Sie Interesse an neuen Herausforderungen

„Die Aufgabe in der Debitorenbuchhaltung ist für mich von den Anforderungen her ausgereizt. Ich mache das jetzt seit vier Jahren – habe zwischenzeitlich ja meinen Bilanzbuchhalter erworben – und sehe zurzeit keine Entwicklungsmöglichkeit in meiner Firma – zum Beispiel in Richtung Sachgebietsleitung. Die Positionen, die für mich interessant sind, sind leider alle besetzt. Und es entspricht nicht meinem Naturell, auf einen Zufall zu warten. Da ergreife ich lieber die Initiative."

Vor allem Bewerber, die den Schritt in die Personalverantwortung anstreben, müssen hier aufpassen. Es darf nicht der Eindruck entstehen, dass der bisherige Arbeitgeber an den Führungsqualitäten des Bewerbers zweifelt und ihm deshalb keine Chance einzuräumen bereit ist. Also aufpassen, wenn hier nochmals nachgefasst wird.

Frage: „Welche Probleme könnten sich aus Ihrer langen Betriebszugehörigkeit ergeben?"

Umsteiger geraten oft in Schwierigkeiten, weil ihre langjährige Firmentreue zu einschlägigen Prägungen geführt haben könnten, die die Anpassung an das neue betriebliche Umfeld nicht gerade leicht machen würden. Und so ist es denn den neuen Kollegen ein Ärgernis, wenn der Neue dauernd erklärt, dass man dies oder jenes in seiner alten Firma doch ganz anders gemacht habe. Die Frage dreht sich also darum, ob der Neuzugang unentwegt in den Rückspiegel oder nach vorn schauen würde.

 Schauen Sie nach vorn

„Ich verdanke meinem bisherigen Arbeitgeber sehr viel – ich konnte jede Menge Erfahrungen sammeln und habe ja auch eine gute Entwicklung hinter mir. Aber natürlich wird man durch ein Unternehmen – wenn man sich identifiziert und mit dem Herzen dabei ist – auch geprägt. Aber die Einstellungen, die ich im Lauf der Jahre entwickelt habe, sind eher zeitlos – die braucht jedes Unternehmen: Verlässlichkeit, Durchhaltevermögen und die permanente Bereitschaft zum Lernen. Natürlich muss ich aufpassen, dass ich im neuen Betrieb nicht an alles den Maßstab anlege, der in der alten Firma galt. Ich freue mich jedenfalls auf den Aufbruch zu neuen Ufern und bringe sicher so einiges mit, was für Ihr Unternehmen von Nutzen sein wird."

Frage: „Was hat Ihnen an Ihrem letzten Job besonders gut gefallen?"

Keine Antwort wäre in diesem Falle auch eine Antwort – und zwar eine schlechte. Wer beispielsweise nach fünf Jahren wechseln möchte und nichts Positives über seine frühere Aufgabe anzuführen vermag, muss sich fragen lassen, warum er nicht früher einen beruflichen Schnitt gemacht hat. Es gibt Wechselwillige, die an ihrem letzten Arbeitgeber kein gutes Haar lassen.

Haben Sie unbedingt einige Beispiele parat

„Ich hatte sehr viel direkten Kundenkontakt – nicht nur am Telefon. Und – das war besonders erfreulich – ich hatte im Kundengespräch einen recht großen Entscheidungsspielraum, musste mich also nicht ständig bei meinem Chef absichern. Dadurch hatte ich natürlich ein gutes Standing bei meinen Kunden."

Hüten Sie sich vor Widersprüchen

- Listen Sie auf, was an Ihrem früheren beziehungsweise derzeitigen Job, den Sie aufgeben möchten, positiv war beziehungsweise ist.
- Falls Ihnen nichts einfällt, müssen Sie sich fragen lassen, warum Sie sich erst jetzt verändern möchten beziehungsweise warum Sie die Aufgabe zu Beginn falsch eingeschätzt haben. Sammeln Sie Argumente.
- Vermeiden Sie Widersprüche! Führen Sie keine Inhalte als besonders erfreulich an, die die neue Aufgabe, um die Sie sich jetzt bewerben, gar nicht vorsieht.
- Wenn Sie sich zu positiv über Ihre frühere Aufgabe äußern, laufen Sie möglicherweise Gefahr gefragt zu werden: „Warum wollen Sie sich denn überhaupt verändern?" Da müssen Sie Argumente in petto haben.

Frage: „Warum wollen Sie Ihr Unternehmen bereits während der Probezeit verlassen?"

Wenn ein Bewerber bei seinem letzten Arbeitgeber von sich aus innerhalb der Probezeit gekündigt hat, möchte man natürlich als potenziell neuer Arbeitgeber gern die Gründe erfahren.

Begründen Sie Ihre Entscheidung nachvollziehbar

„Ich habe bald gemerkt, dass ich mich leider für die falsche Aufgabe entschieden habe. Am Anfang schien alles zu stimmen – vor allem komme ich mit den Kollegen ausgezeichnet zurecht und zu meinem Vorgesetzten stimmt die Chemie auch. Aber ich sitze einfach im falschen Zug und möchte deshalb schnellstmöglich umsteigen. Ich habe mich bei meiner Entscheidung seinerzeit zu sehr von den Umfeldbedingungen beeinflussen lassen und zu wenig nach den Inhalten gefragt. Das passiert mir nicht noch einmal."

Personaler kennen die folgenden Gründe für die Beendigung eines Arbeitsverhältnisses innerhalb der Probezeit:

- Der Bewerber hat die Aufgabe falsch eingeschätzt und fühlt sich unter- oder überfordert.
- Der Bewerber hat das soziale Umfeld falsch eingeschätzt – er kommt mit den Kollegen beziehungsweise seinem Vorgesetzten nicht klar.
- Der Bewerber hat die Arbeitsbedingungen und besonderen Erschwernisse wie häufige Reisen und Abwesenheitszeiten nicht richtig eingeschätzt.
- Der Bewerber ahnt, dass er die Probezeit nicht überstehen wird. Möglicherweise wurde ihm dies bereits signalisiert.

Frage: „Welche Eigenschaften hat der ideale Vorgesetzte?"

Mit Büchern über die Frage nach dem idealen Vorgesetzten lassen sich Bibliotheken füllen. Die bisher endgültige Antwort gibt der streitbare Managementexperte Fredmund Malik: „Der ideale Manager wäre eine Kreuzung aus Alexander dem Großen, Albert Einstein und Thomas Gottschalk."

Insbesondere bei Führungsnachwuchskräften versuchen die Personalentscheider mit dieser Frage natürlich herauszufinden, ob und welche Vorstellungen diese von einem zeitgemäßen Führungsverhalten haben.

 Sagen Sie, was Ihnen wichtig ist

„Der ideale Vorgesetzte ist berechenbar. Ich möchte als Mitarbeiter wissen, woran ich bei meinem Chef bin, und als Vorgesetzter sollen meine Mitarbeiter wissen, woran sie bei mir sind. Nur so kann Vertrauen wachsen – eine wichtige Voraussetzung für Identifikation, Leistungsfreude und gute Ergebnisse."

Auch dies klingt überzeugend: „Er sagt, was er denkt, und tut, was er sagt. Das wäre das Ideal, an dem sich die Praxis des Führungsalltags orientieren könnte."

Und auch dies kommt an: „Der ideale Vorgesetzte denkt und handelt mitarbeiter- und ergebnisorientiert. Er oder sie ist entscheidungsstark, versucht die Mitarbeiter zu gewinnen und hat keine Angst vor unangenehmen Entscheidungen."

Frage: „Wo konnten Sie Ihre Führungskompetenz bisher unter Beweis stellen?"

Die hier zu erörternde Frage richtet sich an jene, die ihre erste Linienverantwortung anstreben. Im Zweifelsfall haben diese Bewerber natürlich längst die einschlägige Managementliteratur gelesen – im Vorstellungsinterview wird dieses Thema aber sehr pragmatisch angegangen.

Zeigen Sie, dass Sie sich der Herausforderung gewachsen fühlen

„Wir haben an der Uni sehr viele Projekte gemacht und ich wurde meist zum Sprecher gewählt. Damit fiel mir auch die Aufgabe zu, bestimmte Jobs zu verteilen. Ich denke, das ist mir immer gut gelungen – auf jeden Fall wurde ich von den anderen Teammitgliedern akzeptiert und wir haben auch gute Ergebnisse erzielt."

„Führungskompetenz? Nun – ich habe immer gern Verantwortung übernommen – als Klassensprecher und später als Sprecher der Auszubildenden. Und da musste ich dann schon andere überzeugen, manchmal auch Konflikte regulieren und die Interessen der Gemeinschaft vertreten. Ich denke, da war ich recht erfolgreich und habe auch so etwas wie Sozialkompetenz entwickeln können. Der Schritt zum Gruppenleiter macht für mich schon den besonderen Reiz dieser Position aus."

Frage: „Welche Instrumente der Personalführung kennen Sie bereits?"

Man kann intuitiv führen oder moderne Instrumente der Mitarbeiterführung anwenden. Es gibt Manager, die sich eher an der ersten Variante orientieren, und es gibt andere, die ihren Führungsjob streng kopfgesteuert angehen. Wenn diese Frage gestellt wird, sollte man seinen Gesprächspartner bereits einigermaßen hinsichtlich seines eigenen Führungsverhaltens eingeschätzt und etwas über die Führungs- und Unternehmenskultur des Betriebs in Erfahrung gebracht haben.

Erläutern Sie, weshalb Sie bestimmte Führungsinstrumente wichtig finden

„Das wichtigste Führungsinstrument ist für mich die Information der Mitarbeiter. Mitarbeiter zu Mitwissern machen – das ist ein ganz wichtiges Führungsziel. Und dann ist natürlich Anerkennung wichtig – und wenn es sein muss, auch Kritik. Als Vorgesetzter hat man die Aufgabe, Mitarbeiter mit ihren Arbeitsergebnissen und mit ihrem Verhalten zu konfrontieren und gegebenenfalls auf Defizite hinzuweisen."

Ist eine Initiativbewerbung sinnvoll?

Vergessen Sie alles, was Sie bisher über „Blindbewerbungen" gehört oder gelesen haben. Wie an anderer Stelle bereits gesagt: Falsche Begriffe behindern richtiges Denken! Verfassen Sie Initiativbewerbungen, die diesen Namen verdienen. Sie sind dann auch mental auf dem richtigen Gleis.

Eine Initiativbewerbung bietet sich für Umsteiger, insbesondere aber für Quereinsteiger an, die leider meist bei einer offiziellen Ausschreibung aussortiert werden, weil sie nicht in das vorab definierte „Schema" passen. Eine interessante Bewerbung, die sozusagen außerhalb der „Reihe" ins Haus kommt, hat einen höheren Beachtungswert. Man muss freilich auch Glück haben – wenn keine entsprechende Vakanz da ist, führt die tollste Bewerbung nicht zum unmittelbaren Erfolg. Andererseits kann es nicht von Nachteil sein, für die Wiedervorlage vorgemerkt zu werden.

Der entscheidende Punkt ist, dass Initiativbewerbungen nach anderen Regeln entworfen werden müssen. Und das ist auch logisch, denn man wird ja nicht darum gebeten, sich um eine Aufgabe zu bewerben, sondern man empfiehlt sich ungefragt.

Aber auch das ist oft richtig: Bevor ein Unternehmen eine Stellenanzeige schaltet oder sich in einem Stellenportal präsentiert, wird es prüfen, ob sich das Personalproblem mit „Bordmitteln" lösen lässt. Könnte man unter den Bewerbern vergangener Suchaktionen fündig werden? Hat der Personalberater vielleicht einen interessanten Kandidaten in petto? Welche Initiativbewerbungen sind in den letzten Tagen oder Wochen eingetroffen? Orientieren Sie sich an den folgenden Tipps:

So konzipieren Sie eine gute Initiativbewerbung

- Recherchieren Sie gründlich, welche Branche und welche Unternehmen zu Ihrem Profil passen könnten.
- Lesen Sie regelmäßig den Wirtschaftsteil der Tageszeitungen. Mit ein wenig Glück finden Sie Beiträge über Firmen, die für Sie interessant sind.
- Verschicken Sie kein anonymes Anschreiben. „Sehr geehrte Damen und Herren" landet meist bei jemandem, der sich nicht zuständig fühlt.
- Rufen Sie an und lassen Sie sich von der Zentrale den Namen einer zuständigen Person geben.
- Wenn möglich, berufen Sie sich im Anschreiben auf einen Anlass.
- Bewerben Sie sich ruhig auch bei der infrage kommenden Fachabteilung. Dort weiß man zuallererst, ob bzw. wann es eine Vakanz gibt.
- Zwei Seiten sind genug: Das Anschreiben und ein tabellarischer Lebenslauf. Verzichten Sie auf Zeugnisse und das Foto – beziehungsweise scannen Sie es nur ein. Bei Interesse werden Sie gebeten, eine komplette Bewerbungsmappe einzureichen.
- Äußern Sie sich möglichst zu Ihren Gehaltsvorstellungen.

Jeder gute Journalist kennt die gängigen Starttechniken für redaktionelle Beiträge. Eine Technik ist die „Aufhängertechnik" und die ist besonders gut für Initiativbewerbungen geeignet. Hier einige Beispiele, an denen Sie sich orientieren können:

Auf den Aufhänger kommt es an

„Wie ich dem XY-Tageblatt entnommen habe, eröffnen Sie demnächst eine neue Filiale in Dingenskirchen. Dies nehme ich gern zum Anlass, mich Ihnen als ausgebildeter Groß- und Außenhandelskaufmann mit den Erfahrungsschwerpunkten Verkauf, Reklamationsbehandlung und Kostenrechnung kurz vorzustellen. Nach meiner Ausbildung habe ich ... "

Oder so: „Ihrer Homepage ist zu entnehmen, dass sich Ihr Unternehmen besonders auf das Gebiet der technischen Beleuchtung im Shop-Bereich spezialisiert hat. Dies nehme ich zum Anlass ..."

Auch das könnte passen: „Sie betreiben Niederlassungen in Polen und Tschechien. Da ich gut Polnisch spreche, ein Praktikum in Prag absolviert habe und es bei meiner Diplom-Arbeit in BWL um die EU-Osterweiterung ging, möchte ich mich Ihnen heute kurz vorstellen. (...) Gern überlasse ich Ihnen bei Interesse meine ausführlichen Bewerbungsunterlagen."

Checkliste für Initiativbewerbungen

Firma	Ort	Ansprechpartner	Telefon	Aufhänger	beworben am	Stand
Menck GmbH	Solingen	Herr Tietz	0212 8701534	Artikel im Solinger Tageblatt	10.3.08	Zwischenbescheid

Soll ich mich selbstständig machen?

Im Jahre 2002 wurde die „Ich-AG" zum Unwort des Jahres gewählt. Die Begründung lautete damals: Das Individuum wird als Aktiengesellschaft auf ein „sprachliches Börsenniveau" reduziert. Schlimmer noch war allerdings, dass diese Wortschöpfung manchen auf die falsche Fährte gelockt hat. Vorrangig natürlich jene, die endlich reich werden wollten und dafür nicht einmal einen Businessplan aufstellen mussten. Erinnerlich ist dem Autor aus jenen Tagen noch der Bericht auf „Info Radio" über einen Unternehmer in spe, der das Land flächendeckend mit Flummi-Automaten ausstatten wollte und dafür ob seines Unternehmergeistes im Rundfunk gelobt wurde. Darüber hinaus wurden Senfläden und Taxibetriebe für Tiere gegründet.

Das alles ist einstweilen Geschichte und es geht auch nicht darum, sich über schräge Produktideen lustig zu machen. Aber so mancher Gründer hat nicht nur die staatlichen Zuschüsse verbraucht, sondern stand am Ende auch noch vor einem Schuldenberg.

Vor dem Schritt in die Selbstständigkeit steht – bei aller Leidenschaft – das nüchterne Kalkül. Hilfreich ist dabei das „Wettbewerbsdreieck", das die wesentlichen Faktoren darstellt, mit denen sich ein Firmengründer auseinandersetzen muss.

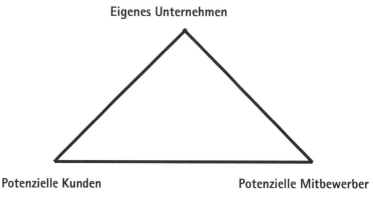

Das ist die Ausgangslage: Am Anfang steht der „Unternehmer", der eine Produktidee hat. Mit dieser Produktidee zielt er auf Kunden, die es gibt oder die es nicht gibt. Wenn es diese Kunden von vornherein gar nicht gibt, hat sich die Sache bald erledigt. Man hat den Bedarf des Marktes falsch eingeschätzt.

Gibt es diese Kunden, muss man nicht zwangsläufig erfolgreich sein, denn da sind ja in der Regel auch noch andere Anbieter. Deshalb muss man sich überlegen, wie man das eigene Produkt „differenzieren" könnte, das heißt, es so zu positionieren, dass es sich von Konkurrenzprodukten vorteilhaft abhebt.

Im Marketing unterscheidet man zwischen physischen und psychologischen Wettbewerbsparametern. Zu den physischen Parametern gehören Kosten/Preis, Qualität und Lieferpolitik (Schnelligkeit). Man kann also versuchen, das Angebot der Mitbewerber im Preis zu unterbieten, man kann die Qualitätsführerschaft anstreben oder man kann durch Schnelligkeit punkten. Alles zugleich geht nicht. Und für den Newcomer scheiden diese Differenzierungsmerkmale in der Regel sowieso aus, weil man dafür über eine gewisse Marktmacht oder zumindest viel Kapital verfügen muss.

Wer sich mit einer Idee selbstständig machen möchte, sollte sich eher an die psychologischen Wettbewerbsparameter halten – die sogenannten „Softwarefaktoren" –, um über deren Gestaltung Alleinstellungsmerkmale zu entwickeln. Diese Parameter sind:

- Kundenorientierung
  Ohne eine konsequente Kundenorientierung geht gar nichts: Wie sind die Bedürfnisse des Marktes? Gefällt nur mir meine Produktidee oder könnte es dafür Kunden geben? Was ist neu oder besonders pfiffig an meiner Idee? Welchen Nutzen habe ich überhaupt zu bieten?

- Service
  Welchen Service bin ich in der Lage zu leisten? Gibt es diesen Service bereits? Kann ich ihn kostenlos bieten? Wird er die Kundenbindung erhöhen? Macht er Kunden zu „Weiterempfehlern"?

- Kommunikation
  Wettbewerbsvorteile sind nur dann wirksam, wenn sie vom Kunden auch wahrgenommen werden. Auf welchem Weg will ich bekannt machen, dass es mein Produkt überhaupt gibt? Wie regelmäßig will ich mit meinen (potenziellen) Kunden kommunizieren? Anzeigen oder Mailing? Klassische Medien oder Internet?

- Image
  Welche „Anmutung" soll mein Produkt auslösen? Progressiv oder klassisch? Aggressiv oder friedlich? Hochwertig oder preiswert? Flippig oder gediegen? Um hier eine Antwort zu finden, muss man eine klare Vorstellung von seiner Zielgruppe haben.

Über diese Faktoren kann man versuchen, sich von anderen zu unterscheiden und „einmalig" zu werden – also eine Identität zu entwickeln.

Betriebswirtschaftliche Kenntnisse sind wichtig

Fundierte betriebswirtschaftliche Kenntnisse sind eine entscheidende Voraussetzung für erfolgreiche Gründungen. „Unsere Erfahrungen zeigen allerdings", berichtet Dr. Gabriele Schäfer, Gründerberaterin am Zentrum für Weiterbildung und Wissenstransfer (ZWW) der Universität Augsburg, „dass es vielen Existenzgründern genau an diesem Wissen mangelt. Kein Wunder also, wenn viele Gründungen innerhalb der ersten drei Jahre scheitern."

Selbstständigkeit heißt übrigens nicht zwangsläufig, ein neues Produkt zu entwickeln und damit am Markt sein Glück zu versuchen. Für viele bedeutet der Schritt in die Selbstständigkeit die Mitarbeit in einem bereits bestehenden Unternehmen als Franchisenehmer oder als Provisionsempfänger. Und das heißt, man muss Kunden und Aufträge akquirieren. Ob und wie gut einem dies gelingt, zeigt unmissverständlich klar der Kontostand. Wer sich auf eine solche Herausforderung einzulassen gedenkt, sollte sich vorab sehr kritisch befragen: Bin ich von der Mentalität her der richtige „Typ" dafür? Bringe ich die entsprechenden Voraussetzungen mit? Wie sieht es vor allem mit meinem Durchhaltevermögen aus?

Test: Soll ich den Schritt in die Selbstständigkeit wagen?

1. Ich bin sehr diszipliniert.

    ☐ stimmt ☐ dazwischen ☐ stimmt nicht

2. Leider gibt es einen großen Gegensatz zwischen Leben und Arbeit.

    ☐ stimmt ☐ dazwischen ☐ stimmt nicht

3. Es fällt mir nicht schwer, andere um etwas zu bitten.

    ☐ stimmt ☐ dazwischen ☐ stimmt nicht

4. Das Schönste an der Selbstständigkeit ist, von niemandem abhängig zu sein.

    ☐ stimmt ☐ dazwischen ☐ stimmt nicht

5. Unangenehme Telefonate erledige ich meist sofort.

    ☐ stimmt ☐ dazwischen ☐ stimmt nicht

6. Mir ist es immer schwergefallen, mich unterzuordnen.

    ☐ stimmt ☐ dazwischen ☐ stimmt nicht

7. Zu meinen Stärken zähle ich Beharrlichkeit und Durchsetzungsvermögen.

    ☐ stimmt ☐ dazwischen ☐ stimmt nicht

8. In meinem bisherigen Leben war ich eigentlich immer sehr auf Sicherheit bedacht.

    ☐ stimmt ☐ dazwischen ☐ stimmt nicht

9. Ich habe einige gute Ideen, die sich möglicherweise vermarkten lassen.

    ☐ stimmt ☐ dazwischen ☐ stimmt nicht

10. Mit Misserfolgen und Niederlagen quäle ich mich meist längere Zeit herum.

    ☐ stimmt ☐ dazwischen ☐ stimmt nicht

11. Ich kann einen Standpunkt eigentlich immer sicher und überzeugend vertreten.

    ☐ stimmt ☐ dazwischen ☐ stimmt nicht

12. Selbstständigkeit heißt vor allem, dass man selbst bestimmt, wann Feierabend ist.

    ☐ stimmt ☐ dazwischen ☐ stimmt nicht

Auswertung

Testitems mit ungeraden Zahlen: „stimmt" = 2 Punkte, „stimmt nicht" = 0 Punkte
Testitems mit geraden Zahlen: „stimmt nicht" = 2 Punkte, „stimmt" = 0 Punkte
Für „dazwischen" gibt es einen Punkt.

Selbstständigkeit

0	2	4	6	8	10	12	14	16	18	20	22	24

Interpretation

12–9 Punkte

Sie könnten es schaffen, weil Sie nicht blauäugig in die Selbstständigkeit starten würden. Sie wissen, worauf es ankommt und schreiben sich Eigenschaften zu, die für eine selbstständige Tätigkeit unverzichtbar sind. Jetzt brauchen Sie noch ein gutes Geschäftsmodell oder das zu Ihnen passende Angebot eines Franchisegebers.

8–5 Punkte

Normalerweise müsste man bei diesem Ergebnis abraten – es sei denn, Sie haben eine unwiderstehliche Produktidee.

4–0 Punkte

Normalerweise müsste man vom Schritt in die Selbstständigkeit abraten. Aber auch für Sie könnte gelten, dass sich wirkliche Unternehmer nicht in ein Schema pressen lassen. Solche mit Ihrem Testergebnis sind allerdings sehr selten.

Was muss ich als selbstständiger Personalberater können?

Das Geschäft der Personalfindung nebst Eignungsprognose gehört zu den schwierigsten Geschäften unserer Zeit und wächst noch an Bedeutung. Und deshalb ist auch angemessen, dass man in diesem Metier gutes Geld verdienen kann.

Um es an einem Beispiel festzumachen: Die Personalentscheidung, jemandem ein Flugzeug anzuvertrauen, in dem früher 20 Passagiere saßen, ist eben nicht mit der Entscheidung zu vergleichen, einem Piloten ein Flugzeug mit 600 Reisenden zu überantworten. Die Folgen personeller Fehlentscheidungen werden – nicht nur aufgrund des technologischen Fortschritts – immer gravierender.

Hier liegen Markt und Möglichkeiten des kompetenten Personalberaters, der gemeinsam mit dem Personalverantwortlichen eines Unternehmens wichtige Personalentscheidungen mit „absichert". Die Kernfrage aber lautet, was diese Kompetenz ausmacht bzw. wer sie für sich in Anspruch nehmen kann. Es gibt viele selbsternannte Menschenkenner und dementsprechend schlecht sind oft auch die Resultate.

Wer lieber nicht Personalberater werden sollte

Wenig oder gar nicht geeignet sind Personen, die

- anfällig für Sympathie- bzw. Antipathieregungen sind,
- ihr psychologisches Halbwissen überschätzen,
- an eine todsichere Technik der Menschenkenntnis wie Farbpräferenz, Grafologie oder Astrologie glauben oder
- vergessen, dass jede Eignungsdiagnostik nur eine Momentaufnahme ist und dass ein Mensch schon binnen Jahresfrist zu Leistungen fähig sein kann, die ihm niemand zugetraut hat.

Und wer hat die Fähigkeit zum Personalberater? Personelle Fehlentscheidungen kosten den Personalberater möglicherweise den Verlust eines Kunden – sein falscher

Rat kann für einen Bewerber aber das berufliche Ende bedeuten, wenn er in der empfohlenen Aufgabe scheitert und dann nicht wieder Fuß fassen kann. Aber so weit kommt es gar nicht erst, wenn man nicht akquirieren kann. Das ist für die meisten selbstständigen Personalberater die größte Hürde. Wer keine Aufträge bekommt, kann sein Können gar nicht erst unter Beweis stellen. Und Aufträge bekommt man in der Regel erst, wenn man bereits Erfolge nachweisen kann. Es ist kein kleines Kunststück, mit diesem Widerspruch fertigzuwerden.

„Ich mach' mich mal eben als Berater selbstständig!" ist gar nicht so einfach. Mancher ehemaliger Topmanager hat sich schon die Augen gerieben, weil die Akquise nicht funktionieren wollte.

Voraussetzungen für die Selbstständigkeit als Personalberater

- Machen Sie sich nur selbstständig, wenn Sie wirklich akquirieren können und wollen!
- Machen Sie sich nur selbstständig, wenn Sie auf den Punkt erklären können, warum Sie besser als der Personaler im Betrieb sind – ohne diesen herabzusetzen!
- Verlassen Sie sich nicht auf das Versprechen ehemaliger Kollegen, Ihnen Aufträge zu erteilen. In der Regel kommen diese nicht.

Wer es als Personalberater dennoch wissen will, sollte die folgenden Grundsätze beherzigen. Sie gelten übrigens für alle Berater, also auch für Rechtsanwälte, Unternehmensberater und Steuerberater.

Qualitätsstandards für das Verhalten von Beratern

- Wir profilieren uns beim Kunden durch ein uneingeschränktes Interesse und Engagement.
- Wir kennen das Unternehmen, die Branche und das Umfeld unserer Kunden und werden dadurch als Geschäftspartner akzeptiert.
- Wir reagieren schnell und konstruktiv auf die Bedürfnisse des Kunden.
- Wir sehen die Bedürfnisse des Kunden voraus und handeln proaktiv.
- Wir haben das Wissen und die Möglichkeiten, die Bedürfnisse des Kunden zu erfüllen.
- Unser Marktauftritt ist seriös und vertrauenswürdig und entspricht der Wertigkeit unser Produkte.
- Wir besitzen ein gutes Durchsetzungsvermögen und vergessen dabei aber nie, dass der Kunde der Auftraggeber ist.
- Wir respektieren bei unserer konsequenten Ausrichtung auf den Erfolg immer auch den Wert und die Beschränkung der Ressourcen des Kunden.

Anhang

Bei vielen Tests bzw. Testitems ist die Bewertung der Antwortrichtung im Sinne des zu erfassenden Merkmals selbsterklärend. Deshalb finden hier nur Erläuterungen zu jenen Tests, die nach Einschätzung des Autors erklärungsbedürftig sein könnten. Es ist zusätzlich davon auszugehen, dass die Begründungen für die einzelnen Bewertungen der Antworten einen Erkenntniswert haben.

Erläuterungen zum Test „Verfüge ich über soziale Intelligenz?"

1. Ich halte den analytischen Sachverstand für unverzichtbar.

    ⊗ stimmt   ☐ dazwischen   ☐ stimmt nicht

Erläuterung: Wer nur nach Gefühl und Wellenschlag entscheidet, wird scheitern. Der Philosoph Sir Carl Popper empfiehlt aus gutem Grund nicht nur nach Fakten zu suchen, die die eigene Überzeugung stützen, sondern sich vorsätzlich vor allem mit jenen Argumenten zu befassen, die das eigene Dafürhalten infrage stellen. Natürlich ist der „analytische Sachverstand" nicht alles – aber ohne Vernunft und Pragmatismus geht nichts.

2. Wer sich bei Entscheidungen auf seinen „Bauch" bzw. seine Intuition verlässt, wird grundsätzlich scheitern.

    ☐ stimmt   ☐ dazwischen   ⊗ stimmt nicht

Erläuterung: Sigmund Freud vermerkte einst, dass die Vernunft nur „das Fettauge auf der Suppe der Gefühle" sei. Und das ist nicht nur negativ zu sehen. Es gab in der Vergangenheit viele überaus erfolgreiche unternehmerische Entscheidungen, die nur der „Nase" eines Menschen zu verdanken waren – und es gab viele Misserfolge, obwohl die von der „rationalen" Marktforschung gelieferten Daten hervorragend waren. Die Antworten auf die Fragen eins und zwei kann man mit der Feststellung versöhnen, dass Hirn und Herz zum Zuge kommen sollten.

3. Als Vorgesetzter würde ich einen Mitarbeiter in der Regel nur „unter vier Augen" loben und nicht vor der „versammelten Mannschaft".

    ⊗ stimmt   ☐ dazwischen   ☐ stimmt nicht

Erläuterung: „Soziale Intelligenz" heißt vorherzusehen, welche Neben- und Fernwirkungen das eigene Handeln auf andere Menschen haben könnte. In diesem Fallbeispiel wäre zu bedenken, dass es mit Sicherheit Mitarbeiter geben würde, die sich angesichts des öffentlichen Lobes eines Kollegen benachteiligt fühlten. Tenor: „Ich habe kürzlich auch eine tolle Leistung erbracht und bin dafür nicht gelobt worden!" Der Vorwurf, dass sich jemand nur gut verkaufen könne, ist bereits aus der Schulzeit bekannt, und deshalb kann öffentliches Lob Missstimmungen erzeugen.

4. Wenn man immer nur daran denkt, wie das ankommt, was man sagt, kommt man zu nichts.

☐ stimmt ☐ dazwischen ⊗ stimmt nicht

Erläuterung: Erfolgreiches Marketing heißt nichts anderes, als mit dem Kopf des Kunden zu denken. Um die etwas verbrauchte, aber dennoch passende Metapher noch einmal zu bemühen: Der Wurm muss nicht dem Angler, sondern dem Fisch schmecken. Das schließt ja nicht aus, auch hin und wieder anzuecken – aber eben nicht versehentlich, sondern bewusst und vorsätzlich.

5. Das Harmoniebedürfnis eines Menschen kann für alle Beteiligten von Nachteil sein.

⊗ stimmt ☐ dazwischen ☐ stimmt nicht

Erläuterung: „Immer wenn man die Meinung der Mehrheit teilt, ist es Zeit, sich zu besinnen." Diese Empfehlung stammt von dem Stinkstiefel Mark Twain, der Generationen mit „Huckleberry Finn" begeisterte. Aber er hat Recht! An „glatten" Menschen, die keinen Ecken und Kanten haben, kann man nur hilflos abrutschen.

6. Menschen kann man am ehesten mit Logik gewinnen.

☐ stimmt ☐ dazwischen ⊗ stimmt nicht

Erläuterung: Nichts geht über gute Argumente. Nachhaltig erfolgreich ist man aber nur, wenn man Menschen auch emotional anzusprechen vermag.

7. „Was das Herz nicht akzeptiert, lässt der Kopf meist nicht ein." Was halten Sie von diesem Grundsatz?

⊗ stimmt ☐ dazwischen ☐ stimmt nicht

Erläuterung: Jeder erfolgreiche Politiker weiß, dass seine Wähler die unangenehme Wahrheit nicht hören wollen. Das ist zeitlos.

8. Wenn ein Mitarbeiter in Gegenwart anderer kritisiert wird, erzielt dies bei ihm die beste Wirkung.

☐ stimmt ☐ dazwischen ⊗ stimmt nicht

Erläuterung: Wer dazu beiträgt, dass ein Mensch vor seinen Mitmenschen ohne Not sein Gesicht verliert, sollte auf jeden Fall nicht in der Personalverantwortung stehen.

9. Nach meiner Erfahrung folgt jeder Mensch in gewisser Hinsicht seiner eigenen Logik. Ich versuche das in meinem Verhalten gegenüber anderen zu berücksichtigen.

⊗ stimmt ☐ dazwischen ☐ stimmt nicht

Erläuterung: Zunächst einmal hat jeder Mensch das Recht auf Irrtum und es gibt deshalb keinen Grund, gleich den „Stab zu brechen". Natürlich gibt es kein Dauerrecht darauf, immer neben der Realität zu liegen.

10. „Der Klügere gibt nach." Das ist für mich „soziale Intelligenz" und daran halte ich mich auch.

☐ stimmt   ☐ dazwischen   ⊗ stimmt nicht

Erläuterung: Der Volksmund ist bisweilen durchaus klug – aber wo der Klügere im Privatleben vielleicht nachgeben sollte, müsste er es im Berufsleben oft lieber lassen. Hier ein Grundsatz, der zeitlos ist und ohne den es keine Fortschritt gibt: Es reicht nicht aus, das Richtige zu wissen – man muss es auch durchsetzen können. Auch wenn es die Stimmung nicht fördert.

11. Wenn mir jemand sagt, dass sein Lebensinhalt darin bestünde, anderen selbstlos zu helfen, nehme ich ihm das nicht ab.

⊗ stimmt   ☐ dazwischen   ☐ stimmt nicht

Erläuterung: Anthropologie und Psychologie sind sich einig, dass der Mensch tut, was ihm gut tut. Mal ist kurzfristiges und mal ist ein eher langfristiges Kalkül im Spiel. In diesem Licht ist auch die häufig vorgebrachte Begründung für die Berufswahl zu sehen, man möchte „anderen Menschen helfen". Eine Ausnahme stellt in der Regel das Eltern-Kind-Verhältnis dar.

12. Als Personalchef würde ich jenen Bewerbern einen Pluspunkt geben, die bei der Frage nach dem Gehalt sagen, dass Geld für sie keine Rolle spiele.

☐ stimmt   ☐ dazwischen   ⊗ stimmt nicht

Erläuterung: Bewerber, die bei der Frage nach dem Entgelt abwiegeln oder Desinteresse signalisieren, sind nicht ernst zu nehmen. Im Grunde kann man Menschen mit dieser Haltung in zwei Kategorien einteilen: Sie sind Heuchler oder Naivlinge, die sich später darüber beklagen, dass das Geld nicht stimmt.

Erläuterungen zum Test „Bin ich teamfähig?"

1. Teamwork ist nicht alles, aber ohne Teamwork ist alles nichts.

⊗ stimmt   ☐ dazwischen   ☐ stimmt nicht

Erläuterung: Der Erfolg hat viele Voraussetzungen und eine ganz wichtige ist die gute Zusammenarbeit, die sich unter anderem auch darin zeigt, dass man wenig zwischenmenschliche Reibungsverluste produziert.

2. Teams können nur funktionieren, wenn die Teammitglieder ihre persönlichen Interessen konsequent zurückstellen.

☐ stimmt   ☐ dazwischen   ⊗ stimmt nicht

Erläuterung: Davon kann gar nicht die Rede sein, denn wer in einem Team auf Dauer seine persönlichen Interessen nicht verwirklichen kann, wird dieses bald verlassen oder keine Leistung mehr bringen. Wer als Bewerber beteuert, dass ihm zuallererst das Wohl des Unternehmens am Herzen läge, ist wenig glaubwürdig.

3. Man muss bestimmte Aufgaben auch völlig auf sich allein gestellt erledigen können.

   ⊗ stimmt   ☐ dazwischen   ☐ stimmt nicht

Erläuterung: Selbstverständlich. Deshalb ist die folgende Formulierung in einem Bewerbungsanschreiben nicht übel: „Außerdem kann ich sehr gut sowohl selbstständig als auch im Team arbeiten."

4. Am häufigsten scheitern Teams, weil es keinen Teamführer gibt.

   ☐ stimmt   ☐ dazwischen   ⊗ stimmt nicht

Erläuterung: Am häufigsten scheitern Teams, weil der Auftrag bzw. das Ziel unklar ist. Ansonsten ist ein Teamleiter durchaus von Vorteil, es gibt aber auch sich selbst steuernde Teams.

5. Die entscheidende Voraussetzung für das Funktionieren von Teams ist das gemeinsame Ziel.

   ⊗ stimmt   ☐ dazwischen   ☐ stimmt nicht

Erläuterung: siehe oben

6. Wenn es Konflikte gibt, ist das immer ein schlechtes Zeichen für die Leistungsfähigkeit von Teams.

   ☐ stimmt   ☐ dazwischen   ⊗ stimmt nicht

Erläuterung: Konflikte sind eine Grundbedingung des Lebens und durch Konflikte ist die Menschheit nicht selten „die Treppe hinaufgefallen", weil sich durch zuvor bekämpfte Ideen neue Chancen ergaben. Ruinös können Konflikte freilich sein, wenn sie nicht gelöst oder unter den Teppich gekehrt werden.

7. Man muss auch mal die anderen „gegen den Strich bürsten", wenn man gemeinsam Ziele erreichen will.

   ⊗ stimmt   ☐ dazwischen   ☐ stimmt nicht

Erläuterung: Ein zu ausgeprägtes Harmoniebedürfnis tut keinem Team auf Dauer gut, weil Differenzen um des Friedens willen unausgesprochen bleiben. Ein gutes Team und eine gute Freundschaft halten es aus, wenn jemand unangenehme Dinge offen thematisiert.

8. Das Wichtigste in einem Team ist eine gute Atmosphäre.

   ☐ stimmt   ☐ dazwischen   ⊗ stimmt nicht

Erläuterung: siehe oben

9. Der Mensch tut in der Regel, was ihm gut tut.

   ⊗ stimmt   ☐ dazwischen   ☐ stimmt nicht

Erläuterung: Es ist keine Schande, bei dem eigenen Tun auch das eigene Wohlergehen im Blick zu haben, wenn man dabei nicht übersieht, dass dies meist in der Ko-

Erläuterungen zum Test „Kann ich gut analysieren?"

operation mit anderen zu haben ist. Der Egomane – „Es kann ruhig Blut fließen, solange es nicht das eigene ist!" – dürfte keine Zukunft haben.

10. Teamwork heißt in der Regel, dass die Leistungstreiber die Leistungsunwilligen mitschleppen müssen.

☐ stimmt ☐ dazwischen ⊗ stimmt nicht

Erläuterung: Wenn dies dennoch auf Dauer der Fall ist, hat der für die Teambildung verantwortliche Vorgesetzte versagt.

11. Teams funktionieren auf Dauer nur, wenn sie einen klaren Auftrag haben.

⊗ stimmt ☐ dazwischen ☐ stimmt nicht

Erläuterung: siehe oben

12. Teamwork ist eine Erfindung von „Gutmenschen". Hier wird ein Gemeinsinn beschworen, der der menschlichen Natur überhaupt nicht entspricht.

☐ stimmt ☐ dazwischen ⊗ stimmt nicht

Erläuterung: Aus Sicht der Anthropologie und der Sozialpsychologie ist der Mensch von Natur aus darauf angelegt, sich mit anderen zusammenzutun und gemeinsam Ziele zu verfolgen. Diese grundsätzliche Neigung lässt sinnvollerweise zugleich aber auch Platz für den Einzelgänger, Einzelkämpfer oder Eremiten.

Erläuterungen zum Test „Kann ich gut analysieren?"

1. Ich befasse mich sehr gern mit Statistiken.

   ⊗ stimmt ☐ dazwischen ☐ stimmt nicht

Erläuterung: Es gibt Menschen, denen können Statistiken und Zahlenansammlungen aufschlussreiche Geschichten erzählen.

2. Bei Marktforschungsstudien kommt doch sowieso immer nur das heraus, was dem Auftraggeber in den Kram passt.

   ☐ stimmt ☐ dazwischen ⊗ stimmt nicht

Erläuterung: Natürlich kann man Untersuchungen auf ein gewünschtes Ergebnis trimmen. Aber das schließt nicht aus, dass es Studien mit einem interessanten Erkenntniswert gibt. Man muss sie nur interpretieren können bzw. über einschlägige Methodenkenntnisse verfügen.

3. Man muss sich bei der Beurteilung von Sachverhalten vor Gefühlen in Acht nehmen.

   ⊗ stimmt ☐ dazwischen ☐ stimmt nicht

Erläuterung: Aus diesem Grunde empfiehlt der Philosoph Sir Carl Popper ja auch, nicht nach der Bestätigung von Annahmen oder gar Überzeugungen zu suchen (Wer sucht, wird in diesem Falle finden!), sondern auszuprobieren, ob sich diese widerlegen lassen.

4. Der wirkliche Erkenntnisgewinn entspringt der menschlichen Intuition.

   ☐ stimmt   ☐ dazwischen   ⊗ stimmt nicht

Erläuterung: „Intuitiv" wären weder das Penicillin noch der PC erfunden worden. Wobei nicht in Abrede gestellt werden soll, dass die Intuition im Sinne eines spontanen Einfalls sehr hilfreich sein kann. Aber man kann nun einmal eine Forschungsabteilung nicht aus dem Bauch heraus betreiben und auf Eingebungen „von oben" warten.

5. Ein großer Durchbruch in der Geistesgeschichte gelang René Descartes mit seiner Erklärung „Ich denke, also bin ich."

   ⊗ stimmt   ☐ dazwischen   ☐ stimmt nicht

Erläuterung: René Descartes (1596–1650) gilt als grundlegender Theoretiker exakter Forschung und wissenschaftlicher Erkenntnis. Er glaubte an die Unteilbarkeit der Wahrheit und forderte, dass sich um der Wahrheit willen kein Mensch wider besseres Wissen einer fremden Autorität beugen dürfe.

6. „Kann Gott, der Allmächtige, einen Stein schaffen, der so schwer ist, dass er ihn selbst nicht heben kann?" Viele Menschen sagen, dass sie derartige Spitzfindigkeiten nicht interessierten. Gilt das auch für Sie?

   ☐ stimmt   ☐ dazwischen   ⊗ stimmt nicht

Erläuterung: Für Freunde der Logik und Analyse ist dieses Paradoxon eine Herausforderung, weil man an intellektuelle Grenzen stößt. Wenn er den Stein nicht heben kann, ist sein Allmächtigkeitsanspruch dahin – wenn er ihn zu heben vermag allerdings auch. Was nun?

7. Ich stütze mich bei Entscheidungen lieber auf Daten und Zahlen, als auf Gefühl und Intuition.

   ⊗ stimmt   ☐ dazwischen   ☐ stimmt nicht

Erläuterung: Dies ist eben eine Frage von Stärken und Schwächen und auch der Mentalität einer Person. Der Analytiker will die Fakten sehen, um zu einer Entscheidung zu kommen, während der seinen inneren Eingebungen Folgende sich bei einer Sache eher von seinem „guten Gefühl" leiten lässt.

8. Wie geht die folgende Zahlenreihe weiter: 4 6 12 6 8 16 8 10 ? „Solche Aufgaben liegen mir nicht."

   ☐ stimmt   ☐ dazwischen   ⊗ stimmt nicht

Erläuterung: Die Lösung lautet „20" (+ 2, × 2, : 2 etc.). Eine ausgeprägte Analysefähigkeit zeigt sich in der Freude an der Suche nach Gesetzmäßigkeiten und dem erfolgreichen Auffinden von logischen Zusammenhängen.

9. Für mich ist die Erkenntnis des Pythagoras, dass das Quadrat der Hypotenuse eines ebenen rechtwinkligen Dreiecks die Summe der Quadrate der beiden Katheten ist, eine geniale Erkenntnis.

⊗ stimmt   ☐ dazwischen   ☐ stimmt nicht

Erläuterung: Einen Künstler oder Geisteswissenschaftler – wenn er sich nicht gerade mit der Geschichte der Naturwissenschaften beschäftigt – dürften derartige Erkenntnisse eher kalt lassen.

10. Ich kommuniziere lieber mit anderen, als mich über Zahlengebilde oder Forschungsstudien zu beugen.

☐ stimmt   ☐ dazwischen   ⊗ stimmt nicht

Erläuterung: Die erwartete Antwort im Sinne von „Analysevermögen" erklärt sich von selbst.

11. Für mich ist es selbstverständlich, dass im Lotto die Zahlenfolge 1, 2, 3, 4, 5, 6 genauso wahrscheinlich ist wie etwa die Zahlenreihe 5, 12, 27, 34, 41, 47.

⊗ stimmt   ☐ dazwischen   ☐ stimmt nicht

Erläuterung: Der weniger analytisch und rational orientierte Zeitgenosse folgt gern einer „Zahlenmystik", der zufolge es „gute" und „schlechte" Zahlen gibt. Nach dieser Logik muss, nachdem bei der Lottoziehung in drei Wochen dreimal nacheinander die Eins gezogen wurde, die Wahrscheinlichkeit sinken, dass es wieder eine Eins wird. Dies ist natürlich nicht der Fall. „Lotto", meint der Mathematik-Professor Günter Ziegler, „ist ja eh nur eine Steuer für Leute, die schlecht sind in Mathe."

12. Logik und Hartherzigkeit liegen nahe beieinander.

☐ stimmt   ☐ dazwischen   ⊗ stimmt nicht

Erläuterung: Man spricht vom kalten Kalkül und von berechnenden Menschen, für die nur wahr ist, was funktioniert. Man muss aber kein Unmensch sein, wenn die Berechnungen stimmen und die von einem entworfene Brücke hält oder die für ein Unternehmen erstellte Bilanz richtig ist.

Erläuterungen zum Test „Verfüge ich über interkulturelle Kompetenz?"

1. Wann fand der Warschauer Aufstand statt?

☐ a 1934   ⊗ b 1944

Erläuterung: Als „Warschauer Aufstand" bezeichnet man die militärische Erhebung durch die polnische Heimatarmee gegen die deutschen Besatzungstruppen im besetzten Warschau. Er stellte die größte einzelne bewaffnete Erhebung im besetzten Europa während des Zweiten Weltkriegs dar. Die Widerständler kämpften 63 Tage gegen die deutschen Besatzungstruppen, bevor sie angesichts der aussichtslosen

Situation kapitulierten. Die deutschen Truppen begingen Massenmorde unter der Zivilbevölkerung und die Stadt wurde nach dem Aufstand fast vollständig zerstört.

2. In Barcelona spricht man

    ☐ a spanisch.   ⊗ b katalanisch.

Erläuterung: Im Großraum Barcelona kann man sich schnell unbeliebt machen, wenn man Formulierungen wie „Sie als Spanier ..." oder „Hier in Spanien ..." verwendet. „Katalan is not spain!" wird der Tourist bisweilen aufgeklärt.

3. Wer viele Sprachen spricht, verfügt über hohe interkulturelle Kompetenz.

    ☐ a stimmt   ⊗ b möglicherweise

Erläuterung: Sprachkenntnisse sind gut, aber man kann ja nicht mal eben Ungarisch lernen, wenn man im Lande beruflich zu tun hat. Aber das Jahr 1956 und der Volksaufstand gegen die sowjetische Besatzungsmacht sollte einem schon etwas sagen. Im Übrigen gibt es Deutsche, die zwar einigermaßen gut Deutsch sprechen, aber von ihrem Land keine Ahnung haben. Deshalb gilt hier die Variante b.

4. Wie sich Individuen unterscheiden, so unterscheiden sich auch Völker.

    ☐ a reines Vorurteil   ⊗ b in gewisser Hinsicht ja

Erläuterung: Mit Äußerungen wie „Der Franzose ist ..." und ähnlichen nationalen Stereotypen muss man vorsichtig sein. Aber es gibt Eigenschaften, die bei bestimmten Völkern besonders häufig anzutreffen sind. Die Mittelmeeranrainer sind extravertierter und temperamentvoller als Skandinavier und die Polen haben aufgrund ihrer leidvollen Geschichte ein sehr gutes Langzeitgedächtnis.

5. Man sollte mit Angehörigen anderer Kulturkreise alles kontrovers diskutieren können.

    ☐ a stimmt   ⊗ b es kann Tabus geben

Erläuterung: Es wäre gewiss ungeschickt, mit iranischen Gastgebern über Religionsfreiheit zu diskutieren oder einem Schweden zu erklären, dass der bis heute verehrte König Gustav Adolf im Dreißigjährigen Krieg ein rücksichtsloser Krieger war.

6. Interkulturelle Kompetenz zeigt sich darin, dass man die Werte und Überzeugungen anderer Völker kennt und vorbehaltlos akzeptiert.

    ☐ a stimmt völlig   ⊗ b stimmt nicht

Erläuterung: Natürlich kann das nicht sein. Die in machen Kulturkreisen an kleinen Mädchen ausgeführten Verstümmelungen lassen sich nicht mit dem Hinweis auf zu respektierende kulturelle Eigenarten rechtfertigen.

7. In den USA sollte man sich als Fremder bei Gesprächen über Religion zunächst lieber heraushalten.

    ☐ a dafür gibt es keinen Grund   ⊗ b stimmt

Erläuterungen zum Test „Verfüge ich über interkulturelle Kompetenz?"

Erläuterung: In den USA gibt es zwar formell eine klarere Trennung zwischen Religion und Staat als in Deutschland, aber viele Amerikaner sind streng gläubig und bekennen sich auch dazu. Durch unbedachte Äußerungen kann man hier schnell Gefühle verletzen.

8. In der arabischen Welt kann es einem Deutschen am ehesten passieren, dass

    ☐ a Karl Marx gelobt wird.   ⊗ b Adolf Hitler gelobt wird.

Erläuterung: Der Konflikt mit den Israelis ist der „Stachel im Fleisch" der arabischen Welt und da kann man als Vertreter des Landes, das den Holocaust zu verantworten hat, schon einmal indirekt ein widerwärtiges Lob bekommen.

9. Die Französische Revolution fand statt im Jahre

    ☐ a 1689.   ⊗ b 1789.

Erläuterung: Das muss man als Europäer wissen.

10. Lord Nelson war 1805 der Sieger in der Schlacht von

    ☐ a Alexandria.   ⊗ b Trafalgar.

Erläuterung: Die Schlacht von Trafalgar am 21. Oktober 1805 war eine Seeschlacht am Kap Trafalgar zwischen den Briten und den miteinander verbündeten Franzosen und Spaniern. Sie sicherte die englische Vorherrschaft zur See für mehr als ein Jahrhundert und trug so indirekt auch zu Napoleons Niederlage auf dem europäischen Festland bei. Jedes Kind in Großbritannien kennt dieses Datum und weiß, dass Lord Nelson in der Schlacht tödlich verwundet wurde.

11. Die Schlacht auf dem Amselfeld im Jahre 1389 gegen die Türken spielt eine große Rolle im Selbstverständnis der Serben. Die Serben

    ☐ a gewannen die Schlacht.   ⊗ b verloren die Schlacht.

Erläuterung: Dieses Beispiel steht generell für den Umstand, wie wichtig Mythen im Bewusstsein der Völker sind und dass „interkulturelle Kompetenz" auch darin besteht, diese Mythen zu kennen.

Die Legende, die im serbischen Volksepos bis heute weiterlebt, stilisiert das Vordringen der osmanischen Heere zu einem Kampf zwischen Gut und Böse. Der damalige Anführer des serbischen Heeres, Fürst Lazar, habe die Wahl gehabt zwischen einem irdischen und einem himmlischen Reich und hat sich für das ewige Leben entschieden. Zwar konnte er die Jahrhunderte andauernde osmanische Fremdherrschaft nicht abwenden, aber er bewahrte Serbien vor einer Islamisierung.

12. Sollte man sich als Gast bei Einheimischen den Essgewohnheiten anderer Ländern und Kulturen anpassen?

    ☐ a Ich esse nur, was mir schmeckt.   ⊗ b selbstverständlich

Erläuterung: Länder- und kulturübergreifend gilt der Grundsatz, dass sich unbeliebt macht, wer am Essen herummäkelt. Da Völker auf ihre nationale und oft auch regionale Küche in der Regel stolz sind und diese ein Teil ihrer Identität ausmacht („Man ist, was man isst!"), sollte man sich als Gast zumindest neugierig zeigen. Es wird einem ja nicht immer ein gebratener Affe serviert.

13. Ich habe bereits diverse fremde Länder bereist.

 ⊗ a stimmt   ☐ b stimmt nicht

14. Ich habe im Ausland studiert.

 ⊗ a stimmt   ☐ b stimmt nicht

15. Ich war Austauschschüler/-in.

 ⊗ a stimmt   ☐ b stimmt nicht

Erläuterung zu den Fragen 13–15: Diese Antworten sind sicher selbsterklärend.

16. Schengen steht für

 ⊗ a Einreise ohne Passkontrolle.   ☐ b Zollfreiheit.

Erläuterung: 1985 unterzeichneten die Bundesrepublik Deutschland, Frankreich, Belgien, Luxemburg und die Niederlande das Abkommen von Schengen (ein Ort in Luxemburg an den Grenzen zu Deutschland und Frankreich) über den schrittweisen Abbau der Personenkontrollen an den Binnengrenzen zwischen den Vertragsparteien.

Heute gehören zum Schengen-Raum (keine Grenzkontrollen) neben den Gründerländern auch Österreich, Dänemark, Schweden, Finnland, Italien, Spanien, Portugal, Griechenland, Norwegen und Island und seit dem 21.12.07 Polen, Tschechien, Ungarn, die Slowakei, Slowenien, Estland, Lettland, Litauen und Malta.

17. Welche Reihenfolge von Norden Richtung Süden ist richtig?

 ⊗ a Estland, Lettland, Litauen   ☐ b Litauen, Estland, Lettland

Erläuterung: Zur interkulturellen Kompetenz gehören auch Geografiekenntnisse.

18. Was war 1776?

 ⊗ a Unabhängigkeitserklärung der USA   ☐ b Bürgerkrieg in den USA

Erläuterung: Der 4. Juli ist der „amerikanischste" aller Feiertage, denn an diesem Tag erklärten im Jahre 1776 13 Staaten einmütig gegenüber dem britischen Mutterland ihre Unabhängigkeit, die nach kriegerischen Auseinandersetzungen 1783 im Friedensvertrag von Paris bestätigt wird. Wer als Schüler, Praktikant, Student oder Mitarbeiter in den USA nicht als Ignorant auffallen will, sollte (nicht nur) mit dem 4. Juli etwas anfangen können.

19. Im Spiegelsaal von Versailles wurde

 ⊗ a 1871 das Deutsche Reich gegründet.   ☐ b die Fünfte Republik ausgerufen.

Erläuterung: Nach dem Sieg über Frankreich wurde die Einigung der deutschen Teilstaaten ausgerechnet auf dem Stammsitz des Sonnenkönigs Louis XIV proklamiert.

Für Deutschland war das ein Triumph über den „Erbfeind", für Frankreich eine enorme Demütigung. Man sollte dies wissen – der französische Gastgeber weiß es sicher.

20. Der Spanische Bürgerkrieg spielt im Bewusstsein der Spanier

    ⊗ a eine große Rolle.   ☐ b keine Rolle mehr.

Erläuterung: Der Spanische Bürgerkrieg wurde von 1936 bis 1939 zwischen der demokratisch gewählten republikanischen Regierung Spaniens und den Putschisten unter General Francisco Franco ausgetragen. Er endete mit dem Sieg der Anhänger Francos. Der mit diktatorischen Vollmachten ausgestattete General regierte das Land anschließend bis 1975. Bis heute wurde dieser überaus brutal geführte Krieg nicht „aufgearbeitet", an dem Deutschland mit der berüchtigten „Legion Condor" zugunsten der Putschisten entscheidend mitwirkte.

21. Wenn ich ein fremdes Land bereise, informiere ich mich zuerst über die

    ⊗ a Geschichte.   ☐ b Sehenswürdigkeiten.

Erläuterung: Der Tourist informiert sich über die Sehenswürdigkeiten, der am Land wirklich Interessierte „schürft" tiefer.

22. Völker unterscheiden sich mehr oder weniger in ihrer Mentalität.

    ⊗ a stimmt   ☐ b Das ist ein Vorurteil.

Erläuterung: siehe oben

23. Interkulturelle Kompetenz entwickelt man vor Ort am besten durch

    ⊗ a gute Fragen.   ☐ b gutes Zuhören.

Erläuterung: Der gute Zuhörer ist für viele Menschen in der Regel der angenehmste Gesprächspartner. Als Fremder kann man aber am besten durch Fragen zeigen, dass man sich für die „fremde" Welt interessiert.

24. Die Globalisierung „produziert" überwiegend Gewinner.

    ⊗ a stimmt   ☐ b stimmt nicht

Erläuterung: Die Vor- und Nachteile der Globalisierung können hier natürlich nicht erörtert werden. Aber die Antwort zeigt immerhin, ob man die eigenen Besitzstände lieber „einfrieden" möchte oder ob man auf den sportlichen Wettbewerb setzt, der letztlich allen zugutekommt.

Erläuterungen zum Test „Wie gut weiß ich über berufliche Möglichkeiten Bescheid?"

1. Wie viele anerkannte Ausbildungsberufe gibt es in Deutschland?

    ⊗ a rund 400   ☐ b fast 300

Erläuterung: Von „Änderungsschneider/-in" bis „Zweiradmechaniker/-in" – die rund 400 staatlich anerkannten Ausbildungsberufe werden inhaltlich durch Ausbildungsordnungen geregelt und sind die Grundlage einer geordneten Berufsausbildung. Jugendliche unter 18 Jahren dürfen grundsätzlich nur in staatlich anerkannten Ausbildungsberufen ausgebildet werden. Hilfestellungen zur Berufsorientierung finden Sie im Portal der Arbeitsagentur unter www.interesse-beruf.de.

2. Ein Mechatroniker lernt u. a.

⊗ a die Programmierung mechatronischer Systeme.   ☐ b SAP R3.

Erläuterung: Das Tätigkeitsfeld der Mechatroniker umfasst Aufgaben und Anforderungen aus der Elektrotechnik/Elektronik, der Mechanik und der Steuerungs- und Informationstechnik. Sie bauen unter anderem elektronische, mechanische, pneumatische sowie hydraulische Komponenten zusammen und installieren bzw. schließen diese Anlagen an. In diesem Zusammenhang kann man sich beispielsweise auf das Tätigkeitsgebiet des Kfz-Mechatronikers spezialisieren.

3. Ein Key Account Manager

⊗ a betreut besonders wichtige Umsatzträger.   ☐ b steht am Counter.

Erläuterung: siehe Seite 141

4. Ein Event Manager ist unter anderem verantwortlich für

⊗ a das Einladungswesen/Gästemanagement.   ☐ b Kundenakquisition.

Erläuterung: siehe Seite 116 und Seite 142

5. Bei welchem Studium wird am meisten auf die Abschlussnote geachtet?

⊗ a Jura   ☐ b Journalismus

Erläuterung: In Zukunft soll zwar die Sozialkompetenz stärker akzentuiert werden, dennoch gilt die Examensnote als das entscheidende Kriterium bei der Einstellung von Juristen.

6. Bei einem Ranking nach Beliebtheit liegt der Beruf der Friseurin gemeinsam mit der Kauffrau im Groß- und Außenhandel prozentual auf Platz 3 von allen Ausbildungsberufen. Stimmt das?

⊗ a kann durchaus sein   ☐ b reines Vorurteil

Erläuterung: Laut Statistikamt Nord dominierte im Jahr 2007 bei den weiblichen Auszubildenden der Beruf der Kauffrau für Bürokommunikation mit 6,9 Prozent der Fälle, gefolgt von der Kauffrau im Einzelhandel (6,1 Prozent) sowie der zahnmedizinischen Fachangestellten, der Kauffrau im Groß- und Außenhandel und der Friseurin (jeweils 5,5 Prozent).

7. Die Schulnoten sind ein sehr guter Ratgeber für die Wahl der Ausbildung bzw. eines Studienfachs.

☐ a stimmt   ⊗ b stimmt nicht

Erläuterungen zum Test „Liegt mir ein Beruf im Sozialwesen?"

Erläuterung: Der Zusammenhang zwischen Schulnoten und dem späteren Berufserfolg ist gering. Dennoch wird bei Bewerbern auf die Schulnoten geachtet. Wer sich beispielsweise für den BA-Studiengang mit Schwerpunkt Handel bei der Buchhandelskette Thalia bewirbt, sollte gute Noten in Deutsch und Mathematik mitbringen.

8. Für das Studium an einer Berufsakademie (BA) mit Abschluss „Bachelor" braucht man keinen Ausbildungsbetrieb.

☐ a stimmt   ⊗ b stimmt nicht

Erläuterung: siehe Seite 136

9. Man muss generell herausfinden, was einen interessiert. Interessen verändern sich nämlich im Leben nicht.

☐ a stimmt   ⊗ b stimmt nicht

Erläuterung: Menschen können sich radikal und vollständig verändern. Manche Merkmale sind leicht beeinflussbar, andere schwer, andere kaum bis gar nicht. Zu den Eigenschaften, die sich verändern können, gehören Interessen und Neigungen.

10. Call Center Agents arbeiten „inbound" und „outbound". „Outbound" heißt, dass

☐ a man von Kunden angerufen wird.   ⊗ b man Kunden anruft.

Erläuterung: Outbound-Callcenter rufen potenzielle Kunden und Bestandskunden gezielt an. Dabei kann es sich um Aktionen im Rahmen des Telefonmarketings handeln. Der Auftraggeber des Callcenters beabsichtigt den Verkauf von Produkten.

11. Es gibt den Ausbildungsberuf „Verlagskaufmann/-frau".

☐ a stimmt   ⊗ b stimmt nicht

Erläuterung: Der bisherige Ausbildungsberuf „Verlagskaufmann/-frau" wurde 2006 durch das neu geschaffene Berufsbild „Medienkaufmann/-frau Digital und Print" ersetzt.

12. Das Studium an einer Berufsakademie (BA) dauert

☐ a vier Semester.   ⊗ b sechs Semester.

Erläuterung: siehe Seite 136

Erläuterungen zum Test „Liegt mir ein Beruf im Sozialwesen?"

1. Es gehört zu meinen Grundüberzeugungen, dass der Starke dem Schwachen ohne Ansehen der Person helfen sollte.

⊗ stimmt   ☐ dazwischen   ☐ stimmt nicht

Erläuterung: Nichts anderes besagt im Grunde der Hippokratische Eid.

2. Das Gerede, dass soziale Berufe etwas Besonderes seien, dient nur dem Zweck, die Einkommen der Beschäftigten zu drücken.

   ☐ stimmt   ☐ dazwischen   ⊗ stimmt nicht

Erläuterung: Diese Auffassung wurde vor allem in den 70er-Jahren propagiert. Aber es ist eben doch ein Unterschied, ob man für die Wartung einer Heizung verantwortlich ist oder für die Versorgung alter Menschen.

3. Ich habe bereits ein Praktikum bzw. meinen Zivildienst (oder Ähnliches) im sozialen Bereich absolviert und empfand dies als sehr befriedigend.

   ⊗ stimmt   ☐ dazwischen   ☐ stimmt nicht

Erläuterung: Die gewünschte Antwortrichtung erklärt sich von selbst.

4. Geduld gehört nicht gerade zu meinen Stärken. Bei mir muss alles schnell gehen.

   ☐ stimmt   ☐ dazwischen   ⊗ stimmt nicht

Erläuterung: Der Umgang mit hilflosen bzw. kranken Menschen erfordert selbstverständlich Geduld.

5. Ich bin ein eher selbstbewusster Mensch und eigentlich mit mir und meinem bisherigen Leben ganz zufrieden.

   ⊗ stimmt   ☐ dazwischen   ☐ stimmt nicht

Erläuterung: Wer anderen Halt geben will, muss innerlich stark sein. Leider locken soziale Berufe auch Menschen an, die sich mithilfe Schwächerer selbst seelisch zu stabilisieren suchen.

6. Alle Menschen sind gleich liebenswert.

   ☐ stimmt   ☐ dazwischen   ⊗ stimmt nicht

Erläuterung: Wie liebenswert waren Hitler, Stalin oder Pol Pot?

7. Ich glaube, dass ich einige sehr gute Freunde bzw. Freundinnen habe, die mich bei persönlichen Schwierigkeiten immer unterstützen würden.

   ⊗ stimmt   ☐ dazwischen   ☐ stimmt nicht

Erläuterung: In sozialen Berufen wird man oft mit den Schattenseiten des Lebens konfrontiert. Da ist es wichtig, jemanden zu haben, der einen emotional „ernährt".

8. Eine Aufgabe im sozialen Bereich ist für mich vor allem auch deshalb interessant, weil es gute Zukunftsperspektiven gibt.

   ☐ stimmt   ☐ dazwischen   ⊗ stimmt nicht

Erläuterung: Die möglicherweise rosigen Aussichten wären kein guter Ratgeber für die Wahl eines sozialen Berufs.

9. In sozialen Berufen muss man oft auch nachts und am Wochenende arbeiten. Das ist zweifellos eine zusätzliche Belastung, die man bedenken sollte.

⊗ stimmt   ☐ dazwischen   ☐ stimmt nicht

Erläuterung: Für viele ist es problematisch, an gemeinsamen Aktivitäten von Freunden nicht immer teilnehmen zu können bzw. Beruf und Familie zu vereinbaren.

10. Die Zufriedenheit in sozialen Berufen hat viel mit der religiösen Einstellung zu tun.

☐ stimmt   ☐ dazwischen   ⊗ stimmt nicht

Erläuterung: Mitgefühl und Hilfsbereitschaft sind keine Frage der Religionszugehörigkeit, sondern der Persönlichkeit bzw. des Charakters.

11. Wenn man sich für einen sozialen Beruf entscheidet, hat man es manchmal gewiss auch mit Menschen zu tun, die man gar nicht mag.

⊗ stimmt   ☐ dazwischen   ☐ stimmt nicht

Erläuterung: Ein Patient, der mit Kleinigkeiten ständig das Krankenhauspersonal auf Trab hält und damit prahlt, dass er mit seinem Geld die ganze Station mieten könne, dürfte auch bei der großmütigsten Schwester wenig Gegenliebe finden. Und das ist sicher auch ganz normal.

12. Die sozialen Probleme in diesem Land ließen sich alle gut lösen, wenn der Staat sich stärker engagieren würde.

☐ stimmt   ☐ dazwischen   ⊗ stimmt nicht

Erklärung: Leider spricht vieles dafür, dass die wachsende staatliche Fürsorge die individuelle Hilfs- und Opferbereitschaft reduziert.

Erläuterungen zum Test „Wäre ein Psychologiestudium das Richtige für mich?"

1. Ich bin besonders daran interessiert, andere Menschen besser durchschauen zu können.

☐ stimmt   ☐ dazwischen   ⊗ stimmt nicht

Erläuterung: Wer psychologisches Wissen vorrangig als Herrschaftswissen zu nutzen gedenkt, sollte einen anderen Beruf ergreifen. Es ist vor allem das Wort „durchschauen", das verstimmt.

2. Ich kann sehr gut auf andere zugehen und Kontakte knüpfen.

⊗ stimmt   ☐ dazwischen   ☐ stimmt nicht

Erläuterung: Ein möglichst hohes Maß an kommunikativer Kompetenz ist bei vielen Aufgaben eines Psychologen wichtig.

3. Ich habe mich mit Psychoanalyse beschäftigt und finde das alles ungemein faszinierend.

   ☐ stimmt   ☐ dazwischen   ⊗ stimmt nicht

Erläuterung: Wer sich nur mit der Psychoanalyse befasst hat, weiß eigentlich gar nichts über Psychologie.

4. Wer Psychologie studieren will, muss sich intensiv mit Mathematik bzw. Statistik befassen.

   ⊗ stimmt   ☐ dazwischen   ☐ stimmt nicht

Erläuterung: Wer keine gründlichen Methodenkenntnisse besitzt, kann psychologische Forschungsergebnisse nicht beurteilen bzw. richtig interpretieren. Und weil es häufig an diesem Spezialwissen mangelt (dessen Aneignung ja mühsam ist), wird im Namen der Psychologie viel Fragwürdiges verbreitet.

5. Eine zukünftige Arbeit als Psychotherapeut/-in stelle ich mir als besonders toll vor, denn ich wollte schon immer gern anderen Menschen helfen.

   ☐ stimmt   ☐ dazwischen   ⊗ stimmt nicht

Erläuterung: In Hinblick auf dieses Berufsbild geistern recht abenteuerliche Vorstellungen durch viele Köpfe. Ein Kreuzchen bei „stimmt" spricht für eine gewisse Ahnungslosigkeit und Überschätzung der Möglichkeiten einer Psychotherapie.

6. Ich bin mit mir selbst recht zufrieden.

   ⊗ stimmt   ☐ dazwischen   ☐ stimmt nicht

Erläuterung: Wer mit sich im Unfrieden lebt, läuft Gefahr, Psychologie zu studieren, um zuallererst sich selbst helfen zu können.

7. Wer Psychologie studiert, sollte unbedingt den Wunsch haben, anderen zu helfen.

   ☐ stimmt   ☐ dazwischen   ⊗ stimmt nicht

Erläuterung: Psychologen sind nicht nur in „helfenden" Berufen tätig, sondern beispielsweise auch in der Marktforschung, in der Werbung, im Personalbereich oder als Gutachter bei Gerichten.

8. Ich glaube, dass viele psychologische „Erkenntnisse" wissenschaftlich nicht abgesichert sind.

   ⊗ stimmt   ☐ dazwischen   ☐ stimmt nicht

Erläuterung: Beweise gibt es nur in der Mathematik. In den Sozial- und Humanwissenschaften kann man nur mehr oder weniger gut gegen den Zufall abgesicherte Wahrscheinlichkeitsaussagen machen. Die sind deshalb nicht wertlos, aber man muss beurteilen können, auf welch sicherem Grund die Erkenntnisse stehen.

9. Mit einem Lügendetektor kann man feststellen, ob jemand die Wahrheit sagt.

   ☐ stimmt   ☐ dazwischen   ⊗ stimmt nicht

Erläuterung: Ein Lügendetektor misst den psychogalvanischen Hautreflex und zeigt damit nur an, ob der Strom über die Fingerkuppen gut oder weniger gut fließt. Besonders gut fließt der Strom, wenn es sehr warm ist und der Proband deshalb schwitzt. Bei manchen Menschen wirkt Aufregung oder Angst schweißtreibend und das zeigt ein Lügendetektor dann an. Mit Wahrheit oder Unwahrheit hat dies nichts zu tun. Im Gegenteil: Bei hartgesottenen Gewohnheitslügnern versagt das Gerät. Was bleibt, ist der Unterhaltungswert.

10. Fünfzig Prozent der Wirtschaft sind Psychologie. Wirtschaft wird von Menschen gesteuert, nicht von Computern.

    ⊗ stimmt   ☐ dazwischen   ☐ stimmt nicht

Erläuterung: In der Tat – Stimmungen und Seelenlagen können Kräfte mobilisieren, aber auch blockieren oder lähmen.

11. Strafgefangene, die rückfällig werden, wurden nur nicht angemessen therapiert.

    ☐ stimmt   ☐ dazwischen   ⊗ stimmt nicht

Erläuterung: Die Erfahrung zeigt, dass es Menschen gibt, die nicht „therapierbar" sind. Was für körperliche Krankheiten gilt, gilt auch für seelische Störungen. Wie der Arzt, so gerät auch der Psychologe bisweilen an die Grenzen seines Könnens.

12. Ein hoher Intelligenzquotient (IQ) sagt nicht zwingend etwas über die wirkliche intellektuelle Leistungsfähigkeit eines Menschen aus.

    ⊗ stimmt   ☐ dazwischen   ☐ stimmt nicht

Erläuterung: Bis heute ist nicht eindeutig geklärt, welche Eigenschaft Intelligenztests eigentlich messen. Mancher hohe Intelligenzquotient ist nur darauf zurückzuführen, dass jemand den richtigen Testknacker gelesen bzw. den Test schon einmal woanders gemacht hat.

Erläuterungen zum Test „Was weiß ich über die Welt der Medien?"

1. Der „Stern" ist eine Zeitung.

    ☐ stimmt   ⊗ stimmt nicht

Erläuterung: Zeitungen und Zeitschriften sind verschiedene Mediengattungen. Sie gehören mit den unentgeltlichen Anzeigenblättern zu den Printmedien. Zeitschriften sind periodische Presseerzeugnisse, orientieren sich aber im Gegensatz zur Tageszeitung nicht am Kriterium der (Tages-)Aktualität. Der „Stern" ist eine Zeitschrift.

2. In Deutschland gibt es ca. 350 Tageszeitungen.

    ⊗ stimmt   ☐ stimmt nicht

Erläuterung: Deutschland ist ein Zeitungsland mit ca. 350 lokal, regional und national verbreiteten Titeln. Neben den Tageszeitungen gibt es noch Wochen- und Sonntagszeitungen.

3. Wikipedia ist eine hervorragende Informationsquelle, der man grundsätzlich trauen kann.

☐ stimmt ⊗ stimmt nicht

Erläuterung: Wikipedia-Gründer Jimmy Wales sagte in einer Rede an der University of Pennsylvania, er bekomme häufig E-Mails von Studenten, die klagten, sie seien in Prüfungen mit falschem Wikipedia-Wissen durchgefallen. Wales wörtlich zu den Studenten: „Um Himmels willen! Ihr seid doch auf dem College. Wie könnt ihr da diese Enzyklopädie für eure Studien nutzen." (Süddeutsche Zeitung vom 8.12.2007)

4. Der „Spiegel" gehört zu 50 Prozent den Mitarbeitern.

⊗ stimmt ☐ stimmt nicht

Erläuterung: Seit 1974 sind Redakteure, Dokumentationsjournalisten und Verlagsangestellte dank der Schenkung Rudolf Augsteins 50-Prozent-Teilhaber des SPIEGEL-Verlags. Jeder Mitarbeiter, der drei Jahre beim SPIEGEL arbeitet, kann sich als stiller Gesellschafter an der Mitarbeiter KG beteiligen. Diese „Kommanditgesellschaft Beteiligungsgesellschaft für SPIEGEL-Mitarbeiter mbH & Co." ist Gesellschafter des SPIEGEL-Verlags.

5. „Jeder hat das Recht, seine Meinung in Wort, Schrift und Bild frei zu äußern und zu verbreiten und sich aus allgemein zugänglichen Quellen ungehindert zu unterrichten. Die Pressefreiheit und die Freiheit der Berichterstattung durch Rundfunk und Film werden gewährleistet. Eine Zensur findet nicht statt." So steht es in Artikel 4 unseres Grundgesetzes.

☐ stimmt ⊗ stimmt nicht

Erläuterung: Es ist Artikel 5 GG!

6. Es gibt öffentlich-rechtlich verfasste und privatwirtschaftlich organisierte Medien.

⊗ stimmt ☐ stimmt nicht

Erläuterung: ARD und ZDF sind beispielsweise „öffentlich-rechtlich", RSH oder RTL sind privat.

7. Die tägliche TV-Sehdauer von Erwachsenen (ab 14 Jahren) beträgt in Deutschland 156 Minuten.

☐ stimmt ⊗ stimmt nicht

Erläuterung: Die tägliche TV-Sehdauer liegt knapp über 200 Minuten. 1990 waren es 156 Minuten täglich.

8. „Mediengestalter Bild und Ton" setzen beispielsweise eine Person für ein Interview ins rechte Licht.

   ⊗ stimmt ☐ stimmt nicht

Erläuterung: Interessante Informationen finden Sie unter www.mediengestalter.info.

9. „Second Life" ist jene Lebensphase, die meist durch eine Midlife-Crisis eingeleitet wird.

   ☐ stimmt ⊗ stimmt nicht

Erläuterung: „Second Life" ist eine rechnergestützte virtuelle Welt, in der ein Nutzer sich digital neu erschaffen und ein zweites Leben als Avatar führen kann.

10. Ein Community Manager organisiert u. a. spezifische Diskussionsforen im Internet.

    ⊗ stimmt ☐ stimmt nicht

Erläuterung: Unter www.monster.de gibt es zum Beispiel Communitys, in denen man Fragen an Personalexperten rund um Job und Bewerbung richten kann und diese sachkundig beantwortet bekommt.

11. Kaufzeitungen heißen so, weil sie im Vergleich zu den Anzeigenblättern nicht gratis zu haben sind.

    ☐ stimmt ⊗ stimmt nicht

Erläuterung: Kaufzeitungen (auch „Boulevardzeitungen" genannt) sind nicht über ein Abonnement zu haben, sondern können nur an einer Verkaufsstelle (z. B. Kiosk) erworben werden.

12. „Mediengestalter Digital und Print" müssen kreativ und auch im Rechnen gut sein.

    ⊗ stimmt ☐ stimmt nicht

Erläuterung: In der Tat ist beides wichtig, denn Aufträge bzw. Jobs müssen ja auch vernünftig kalkuliert werden.

Erläuterungen zum Test: „Wie gut kann ich mich bewerben?"

Vorbemerkung: Es wird jeweils nur die empfohlene Alternative genannt.

1. In Stellenangeboten werden fast immer auch die gewünschten Soft Skills angeführt. Welche Kombination von Merkmalen ist besonders kritisch zu sehen?

   a) Durchsetzungsfähigkeit und Teamfähigkeit

Erklärung: Es ist eine schwierige Gratwanderung, sich im Zweifelsfall durchzusetzen und dennoch als teamfähig zu gelten.

2. In einem Stellenangebot lesen Sie, dass ein kleines, hochkarätiges Expertenteam Verstärkung sucht. Gefordert werden u. a. Fachwissen, Erfahrung und Teamfähigkeit. Worauf kommt es besonders an?

   b) Teamfähigkeit

Erklärung: Die größte Gefahr für ein kleines Team ist ein Mitarbeiter, der seinen „Platz" nicht findet. Die Querelen mit einer Person können bekanntlich sehr viele Ressourcen binden und die Stimmung verderben. Deshalb kommt in solchen Fällen meist Teamfähigkeit vor Fachkompetenz.

3. Welche Einleitung würden Sie für ein Anschreiben sinngemäß favorisieren?

   c) „Ihr Angebot habe ich mit Interesse gelesen und deshalb ..."

Erklärung: Man muss beim Start eines Anschreibens das Rad nicht neu erfinden wollen. Der Versuch, originell zu sein, geht oft daneben. Ganz unglücklich wirken fast immer Zitate von irgendwelchen vermeintlichen Größen. Im Bewerbungsschreiben sollte man nicht versuchen, sich mit fremden Federn zu schmücken.

4. Wie würden Sie Ihr Anschreiben beenden?

   a) „Gern stelle ich mich Ihnen persönlich vor."

Erklärung: Die beliebte Aussage „Ich freue mich schon heute auf unser gemeinsames Gespräch" ist ein Eingriff in die Entscheidungsbefugnisse eines anderen. Es ist erstaunlich, wie sehr diese realitätsfremde Formulierung als empfehlenswert propagiert wird. Mit Selbstbewusstsein hat sie gar nichts zu tun, sondern eher etwas mit gedankenlosem Abkupfern von Formulierungen. „Für ein Vorstellungsgespräch stehe ich jederzeit zur Verfügung" klingt wiederum zu unterwürfig, weil man sich als Empfänger fragen könnte, ob ein Termin kurz nach Mitternacht auch genehm sei.

5. Was halten Sie davon, dass Tippfehler in Bewerbungen erhebliche Minuspunkte einbringen können?

   b) Das ist richtig, weil Fehler einen Verstoß gegen das „Vier-Augen-Prinzip" verraten.

Erklärung: Das „Vier-Augen-Prinzip" ist in Firmen ein wichtiger Grundsatz. Tenor: „Bitte immer eine Kollegin oder einen Kollegen darum, auf einen wichtigen Vorgang zu schauen, ehe dieser den Schreibtisch verlässt." Bei vielen Unternehmen ist dieser Grundsatz verpflichtend. Im Übrigen wird von einem Bewerber erwartet, dass er weiß, dass man gegenüber selbst verfassten Texten bisweilen „blind" ist.

6. Oft wird in Stellenangeboten die Angabe des Gehaltswunsches erbeten. Was tun Sie als Umsteiger bzw. Quereinsteiger, wenn Sie sich noch nicht festlegen möchten?

   c) „Ich benenne mein derzeitiges Einkommen."

Erklärung: Damit legt man sich nicht fest bzw. hat Verhandlungsspielraum im Vorstellungsgespräch. Ansonsten gilt die ungeschriebene Regel: Wer als Bewerber Rei-

Erläuterungen zum Test: „Wie gut kann ich mich bewerben?"

sekosten verursacht, sollte sich zu seinen Gehaltsvorstellungen äußern, wer mal eben vorbeischauen kann, darf sich bedeckt halten. Vor allem, wenn das eigene Profil zum Job passt.

7. Warum gehört das Anschreiben nicht in die Bewerbungsmappe, sondern wird lose beigefügt?

    a) Anschreiben und Unterlagen sind getrennte juristische Vorgänge (Eigentum!).

Erklärung: Wenn man als Personaler unentwegt Anschreiben aus den Bewerbungsunterlagen „herausfummeln" muss, freut man sich über jeden Interessenten, der sich an den oben genannten Grundsatz hält. Mit dem Kopf des Adressaten denken – dafür gibt es Pluspunkte.

8. Für den Umfang einer Bewerbung gilt die folgende Faustregel:

    b) Das Anschreiben sollte grundsätzlich nur eine Seite umfassen – der Lebenslauf darf umfangreicher sein.

Erklärung: Ein Anschreiben von mehr als einer Seite bringt grundsätzlich Minuspunkte. Das mag willkürlich klingen, aber es ist eben sehr schwer, sich auf einer knappen Seite überzeugend darzustellen. Aber genau das ist die Voraussetzung dafür, im Rennen zu bleiben.

9. Wann bittet man als Arbeitnehmer sein Unternehmen um ein Zwischenzeugnis?

    c) Wenn man einen neuen Vorgesetzten bekommt.

Erklärung: Wer „einfach mal so" um ein Zwischenzeugnis bittet, tut sich damit meist keinen Gefallen. Die Botschaft lautet ja „Ich will weg!". Und wer in seinen Bewerbungsunterlagen ein Zwischenzeugnis präsentiert, das sich nicht über einen Vorgesetztenwechsel begründen lässt, erweckt Argwohn. Mit guten Zwischenzeugnissen wird manchmal auch versucht, schlechte Mitarbeiter loszuwerden. Das Wort „wegloben" trifft leider hin und wieder zu.

10. Welche Bewerbungsmappe kommt Ihrer Meinung nach am besten an?

    a) Die normale Klemmmappe aus Kunststoff – erste Seite durchsichtig.

Erklärung: Kundenorientierung ist eine wichtige Schlüsselqualifikation und sie zeigt sich bereits in der Bewerbungsmappe. Die zurzeit üblichen „Flügelaltäre" sind in diesem Sinne nicht überzeugend, sondern nur lästig. Wer fünf Bewerbungen abgleichen möchte, braucht einen Schreibtisch von der Größe einer Tischtennisplatte. Fragwürdig ist auch der Informationswert der Beschriftung dieser Mappen mit dem Wort „Bewerbung".

11. Woran scheitern Online-Bewerbungen häufig?

    b) Daran, dass sie meist nicht so umsichtig wie konventionelle schriftliche Bewerbungen abgefasst werden.

Erklärung: Die Kommunikation per E-Mail hat zu einer Verluderung des Kommunikationsstils geführt. Es ist für viele eben doch ein Unterschied, ob sie ein weißes Blatt Papier vor sich haben oder einen Bildschirm.

12. Ein Bewerber schreibt fleißig mit, während ihm das Unternehmen vorgestellt wird. Wie fänden Sie dies als Einstellender?

    c) Ich würde erwarten, dass sich ein Interessent alles Wesentliche merken kann und Blickkontakt hält, anstatt sich mit einem Blatt Papier zu befassen.

Erklärung: Die meisten „Mitschreiber" wirken „wichtigtuerisch". Sie glauben fälschlicherweise, dass die Mitschreiberei Eindruck macht. Doch das Gegenteil ist der Fall. Eindruck macht, wer gut zuhören kann.

13. Wenn ich gebeten werde, mich selbst noch einmal vorzustellen,

    a) gehe ich auf jene Punkte meines Lebenslaufs ein, die in Hinblick auf die zu vergebende Aufgabe besonders relevant sind.

Erklärung: Zeitdiebe gilt es zu vertreiben. Deshalb kommt man im Zweifelsfall immer gut an, wenn man seinen Lebenslauf nicht in epischer Breite präsentiert, sondern schnell auf den Punkt kommt.

14. Sie werden gebeten, Ihrerseits Fragen zu stellen. Was ist eine dumme Frage?

    a) „Wie ist das Betriebsklima in Ihrem Unternehmen?"

Erklärung: Wie soll ein loyaler Personalchef diese Frage beantworten? Außerdem gibt es zuweilen große Unterschiede zwischen den Abteilungen eines Unternehmens.

15. Ein Bewerber weist am Ende des Vorstellungsinterviews darauf hin, dass er noch andere Aktionen laufen habe. Wie finden Sie das?

    b) Das wirkt „erpresserisch".

Erklärung: Das muss nicht näher erläutert werden.

16. Sie werden gefragt, ob Sie sich noch woanders beworben haben. Was sagen Sie als Umsteiger?

    c) Sie halten sich bedeckt und betonen, dass Sie sich zurzeit nur für die Aufgabe interessieren, um die es gerade geht.

Erklärung: Man sollte nicht die Vermutung nähren, dass man beruflich in Not ist.

16. Was ist ein „idealer" Bewerber?

    a) Einer, der mit der Option in das Vorstellungsgespräch geht, auch Nein zu sagen.

Erklärung: Personalberater bzw. Personalbeschaffer haben Angst vor Bewerbern, die nur unter ein berufliches „Dach" kommen möchten. Bewerber, die kritisch und möglichst auch noch mit anderen Optionen in ein Vorstellungsgespräch gehen, sind ebenbürtige Gesprächspartner, mit denen sich eine für alle Beteiligten gute Entscheidung am ehesten finden lässt.

Der Autor

Claus Peter Müller-Thurau, Diplom-Psychologe, ist seit vielen Jahren auf den Gebieten Potenzialermittlung und Potenzialentwicklung selbstständig tätig. Sein Thema: Die richtige Frau bzw. der richtige Mann auf den richtigen Platz! Sein Credo: Wer rät, gerät hinein!

Vorher war er unter anderem Leiter Personalentwicklung im Axel Springer Verlag und geschäftsführender Gesellschafter der Personalberatung Selecteam GmbH in Hamburg.

Bibliografische Information der Deutschen Bibliothek

Die Deutsche Bibliothek verzeichnet diese Publikation in der Deutschen National-
bibliografie; detaillierte bibliografische Daten sind im Internet über http://dnb.ddb.de
abrufbar.

ISBN 978-3-448-08764-2   Bestell-Nr. 04298-0001

© 2008, Rudolf Haufe Verlag, Freiburg i. Br.
Redaktionsanschrift: Postfach 13 63, 82142 Planegg/München
Hausanschrift: Fraunhoferstraße 5, 82152 Planegg/München
Telefon (0 89) 8 95 17-0, Telefax (0 89) 8 95 17-2 50
Internet: http://haufe.de
Lektorat: Jasmin Jallad

Alle Rechte, auch die des auszugsweisen Nachdrucks, der fotomechanischen Wiedergabe
(einschließlich Mikrokopie) sowie der Auswertung durch Datenbanken oder ähnliche
Einrichtungen, vorbehalten.

Idee & Konzeption: Dr. Matthias Nöllke, Textbüro Nöllke München
Umschlag- und Buchgestaltung: fuchs-design, 81671 München
Lektorat und DTP: Text+Design Jutta Cram, 86157 Augsburg
Druck: Stückle, Druck und Verlag, Ettenheim

Vertrauen Sie Ihren Stärken!

Die besten Entscheidungen trifft man mit Intuition! Lesen Sie hier, wie Sie sie stärken, ganz gezielt einsetzen und somit erfolgreich sein können.

€ 19,80 [D]
ca. 192 Seiten | Broschur
Bestell-Nr: E00131
978-3-448-08719-2

Jetzt bestellen! ☎ 0180 - 50 50 440* oder in Ihrer Buchhandlung

*0,14 €/Min. aus dem deutschen Festnetz, abweichende Mobilfunkpreise. Ein Service von dtms.

www.haufe.de/bestellung